평화에 미치다

KB017663

평화에 미치다

2021년 6월 25일 초판 1쇄 펴냄

지은이 박한식
편집 박은경
펴낸이 신길순

펴낸곳 (주)도서출판 **삼인**
전화 02-322-1845
팩스 02-322-1846
이메일 saminbooks@naver.com
등록 1996년 9월 16일 제25100-2012-000046호
주소 (03716) 서울시 서대문구 성산로 312 북산빌딩 1층

표지, 본문 디자인 끄레디자인
인쇄 수이북스
제책 은정

ⓒ박한식, 2021
ISBN 978-89-6436-200-6 03340

값 25,000원

평화에 미치다

박한식 지음

삼인

살면서 가장 중요한 일은
내 마음속의 빛이 꺼지지 않도록 하는 것이다.

알베르트 슈바이처

나의 병, 나의 소명

나는 평화에 미쳐 있었다. 지금도 그렇다. 한평생 지독한 '평화병'에 걸려 살아왔다. '우리는 왜 서로를 죽이지 않고는 함께 살 수 없는가?'라는 질문에 대한 해답을 찾으려고 평생을 고민하고 가르치고 연구해왔다.

어린 시절에 경험한 숱한 전쟁은 내 마음에 좌절감을 심어놓았고, 그 잔혹한 장면들은 지금까지도 내 머릿속에 선명하게 각인되어 있다. 학창 시절의 철저한 반공 이데올로기 교육은 분단의 아픔을 더욱 비참하게 일깨웠으며 평화에 대한 갈구를 더욱 고취시켰다.

이 책은 1939년 중국에서 이민자의 아들로 태어나 어린 시절 중국 국공내전에서 힘겹게 살아남고 이후 한국전쟁의 끔찍한 참상을 겪은 뒤 4·19 현장을 대학생으로 보낸 시기부터, 1965년 미국에 첫발을 디딘 이래 유학생으로, 이후 교육자로 지낸 시기에 이르기까지 내게 주어진 평화와 통일에 대한 소명을 실천하려 애쓴 인생 여정을 담았다.

1970년부터 45년을 조지아대학에 적을 둔 학자로서 나는, 학문의 목적은 문제 해결(Problem Solving)에 있고, 우리 사회가 품고 있는 크고 작은 문제들을 발견해내고(identify) 원인을 찾아서 처방을 제시하는 것이 학자의 소명이라는 생각을 평생의 지론으로 삼아왔다. 나에게 있어 해결해야 할 문제는 남북 문제였고, 남북 분단과 군사적 긴장을 해결할 수 있는 이상적인 사회의 모습을 제시하고 그 사회를 도안하고 설계하는 것이 학자인 나의 역할이자 책무라고 믿으며 평생을 애면글면해왔다.

이 책은 '평화에 미치다'라는 제목으로 2019년 3월부터 2020년 12월까지 《한겨레》에 격주로 연재한 글을 모아 편집한 기록이며, 연재한 순서대로 내용을 배치했기에 때로는 시간상 중첩되는 부분들이 있다. 첫 장인 '우리가 살아낸 역사, 우리가 꿈꾼 역사'는 1994년 미국의 카터 전 대통령이 북한의 김일성을 방문한 이야기로부터 북핵 문제를 다루었으며, 아울러 평화병을 얻은 나의 어린 시절과 청년기의 회고록을 담았다. 다음장 '미국에서 배운 미국'은 1965년에 시작된 미국 유학 생활로부터 내가 이해하게 된 미국, 그리고 민주주의에 대한 이야기를 다루었다. '조선을 이해하는 길'은 1980년 이후로 조선을 수십 차례 방문하면서 관찰하고 연구하고 깨달은 내용을 다루었다. 마지막 장인 '우리의 평화, 우리의 통일'은 한국과 조선을 왕래하고 미국을 거점으로 여러 행사와 활동을 벌이면서 내가 터득한 진정한 평화, 그리고 통일에 이르는 길에 대해 다루었다.

나는 남북 문제와 통일을 '안보 패러다임'이 아닌 '평화 패러다임'으로 접근해야 한다는 것을 전하고 싶었고, 내 평생의 연구 주제이자 삶의 화두인 평화가 무엇인지를 설명하고 싶었다. 신문에 연재하면서 '흥미롭다, 새롭다, 많이 배웠다'는 독자들의 반응이 많았고, 특히 남북 문제를 연구하고 실질적으로 정부의 통일정책에 직·간접적으로 역할을 수행하는 남북 고위 인사들과 전문가들이 평화와 통일에 대해 새로운 시각을 갖게 되었고 좋은 공부가 되었다는 후한 평가를 해주어 큰 보람을 느꼈다.

한국전쟁 이후, 한국과 조선 모두 체제 경쟁과 안보 패러다임의 포로가 되어 서로를 악마화하면서 통일은커녕 대화와 교류도 단절된 분단체제가 지금도 지속되고 있다. 내 살아생전에 한국과 조선의 진정한 평화와 통일의 감격과 환희를 누려볼 수 있기를 소망하지만, 그것이 시간적으로 어렵다면 평화와 통일의 단단한 초석이 놓이는 것만이라도 볼 수 있기를 바라본다.

이 글을 처음 시작할 수 있도록 계기를 마련해준 《한겨레》와 김경애 기자, 집필을 맡아 수고해준 이현휘 교수와 권준택 교수에게 심심한 감사의 말을 전하고 싶다.

2021년 6월
조지아주 오거스타에서
박한식

차례

조선을 이해하는 길

우리의 평화, 우리의 통일

우리가
살아낸 역사,

우리가
꿈꾼 역사

...

나는 커다란 충격을 받았다. 주변 어른들에게 아버지가 고문당한 이유를 물었더니 한결같이 '빽'이 없어 그랬다는 답이 돌아왔다. 어떻게 하면 빽이 생기느냐고 묻자 국회의원이 되면 빽이 생긴다고 했다. 어떻게 하면 국회의원이 될 수 있느냐고 또다시 물었다. 그러자 국회의원이 되려면 웅변을 잘해야 한다고 했다. […] 중학교 1학년 때부터 본격적으로 웅변 연습을 시작했다. 새벽마다 산에 올라가 발성 연습을 했다.

...

카터의 첫 번째 조선 방문

1994년 6월 15~18일 카터의 첫 조선 방문. 6월 17일 카터(왼쪽)와 김일성(오른쪽)이 대동강 유람선 위에서 두 번째 회담 중. 《한겨레》 자료사진)

1994년 봄 한반도는 전쟁 직전의 위기로 치달았다. 빌 클린턴 행정부에서 조선의 영변 핵시설 폭격 준비를 거의 마무리했기 때문이다. 그처럼 고조되던 위기는 지미 카터의 조선 방문을 계기로 극적인 전환점을 맞이했다. 카터는 그해 6월 김일성과 만나 북핵 개발 동결 약속을 받아냈고, 그 약속의 내용을 곧바로 CNN을 통해서 세상에 공개했다.

대통령직에서 퇴임한 지 10년도 더 지난 카터가 갑자기 북핵 위기를 극적으로 해결한 주역으로 등장한 배경에는 나와 카터의 깊은 인연이 자리하고 있다.

우리의 인연은 하워드 버넬이라는 친구를 통해 만들어졌다. 버넬은 1946년 미국 해군사관학교를 졸업하고 30여 년 동안 해군으로 복무했다. 그는 제대한 뒤 공부를 계속하고 싶어서 내가 몸담고 있던 조지아대학 대학원에 입학했고, 나를 찾아와 지도 학생이 되었다. 자신의 부친이 선교사로 활동하던 중국에서 태어난 까닭에 한국과 중국 등 동아시아 지역에 관심이 많았던 것이다.

버넬이 내 지도 학생이 된 1970년대 중반, 그의 해군사관학교 시절 동창이었던 카터는 조지아주 주지사를 마치고 대통령 선거 출마를 준비하고 있었다. 카터는 당시 국제정치에 대한 식견이 거의 없는 상태였기에 절친한 사이인 버넬을 자신의 국제정치 담당 고문으로 채용했다. 결국 나는 국제정치 담당 고문의 스승이라는 위치로 카터와 인연을 맺게 되었다.

그때부터 카터에게 많은 국제정치학 관련 조언을 건넸고, 카터 역시 내 얘기를 경청했다. 해외 주둔 미군 철수 문제가 대표적인 사례였다. 나는 논문까지 써서 해외 미군의 철수 필요성을 역설했다. 무엇보다 미국을 위해서 반드시 철수해야 한다고 생각했다. 미군이 해외에서 장기간 주둔할수록 반미감정이 전 세계로 확산될 수밖에 없다고 보았다.

1980년
카터의 대통령
퇴임 기념 모임에서.
(사진 제공 박한식)

내 의견에 공감했던 카터는 1976년 첫 번째 대통령 선거 출마 때 주한
미군 철수를 공약으로 내걸었다. 한국 정부에서는 민감하게 반응했다. 그
무렵 박정희 대통령의 외교 담당 특보로 재직했던 함병춘은 카터와 '딱
붙어 있는' 젊은 한국인 교수를 좋게 보지 않았는지, 카터가 아직 대통령
에 당선되지 않았는데도 1976년 12월 조지아주 주도인 애틀랜타에 한국
총영사관을 최초로 설치하여 나의 '까마득한' 서울대 선배를 총영사로 보
냈다. 마치 나를 감시하고 설득하려는 듯.

1979년 6월 29일 방한한 카터(오른쪽)는 박정
희(왼쪽)에게 주한미군 철수계획을 밝혀 파문을
일으켰다. 《한겨레》 자료사진

카터의 미군 철수 정책은 미국
에서 막대한 돈줄을 쥐고 있는
군산복합체의 이해관계를 정면
으로 거스르는 것이었다. 지금과
마찬가지로 그 당시에도 미국에
서는 돈이 없으면 정치를 할 수
없었다. 돈줄이 차단된 카터는
1980년 대통령 재선에서 실패했
다. 내가 책임을 느껴 사과하자 카터는 자신이 스스로 선택한 것이니 미
군 철수는 자신의 정책이라면서 내게 미안해하지 말라고 했다.

카터가 조선을 방문하기 직전인 1994년 상황으로 다시 거슬러 올라가
보면, 당시 나는 1990년대 초반부터 시작된 조선의 핵 위기를 지켜보면
서 한반도 전쟁 저지에 온 관심을 기울이고 있었다. 다른 연구는 제쳐둔
채 그것에만 골몰했던 이유는, 내가 유년기에 체험했던 한국전쟁의 참상
이 한반도에서 다시 일어나서는 안 된다고 생각했기 때문이었다.

한편 대통령 재선에 실패한 뒤 카터는 1982년 '인류의 평화를 유지하
고, 질병을 퇴치하며, 희망을 북돋는다'는 목적을 내걸고 카터 센터Carter

Center를 설립했다. 그는 센터의 설립 정신을 충실하게 실천했고, 대통령 재임 때보다 퇴임 이후에 좋은 일을 더 많이 했다고 평가받았다.

그는 한반도의 비핵화 문제에 특별한 관심을 가지고 있었다. 조선뿐만 아니라 한반도 전체에서 비핵화가 이루어져야만 하고, 미국도 한국의 전술 핵무기를 모두 없애야 한다는 신념을 가지고 있었다. 이를 익히 알고 있던 나는 카터에게 조선을 방문해 김일성을 직접 만나달라고 강권했다. 카터의 방문을 통해서 조선과 미국 간 경색된 대화 채널이 재개되고, 북핵 문제를 평화적으로 해결할 실마리가 마련되기를 희망했다.

카터 역시 나의 제안에 공감하고 조선 방문을 바랐다. 그러나 곧바로 실행에 옮길 수는 없었다. 당시 미국 대통령이었던 빌 클린턴이 북핵 문제를 카터가 아닌 자신이 해결해야 할 사안으로 보았기에 카터의 조선 방문을 반대했던 것이다.

그러던 어느 날 국무부 북핵 특사인 로버트 갈루치가 조지아주 플레인스에 있는 카터의 자택을 방문했다. 플레인스는 공항이 없는 변두리의 작은 시골 마을로, 애틀랜타에서 자동차를 타고 다섯 시간을 가야 하는 곳이다. 그럼에도 갈루치가 직접 방문했다는 것은 클린턴이 카터에게 전달할 분명한 메시지가 있다는 암시였다.

갑자기 카터가 내게 연락했다. 클린턴이 조선 방문을 허락했으니 수속을 도와달라는 것이었다. 클린턴의 '최후통첩'을 김일성에게 전달하는 것이 방문의 목적이라고 했다. 상황이 급박하게 돌아갔다. 우선 조선의 공식 초청장이 필요했다. 나는 영문 초청장 초안을 작성해 조선에 전달했다. 조선에서는 24시간이 가기 전에 그 초안에 따라 초청장을 완성해 팩스로 보내주었다. 한밤중이었다. 나는 비밀을 유지하기 위해서 그 팩스를 학교 연구실이 아닌 우리 집 지하실에서 받았다. 나는 곧바로 카터에게 팩스를 전달한 뒤 날이 밝자마자 카터의 초청장 수령을 확인했다.

카터는 방문 수속을 밟는 와중에 나에게 조선에 함께 가자는 제안을 했다. 자신은 조선 내부 사정을 잘 모르니, 조선에 함께 가면서 자신이 꼭 알아야 할 사항을 설명해달라는 것이었다. 나 역시 동행하고 싶은 마음이 없지는 않았다. 고민에 빠질 수밖에 없었다. '나는 한국 사람이다. 또 미국 시민권자이기도 하다. 그럼 조선에 가서 카터 옆에 앉아야 할까? 그렇게 되면 결국 이완용처럼 되는 것이 아닌가? 그렇다고 김일성 옆에 앉을 수도 없는 일 아니겠는가?'

그런 고민을 밤새도록 하다가 결국 동행을 포기하기로 결정했다. 그 대신 약 40쪽 분량의 조선 브리핑 자료를 작성해서 카터에게 제공하기로 약속했다. 워낙 몸이 약해서 밤을 지새우는 일은 평소에 하지 못했음에도 이 브리핑 자료만은 밤새워 혼신을 기울여 작성했다. 카터의 치밀한 성격을 생각하면 아마도 그 자료를 거의 암기하다시피 하고서 조선에 들

1994년 6월 15일 군사분계선을 넘기 전 남쪽 환송객들에게 인사하는 카터와 그를 동행한 부인 로잘린, 주한 대사 제임스 레이니(오른쪽 끝). 《한겨레》 자료사진

어갔을 것이다.

카터가 비행기를 타고서 태평양 상공을 날아가고 있을 즈음 서울대 정치학과 동창인 정종욱 청와대 외교안보수석으로부터 전화가 왔다. 그는 김영삼 정부에서 카터의 조선 방문을 원하지 않으니, 카터와 가까이 지내는 내가 그의 방문을 막아줄 수 없겠냐고 물었다. 나는 카터를 태운 비행기는 이미 떠났다고 답했다.

그러자 청와대는 계획을 수정해서 내게 새로운 제안을 했다. 카터가 평양에 앞서 서울을 먼저 방문하게 해달라는 것이었다. 아울러 카터가 김일성을 만나면 청와대의 '남북정상회담' 제안을 전달하게 해달라고 했다. 나는 청와대의 제안을 카터에게 전달했다. 결국 카터는 계획을 바꾸기로 했다. 비행기로 평양까지 직행하는 대신, 서울에서부터 육로로 38선을 건너 조선에 들어가는 것을 추진하기로. 그는 한국·조선·미국의 양해를 얻어 마침내 이 뜻을 실현했다. 세상이 깜짝 놀랄 일이었다.

미국 정부의 영변 폭격 시나리오

　1994년 6월 16일 평양에서 카터가 김일성과 만나서 합의한 '북핵 동결'
은 먼저 클린턴에게 보고하게 되어 있었다. 그런데 그날(워싱턴 시각 15일)
카터는 평양에서 백악관의 로버트 갈루치에게 전화해서 합의 내용을 전
달한 다음, CNN을 통해 그 내용을 미리 공개하겠다고 일방적으로 통보
했다. 그리고 인터뷰를 진행해버렸다. 합의 내용이 세상에 바로 공개되지
않으면, 이미 충분히 준비된 미국의 '조선 영변 폭격계획'이 실행에 옮겨질
수도 있다고 우려했기 때문이었다. 클린턴은 카터의 이 조처를 매우 못마
땅하게 여겨 한동안 두 사람의 관계가 냉랭했던 것이 사실이다.

핵 동결 합의를
전격 발표하면서
클린턴과 사이가
불편해진 때문인지
판문점 군사분계선을
넘어 귀환하는 카터의
표정이 밝지 않다.
《한겨레》자료사진)

클린턴 행정부는 만일 카터가 김일성과 만나 북핵 동결 합의에 도달하지 못할 경우 실제로 영변을 폭격할 계획이었다. 한국에서는 요즘도 미국이 그때 영변을 폭격했더라면 핵 문제가 깔끔하게 해결되었을 것이라고 말하는 이들이 적지 않다. 이는 조선의 실상을 전혀 모른 채 오로지 증오심에 기반한 위험천만한 생각이다. 클린턴 행정부는 내게 여러 차례 다음과 같은 질문을 던졌고 그에 대한 나의 답변은 이러했다.

'미국이 영변을 폭격했을 때 조선은 어떻게 대응할 것인가?'

'미국이 영변을 폭격하면 조선은 반드시 보복 공격을 감행할 것이다.'

'조선이 어떤 식으로 보복할 것으로 보는가?'

'주한 미군기지, 주일 미군기지, 괌 주둔 미군기지 등을 폭격할 것이다.'

'미군기지 주변에는 민간인도 많이 살고 있지 않은가?'

'그렇다. 따라서 조선이 미군기지를 중심으로 폭격하면 수십만의 인명이 살상될 것이다, 미국은 국제사회에서 그 피해에 대한 도덕적 책임을 반드시 져야만 할 것이다.'

1950년 무렵 평양의 인구는 백만 명 정도였다. 한국전쟁 때 미국 공군은 평양에 약 1만 개의 폭탄을 투하했다. 1백 명당 한 발의 폭탄을 쏟아부은 셈이다. 그 시절엔 한 집에 열 명 정도 사는 대가족이 흔했으니 평양에 약 십만 가구가 있었다고 할 수 있다. 미군의 폭격으로 모든 것이 잿더미가 되고 말았다. 헤아릴 수 없이 많은 조선 사람들이 목숨을 잃었다. 미국에 대한 조선의 강렬한 적대감에는 바로 이러한 역사적 배경이 있다.

김일성은 한국전쟁을 통해 미 공군 폭격의 끔찍한 위력을 목격하고 전쟁이 끝나자마자 땅굴을 파서 방공호 만드는 작업에 박차를 가했다. 세계에서 땅굴을 가장 잘 파는 나라가 되었다고 해도 될 것이다. 평양의 지하철도 지하 1백 미터 깊이에서 운행된다. 대동강 강바닥 밑으로 지하철이

다니는 것이다. 또한 지하철 내부에는 방대한 영역의 대피소가 있다. 지하철이 거대한 방공호인 셈이다. 유사시 공습경보 사이렌이 울리면 평양 시민들은 마치 개미 떼처럼 지하의 방공호로 모두 들어가버린다. 미국은 폭격할 목표 지점을 확인할 수 없게 될 것이다.

반면 미국의 우방인 한국의 사정은 어떤가? 한국에서는 모든 것이 지상에 노출되어 있다. 서울의 자동차만 하더라도 수백만 대에 이른다. 모든 차에는 가솔린, 디젤, 액화천연가스 등의 연료 탱크가 장착되어 있다. 조선에서 한국을 폭격하면 자동차들이 곧 폭탄이 되어버린다. 또 한국에서는 집집이 도시가스를 사용하고 있지 않은가? 따라서 집들도 폭격을 당하면 이내 폭발해버릴 것이다.

나는 이런 식의 설명을 카터에게 전하고, CNN 등 유력 언론들을 통해서도 되풀이 경고했다. 미국이 영변을 폭격하면 우방국인 한국 사람들은 수백만 명이 죽어 나갈 것이지만, 정작 조선 사람들의 피해는 그만큼 크지 않을 것이다. 불 보듯 뻔하다. 전쟁이 나면 조선이 한국보다 우세할 것이다. 심지어 미국보다 조선이 우세할 수도 있다. 진보적 시각을 지닌 많은 이들이 내 얘기를 경청했고 수긍했다.

반면 한국의 김영삼 정부는 전쟁 방지에 별다른 관심이 없는 것처럼 보였다. 전쟁의 파국을 막기 위해 혼신을 바쳐도 모자랄 판이었는데, 오히려 카터의 조선 방문을 반대하기까지 했다.

카터가 조선을 다녀온 지 한 달이 채 되지 않은 7월 8일 김일성 주석이 급서했다. 카터는 평양에 다시 들어가 조의를 표하고 싶어 했다. 이를 위해 그가 정성 들여 쓴 편지는, 조선에서 영어 잘하기로 손꼽히는 한 참사관이 읽고서 엉엉 울 정도였다. 그러나 조선에서는 방송을 통해 김일성의 장례식 '외국인 조문 사절 원칙'을 발표하면서 카터의 조문을 거절했다. (카터의 편지를 읽고 울었다는 조선 참사관은 훗날 나를 통해 카터를 소개받아 정중한 답례 인사를 건넸다.)

나는 김일성 서거 당일 로마에 있었다. CNN에서 인터뷰를 요청해왔다. CNN이 조선과 소통할 수 있는 핫라인을 가지고 있었기에 나는 조선 쪽에 물었다. 내가 당장 조선에 가서 할 수 있는 일이 있느냐고. 그러나 와서 통곡하는 것밖에는 할 일이 없다는 답변이 돌아왔다.

1994년 카터의 방문으로 전쟁의 고비를 넘긴 1차 북핵 위기는 10월 21일 제네바 합의로 일단락되었다. 조선이 핵 개발을 동결하는 대신, 국제사회에서는 전력난이 심한 조선에 경수로 2기를 제공하기로 합의했다.

그러나 김일성의 유훈으로 맺어진 제네바 합의는 사실상 태어나기 전부터 이미 생명력을 잃은 합의였다. 김영삼 정부는 '김일성 없는 조선은 석 달도 버티지 못하고 붕괴될 것'이라고 장담했다. 미국도 제네바 합의 이행을 위한 예산 배정을 하지 않았다. 그러면서 경수로 설비 비용을 모

1994년 10월 21일
로버트 갈루치
미 대북 특사(왼쪽)와
강석주 조선 외무성
제1부상(오른쪽)이
스위스 제네바에서
'북핵 동결과 경수로 지원' 등을
담은 합의문을 교환하고 있다.
《한겨레》자료사진)

두 한국에 떠넘겨버렸다. 한국 역시 제네바 합의를 이행하지 않았다. 미국은 조선이 붕괴되는 날만 기다렸다. 오바마 행정부의 '전략적 인내'라는 것도 바로 그런 발상의 연장선에서 나온 것이다. 소비에트연방 붕괴 뒤 동유럽 사회주의 국가들이 연달아 무너지는 모습을 보면서 시간은 자기들 편이라고 생각했던 것이다.

그러나 조선은 지금까지 붕괴하지 않았다. 오히려 더욱 안정된 모습을 보이고 있다. 조선이 무너지지 않은 까닭은 대략 다섯 가지로 정리해볼 수 있다. 첫째, 동유럽 사회주의 국가들이 정치·경제·사회·문화 각 분야에서 소련에 크게 의존해서 유지된 반면, 조선은 주체사상을 표방하면서 소련의 영향력을 자각적으로 배제하는 노선을 걸었다. 따라서 동유럽 사회주의 국가들에게 소련이 붕괴한 충격이 크게 다가온 데 반해, 조선은 그 충격을 피할 수 있었다.

둘째, 일반적으로 정치체제가 붕괴되는 데는 국민의 지지가 철회되는, 이른바 '정통성 위기(legitimacy crisis)'가 일어나게 마련이다. 그런데 조선체제의 정통성은 경제가 아니라 '주체사상'이라는 이념에 기반을 두고 있다. 따라서 조선에서는 경제가 어려워져도 체제의 정통성 위기가 바로 닥쳐오지 않았다. 오히려 주체사상을 중심으로 더욱 단합하는 상황이 일어났다.

셋째, 정치체제를 붕괴시킬 쿠데타가 발생하려면 쿠데타 세력끼리 공유할 비밀정보가 있어야만 한다. 그러나 조선은 정보가 철저하게 통제된 나라이고, 모든 정보가 투명하게 유통되는 나라다. 비밀정보를 매개로 쿠데타 활동을 하는 것이 처음부터 불가능한 것이다.

넷째, 조선은 한국과 정통성 경쟁을 전개하면서 조선 체제의 정통성을 확보한다. 만일 한국이 없다면 조선은 정통성을 유지하기 어렵게 된다. 한국을 부정함으로써 정통성을 유지하는 방식은 다른 사회주의 국가에서 찾아볼 수 없는 조선 특유의 방식이다.

다섯째, 주지하듯 동독은 서독에 흡수통일 되었으나 조선이 한국에 흡수통일 될 가능성은 극히 희박하다. 동독과 조선의 사정이 매우 다르고, 서독과 한국의 사정도 매우 다르며, 동·서독 관계와 남북 관계도 아주 다르기 때문이다. 예컨대 서독과 동독은 모두 독일 민족이라는 강한 자부심을 갖고 있다. 그러나 조선은 강한 민족주의를 주장하는 반면, 한국은 민족주의에 대한 강한 거부감 내지 적대감을 갖고 있다. 요컨대 위에서 예시한 요건이나 상황이 크게 바뀌지 않는다면, 앞으로도 조선의 붕괴는 기대하기 어렵다는 게 내 판단이다.

1994년 6월 18일 조선에서 귀환한 카터는 김영삼 대통령을 예방해 '김일성의 7월 중 남북정상회담 제의'를 전했다. 김 대통령은 조건 없는 수락을 발표했으나 김일성이 사망하자 조선이 3개월 안에 붕괴하리라고 장담했다.
(《한겨레》 자료사진)

조선이 온갖 역경에도 불구하고 지금처럼 체제를 유지할 수 있었던 '비결'을 이해하기 위해서는 이른바 '선군정치(Military-First Politics)'를 정확하게 이해할 필요가 있다. 흔히들 선군정치를 군인이 인민을 착취하는 구조로 이해한다. 만일 선군정치가 그런 시스템이었다면 조선은 진작에 붕괴했을 것이다. 선군정치는 1990년대 '고난의 행군' 시절, 냉전이 종식되면서 사회주의 우방국의 경제적 지원이 거의 끊어지고, 특히 미국이 주도하는 경제제재가 조선의 숨통을 강력하게 옥죄던 때에, 조선이 철저한 고립무원의 상황에서 더 이상 생사를 기약할 수 없게 되자 오로지 살기 위한 몸부림으로 선택했던 생존 전략이었다.

조선에서는 인민 생활이 경제적으로 극심한 어려움에 봉착하면 군이 해결해주러 나선다. 농경지에 나가서 일하는 사람의 90퍼센트가 군인이다. 동네마다 군인이 인민을 돕는 사무소도 따로 있어, 인민의 집에서 수도꼭지가 고장 나면 군인 사무소로 전화해 도움을 청한다. 군인들은 인민에게 닥치는 각종 문제를 해결할 전문 지식을 보유하고 있다. 이런 방식으로 군인이 인민을 도와주면 인민은 자연히 군에 대한 충성심을 갖게된다. 모든 인민의 아들과 딸은 군에서 10년간 복무하도록 되어 있다. 군인이 인민을 돕는 선군정치로 군인과 인민이 자연스럽게 일심단결하게 되는 것이다.

한국과 미국에서 전쟁이 나면 휴가 나온 군인은 곧바로 군부대로 복귀해야 한다. 그러나 조선에서 전쟁이 나면 군인은 자기 가족의 품으로 돌아가서 가족을 지키는 일을 담당하게 된다. 그들이 전쟁에 참여하는 목적은 전투 고지를 탈환하는 것이 아니라, 자기 고향 동네를 지키고 그곳에 사는 자기 가족을 지키는 것이다. 가족을 위해 싸운다면 누구나 목숨 걸고 싸우지 않을 수 없다. 심장에서 나오는 충성심이 발휘되는 것이다. 바로 이것이 김일성의 훈시였다.

굶어 죽는 아이들과 인권

1994년 10월에 체결된 제네바 합의에서 미국은 조선의 핵 개발 동결 대가로 조선에 1천 메가와트급 경수로 2기를 제공하고, 경수로 완공 때까지 연간 중유 50만 톤을 제공하기로 약속했다. 그러나 이 약속은 지켜지지 않았다. 미국의 약속 불이행은 조선의 에너지 상황을 크게 악화시켰고 그 여파는 1990년 중반 고난의 행군으로 이어졌다.

이 시기 조선이 겪은 참상은 약 2백만 명의 조선 인민이 굶어 죽었다는 사실에서 단적으로 확인된다. 나는 고난의 행군 시기에 조선을 여러 차례 방문했다. 그때마다 목에 붉은 띠를 두른 초등학교와 중학교 학생들이 군가를 부르며 행군하는 모습을 목격했다. 배고픔을 강인한 정신력으로 견디기 위한 말 그대로 '고난의 행군'이었다.

1998년 김정일은 선군정치를 본격적으로 시행했고 이에 미국의 대북 경제제재는 더 강화되었다. 조선의 핵과 미사일 개발을 저지하기 위해서였다. 유엔을 비롯한 국제사회의 많은 나라들이 미국의 정책에 적극 동참했다. 그러나 조선이 미국의 경제제재에 굴복해 미국의 뜻에 순순히 따를 가능성은 지극히 희박하다. 미국의 경제제재를 통해서 조선의 경제적 기반이 훼손되더라도 앞서 말했듯 주체사상이라는 정통성의 기반은 거의 훼손되지 않기 때문이다. 미국이 지속적인 대북 경제제재로써 북핵 문제를 해결하려는 정책이 지금까지 실패하고 있는 까닭이 여기에 있다.

2005년
선군정치연구소조의
선전 포스터.

　그러나 식량 무기가 핵무기보다 더욱 잔인한 무기라는 사실에 주목해
야 한다. 국제정치학에서 핵무기는 전쟁 수단이 아니라 외교적 협상 수단
으로 이해한다. 핵무기의 엄청난 파괴 능력이 오히려 실제 사용을 제한하
는 역설을 드러냈다. 반면 미국이 사용하는 식량 무기는 매일 먹어야 삶
을 영위하는 인간의 생존을 직접 위협한다. 1990년대 미국이 주도한 유
엔 안전보장이사회의 이라크 경제제재는 13년간 지속되었는데, 그로 인
해 5세 미만의 어린이 약 50만 명이 굶어 죽었다. 2018년 유니세프(유엔
아동기금)의 한 조사보고서를 보면 미국 주도의 대북 경제제재로 약 6만
명의 어린이가 굶어 죽을 지경에 처했다.

　나는 고난의 행군 시기에 조선의 한 탁아소를 방문했을 때 아이들이 굶
어 죽어가는 모습을 직접 맞닥뜨렸다. 안내하는 조선 관리들에게 아이들
의 부모가 어디에 있느냐고 묻자 모두 죽었다는 답이 돌아왔다. 생각해보
라. 굶어 죽어가는 자식을 둔 부모는 마지막 남은 음식을, 자신이 굶어 죽
는 그 순간까지 자식에게 모두 주지 않겠는가? 탁아소에서 굶어 죽어가던
아이들의 그 모습이야말로 내가 세상에서 본 가장 비참한 모습이었다.

나는 조선 관리들과 함께 숙소로 돌아왔지만 참담한 심정을 떨쳐버릴 수 없었다. 죽어가는 아이들의 처참한 모습이 더욱 선명하게 떠올랐다. 방문을 조용히 걸어 잠그고, 나보다 키가 두 배 가까이 큰 조선 관리들 앞으로 다가갔다. (나는 박정희와 덩샤오핑 외에 나보다 작은 사람을 못 봤을 정도로 키가 작다.) 고개를 들어 그들의 얼굴을 쏘아보면서 온 힘을 다해 주먹으로 쳤다. 그들의 안경이 땅에 떨어졌다. 나는 울부짖으며 소리쳤다. "너희들 배때기는 이렇게 멀쩡한데, 도대체 어떻게 했기에 탁아소의 아이들이 저렇게 죽어가느냐!" 그러자 조선 관리들이 바로 나를 부둥켜안았다. 우리는 함께 방바닥에 쓰러져 흐느껴 울었다. 아무리 울어도 서러움이 가시지 않았다.

김정은은 지난 2019년 2월 28일 미국과의 하노이 정상회담에서 미국에 '유엔 제재의 일부, 즉 민수경제와 인민생활에 지장을 주는 항목의 해제'를 요구했다. 김정은의 요구는 기아에 허덕이는 조선 인민의 실상을 개선하려는 것이었다고 할 수 있다. 그러나 트럼프는 김정은의 요구를 거절했고, 미국 의회에서는 이 정상회담의 결렬을 환영했다. 그들은 조선의 인

2019년 2월 28일 하노이의 메트로폴 호텔에서 열린 이틀째 확대회담의 결렬 직전 장면. 《한겨레》 자료사진

권 탄압을 비판하면서 경제제재를 더욱 강화해야 한다고 목소리를 높였다. 미국의 경제제재로 6만 명에 이르는 조선의 어린아이들이 굶어 죽어가는 상황에서 그토록 강변하는 '인권'이란 도대체 어떤 의미를 갖는 것인가?

나는 조지아대학에 재직하면서 인권 과목을 개설해서 수십 년간 강의했고, 1995년부터 국제문제연구소(The Center for the Study of Global Issues, 글로비스)를 만들어 강의실 밖의 인권 문제를 연구하고 해결하기 위해 노력했다. 또한 인권을 외교정책 의제에 포함시킨 지미 카터와 오랜 세월에 걸쳐 인권 문제를 토론하면서 인권 개념을 제대로 정립하기 위해 고민해왔다. 내가 공부한 시각에서 보면 미국의 인권 개념에는 2차 세계대전에서 승리한 국가들의 가치관과 이해관계가 반영되어 있다. 말하자면 인류 보편의 가치가 아니라, 미국을 포함한 승전국의 제한된 시각을 지닌 것이었다. 조선도 조선 나름의 인권 개념을 보유하고 있으며, 미국의 인권 개념과 마찬가지로 장단점을 갖고 있다. 인권은 미국의 것, 조선의 것만 있는 것이 아니라, 여러 종류가 존재할 수 있다는 것이다.

인권은 크게 세 가지 원칙에 기초를 두고 있다고 나는 생각한다. 첫째, 천부권(universalism). 이 세상에 태어난 인간이라면 누구나 향유할 수 있는 권리라는 것이다. 따라서 미국에는 인권이 있고, 조선에는 인권이 없다는 식의 얘기는 성립할 수 없다. 둘째, 양도 불가능성(inalienability). 태어날 때부터 가지는 권리로서 누구도 빼앗을 수 없다는 것이다. 셋째, 공동 책임성(entitlement). 예컨대 평양에서 아이가 굶고 있으면 아이의 책임이 아니라 나의 책임으로 느끼는 것을 말한다.

또한 나는 천부권, 양도 불가능성, 공동 책임성에 기초를 둔 인권이 크게 여섯 가지 차원으로 구성되었다고 본다. 첫째, 생존권(life right). 인간이 생명을 유지할 권리로서 인권에서 가장 중요한 차원을 차지한다. 둘째, 귀속권(belonging right). 인간이 어떤 단체에 소속되어 삶을 영위할 권리다. 셋째, 평등권(equality right). 인간이 어떤 이유로도 차별받지 않을 권리다. 넷째, 선택권(choice-making right). 개인이나 집단이 어떤 가치를 자유롭게 선택할 수 있는 권리다. 다섯째, 사랑권(love right). 인간이 사랑할 수 있는 권리를 말한다. 예컨대 한 남자와 한 여자가 각자 소속된 가족의 권위를 고려하여 중매결혼을 하는 대신, 부모가 결정할 수 없는 사랑의 권리로 맺어진다는 것이다. 아울러 이산가족이 서로 사랑할 권리도 사랑권이라고 할 수 있다. 여섯째, 해방권(liberation right). 인간이 시간과 공간의 구속에서 벗어날 권리를 말하는데, 구체적으로 종교적 해방 내지 해탈을 의미한다. 인권은 이상의 여섯 가지 차원을 모두 충족할 때 완전히 실현될 수 있다.

미국이 인류 보편의 가치로 강변하는 인권 개념은 1948년에 제정한 '세계인권선언문(Universal Declaration of Human Rights)'에 구체화되어 있다. 세계인권선언문 제1조에는 모든 인간의 천부적 자유와 평등을 동시에 규정하고 있다. 자유는 자본주의의 키워드이고, 평등은 사회주의의 키워드인바 이론적으로 양립할 수 없는데도 동시에 규정된 것은, 2차 세계대전의 승전국인 미국과 소련의 욕망을 동시에 충족하기 위해서였다. 자본주의 국가 미국의 자유와 사회주의 국가 소련의 평등을 단순히 병치시켰다는 것이다. 미국이 역설하는 인권 개념은 따라서 인류 보편의 가치가 될 수 없는 것이었다.

미국의 인권 개념은 내가 분류한 인권의 여섯 가지 차원 중에서 선택권만을 강조하여 구성되었다. 미국이 중시하는 선택권이란 결국 정치적 자유를 의미하며, 그런 자유를 보장할 수 있는 민주주의 체제를 요구한다. 반면 인권의 여섯 가지 차원 중에서 가장 중요한 생존권을 경시하는 치명적 약점이 있다. 미국이 자국의 가혹한 경제제재로 수많은 조선 어린 이들이 굶어 죽을 처지라는 명백한 사실을 철저히 외면하고 조선의 인권 유린을 끊임없이 비판하는 까닭이 바로 여기에 있다.

사회주의를 선택한 조선은 국가의 주권을 개인의 인권보다 우선시한다. 국가의 주권이 보장되어야 개인의 인권 또한 보장될 수 있다고 판단하기 때문이다. 따라서 조선의 인권 개념은 미국의 인권 개념에서 강조하는 선택권이 상대적으로 취약하다. 거꾸로 조선의 인권이 대단히 중시하는 생존권, 귀속권, 평등권은 미국의 인권 개념에서는 취약한 양상을 보인다.

이 같은 분석에 따른다면, 미국이 신봉하는 인권 개념과 조선이 신봉하는 인권 개념은 모두 상대적 개념임을 알 수 있다. 미국이 신봉하는 인권 개념으로는 조선을 아무리 강력하게 비판하더라도 성과를 거둘 수 없다. 조선은 미국과 전혀 다른 인권 개념을 신봉하기 때문이다. 미국이 기독교의 이름으로 아랍권의 이슬람교를 비판한다고 해서 그 비판이 아랍권에 먹힐 수 있겠는가?

이렇듯 미국이 북핵 문제의 해결을 위해 그토록 오랜 시간을 노력했는데도 지금까지 별다른 성과를 거두지 못한 궁극적인 이유는, 미국이 당연시하는 '사유양식(modes of thought)'에 있다. 조선을 악마로 간주하면서 끝없이 압박하고 위협하는 대신, 그래서 수없이 많은 조선 인민을 생지옥으로 몰아넣는 대신, 미국에게 익숙한 사유양식 자체를 혁신하는 노력을 기울여야 할 것이다. 북핵 문제를 평화적으로 해결할 수 있는 정책을 새롭게 입안해서 실천해야 할 것이다. 미국이 굶어 죽기 직전에 있는 조선 어린이의 '인권'을 진정으로 생각한다면 말이다.

CVID, 그리고 깜깜한 야경 사진의 진실

1993년 조선이 핵확산금지조약(NPT)을 탈퇴하면서 시작된 핵 위기는 그로부터 무려 28년이 지난 2021년 현재까지 해결되지 않고 있다. 그동안 미국, 중국, 조선, 한국 등이 이 문제를 해결하기 위해 노력하지 않은 것도 아니고 그 노력의 성과가 전혀 없었던 것도 아니다. 예컨대 1994년 10월 조선과 미국 간에 제네바 합의가 체결되었고, 2005년에는 9·19 공동성명이 발표되었다. 그러나 그런 성과는 이내 와해되고 말았다. 또한 그런 협상이 반복될수록 핵 위기는 더욱 악화되었다. 다시 말해 북핵 위기를 해결하기 위해 노력하는 시간이 길어질수록 이 위기는 오히려 악화되는 패턴을 보였다. 조선은 현재 실질적인 핵 보유국가가 되지 않았는가? 문제를 해결하기 위한 노력이 문제를 악화시킨 기이한 역설을 도대체 어떻게 이해해야 할까?

1981년 조선을 처음 방문한 이래 지금까지 50회 이상을 다녀오면서 뼈저리게 느낀 사실이 한 가지 있다. 조선을 밖에서 바라보는 사람들의 시각과 조선 사람들 자신이 세상을 바라보는 시각이 너무도 다르다는 것이다. 밖에서 바라보는 사람들은 자신들에게 익숙한 시각으로 조선을 해석하고, 심지어 그런 시각을 조선에 강요하기까지 한다. 그런 시각을 통해서는 조선을 제대로 이해할 수 없다.

나는 그런 시각으로 조선을 재단하는 행위를 '인식론적 제국주의(epistemic imperialism)'라는 용어로 개념화했다. 아울러 인식론적 제국주의에 입각해서 입안된 모든 북핵 위기 해법은 결국 실패할 수밖에 없다는 결론에 도달했다. 지난 28년 동안 이 문제의 해결을 위한 노력이 별다른 성과를 거두지 못한 진정한 원인은 인식론적 제국주의에서 찾아야만 한다고 본다.

내가 2002년에 펴낸 『North Korea: The Politics of Unconventional Wisdom(통념을 넘어서 본 조선 정치)』는, 조선의 정치문화를 직접 관찰하고 조선 내 학자들과 진지한 토론을 거듭하면서 터득한 주체사상을 종합적으로 정리한 책이었다. 그로부터 10년이 지난 2012년에 동료 학자들과 함께 펴낸 『North Korea Demystified(탈신비화시킨 조선)』은 우리의 통념으로 각색된 조선의 모습을 버려야 한다는 메시지를 담은 책이었다. 2018년에는 우리말로 된 조선 연구서 『선을 넘어 생각한다』를 펴내 조선을 제대로 이해하자는 제안을 하고 싶었다.

약 10년을 주기로 출간된 나의 책 제목들이 공통의 명제로 수렴된 것은 그저 우연이었다. 이 책들은 인식론적 제국주의를 넘어서 조선을 이해해야만 한다는 것, 아울러 조선을 제대로 이해하기 위해서는 조선 사람들 자신이 세상을 바라보는 시각에 최대한 가까이 다가가야 한다는 사실을 담고 있었다. 나의 이 연구 태도를 'empathy'라는 용어로 개념화했는데, 우리말로 옮기면 '역지사지易地思之' 정도가 될 것 같다.

미국은 CVID, 즉 '완전하고, 검증 가능하며, 불가역적인 비핵화(complete, verifiable, irreversible dismantlement)'를 조선에 요구한 적이 있다. '영구적이고, 검증 가능하며, 불가역적인 비핵화'를 뜻하는 PVID, '최종적으로 완전히 검증된 비핵화'를 뜻하는 FFVD 등의 용어도 있지만 서로 크게 다르지 않다. 관건은 CVID가 미국의 인식론적 제국주의를 전형적으로 반영한 개념이라는 것이다. 무엇보다 조선의 핵 개발 동기를 전적으로 무시하면서 무조건 핵을 없애라고 일방적으로 강제하는 개념이기 때문이다. 또한 이것은 국제정치의 세계에서 실현 불가능한 비현실적 개념이기도 하다.

'완전한' 비핵화를 실현하기 위해서는 국제원자력기구(IAEA)의 사찰을 받아야 한다. 국제원자력기구의 사찰은 크게 일반사찰과 특별사찰로 나뉘는데 보통 일반사찰로 실시한다. 조선이 자발적으로 핵무기 소재지와 핵무기 수량 등을 신고하면 원자력기구에서 현지를 방문해서 검증하는 것이다. 조선이 신고한 곳 중에서 일부만 선별해 검증할 수도 있다. 일반사찰이 성공적으로 수행되려면 반드시 조선에 대한 신뢰가 전제되어야 한다.

그러나 현재 원자력기구나 미국은 조선을 극단적으로 불신하고 있다. 조선이 아무리 정직하게 신고하더라도 믿지 않을 것이다. 특별사찰을 하는 것도 만만치 않다. 특별사찰이란 원자력기구에서 조선이 신고한 곳뿐만 아니라, 자체 분석에 따라 핵무기 소재지로 의심되는 곳까지 검증하는 것을 의미하는데, 사실상 조선의 모든 곳을 뒤질 수 있다는 것을 의미한다. 그것이 현실적으로 가능하겠는가? 만일 원자력기구와 미국이 특별사찰을 강행한다면 조선은 자국의 주권을 유린하는 행위를 좌시하지 않을 것이고, 구체적으로 총격전으로 가게 될 수도 있다.

'검증 가능한' 비핵화는 더 어렵다. 이를 위해서는 핵무기 전문가가 조선이 신고한 지역을 검증해야 한다. 그러나 원자력기구와 미국이 근본적으로 조선을 믿지 않으니 신고 지역만 보고 검증할 생각이 없는 것이다.

'불가역적' 비핵화 역시 사실상 실현 불가능하다. 조선은 이미 핵무기를 보유했고, 핵무기를 제조할 수 있는 전문가, 핵무기를 만든 경험, 핵무기를 제조할 수 있는 원료도 보유했다. 조선이 현재 보유한 핵무기를 모두 폐기한다 치더라도 언제든지 다시 만들 수 있다. 그런데 어떻게 '불가역적' 비핵화가 가능하겠는가?

이런 분석을 종합해보면 CVID는 개념적으로나 현실적으로 실현 불가능하다는 사실을 쉽게 알 수 있다. 오히려 북핵 위기의 해법을 원천적으로 봉쇄하고 있다. 이 문제를 해결하기 위해서는 일차적으로 조선의 처지에서 핵을 보유한 까닭을 정확하게 진단할 필요가 있다. 나는 앞서 언급한 '역지사지'를 통해 그런 진단을 해볼 수 있다고 판단한다.

나는 남쪽의 '팀스피리트훈련(1976~93)' 기간 중에 조선에 머물며 상황을 지켜본 적이 여러 번 있었다. 팀스피리트훈련은 조선 공격을 목적으로 시행된 한미 합동군사훈련이었다. 해마다 두 달 남짓 실시하는 냉전시대 세계 최대 규모의 군사훈련으로, 참가병력이 20만~30만 명에 이르기도 했다. 남쪽에서 팀스피리트훈련이 시작되면 조선은 곧바로 전쟁상태에 돌입한다. 훈련이라지만 언제든 총부리를 조선으로 돌릴 수도 있다는 우려 때문이다. 전쟁상태에서 일상생활은 전면적으로 마비된다. 팀스피리트훈련이 주로 농번기에 실시되기에 조선은 농사 준비도 손을 놓을 수밖에 없게 된다.

그런 악순환을 반복적으로 체험하면서 필사적으로 자구책을 모색하다가 마침내 찾아낸 해법이 바로 핵무기였다. 더욱이 조선은 리비아의 무아마르 알 카다피가 핵무기를 포기하면서 이내 죽임을 당하고, 또 핵무기를 보유하지 못한 이라크의 사담 후세인이 미국에 의해 쉽게 살해되는 모습을 목격하면서 핵무기가 정답이라는 판단을 더 확신하게 되었다.

나는 팀스피리트훈련 시기에 조선의 교수나 일반 주민의 집을 방문해서 그들의 대처방식을 관찰한 바 있다. 그들은 밤이 되면 일제히 소등을 하고 창문에 커튼을 친다. 온갖 수단을 동원해서 불빛이 밖으로 새나가지

1976년 박정희 정권의 요청으로 시작해 93년까지 해마다 시행된 팀스피리트훈련은 '평화수호를 위한 한미 결속의 훈련'이라는 1990년의 구호처럼 방어작전을 표방했으나 조선이 자구책으로 '핵 개발'에 나서는 빌미가 됐다.

못하도록 철저하게 틀어막는다. 불빛이 조금이라도 새나가면 정부 당국으로부터 제재를 받는다. 조선 전역이 곧바로 칠흑 같은 어두움에 휩싸이는 것이다. 내가 목격한 평상시의 조선의 밤은 그렇게 깜깜한 적이 없었다.

언론을 통해 널리 유포된 미국 항공우주국(NASA)에서 위성으로 촬영한 한반도의 야경 사진을 보면, 깜깜한 조선의 모습과 대낮같이 밝은 한국의 모습이 선명하게 대비되어 있다. 그들은 말한다. '도대체 얼마나 전력량이 부족하면 조선 전역이 저렇게 깜깜할 수 있단 말인가? 전력량이 풍족한 한국은 저렇게 대낮처럼 밝으니, 지옥 같은 조선과 비교하면 천국이 따로 없지 않은가?' 팀스피리트훈련 기간에 조선에 머물러본 나로서는 실소하거나 때로 화날 정도로 조선의 현실을 왜곡하는 기사이다.

팀스피리트훈련이 진행되는 와중에 조선의 학자나 고위급 정치 지도자와 대화를 할 때마다 나는 조선이 먼저 한국을 공격할지도 모르겠다는 생각이 들곤 했다. 조선의 고위급 지도자들은 지금까지 미국의 공격에 대비해 막강한 무력을 준비해왔음에도, 자칫 선제공격을 당해 대응조차 못하게 되는 상황을 크게 우려하고 있었다. 나는 그런 얘기를 들을 때면, 조선이 미국의 공격에 대한 극심한 공포로 선제공격을 감행할 수도 있겠다는 생각에 가슴이 철렁 내려앉곤 했다. 고대 그리스의 역사가 투키디데스는 『펠로폰네소스 전쟁사』에서 스파르타가 아테네의 팽창에 공포를 느낀 나머지 먼저 공격했다는 사실을 무려 세 차례에 걸쳐 강조했다.

나는 지금도 조선과 미국 간 핵 위기 문제가 해결되지 않는 한 조선의 선제공격 가능성은 상존한다고 믿고 있다. 1993년 팀스피리트훈련이 공

2005년
미 국무장관 럼스펠드가
공개해 화제를 모은
집무실 탁자 위의
한반도 야경 사진.
나사에서
2003년 9월 위성으로
촬영한 것으로
알려졌다.
《한겨레》 자료사진)

식적으로 종료된 이후에도 명칭을 달리한 한·미 군사훈련이 지금까지 계속되고 있기 때문이다. 내가 직접 목격한 조선의 전시 대비 상황 역시 크게 달라지지 않고 있다.

또 한 가지 놀라운 사실은, 내가 조선을 거쳐 한국에 와보면 완전히 딴 세상이라는 것이다. 남쪽에서는 팀스피리트훈련 중에도 전쟁 가능성을 전혀 느낄 수 없었기 때문이다. 한국은 조선과 미국 간 심각한 긴장구도와 그로 인해 반복적으로 전쟁상태로 내몰리는 조선의 실상을 전혀 모르고 있었다. 조선이 미국에 대해 느끼는 극심한 공포와 그 공포에 따른 선제공격의 가능성은 더더욱 모르고 있었다.

단지 그런 실상과 완전히 동떨어진 '색깔론'이 난무하고 있을 뿐이었다. 심지어 색깔론 강변이 곧 애국적 행위인 것처럼 믿고 있었다. 그처럼 공허한 색깔론으로 한반도의 참혹한 전쟁을 방지할 수 있겠는가? 만약 한반도에서 또다시 전쟁이 터지더라도 조선이라는 '악마'가 일으켰다고 저주만 할 것인가?

'전쟁은 누가 옳고 누가 틀렸는지 결정하지 않는다. 오직 누가 살아남았는지만 결정할 뿐이다.' 버트런드 러셀의 이 경구를 기억하는 것, 한반도 평화의 길에 첫발을 내딛는 것이라고 말하고 싶다.

김일성의 이율배반적 유훈

　조선과 미국 간 2차 정상회담에서 도널드 트럼프는 미국과 국제원자력 기구에서 핵 시설로 의심되는 모든 곳을 일방적으로 조사할 수 있는 '특별사찰'에 따라 조선의 핵 프로그램과 핵 시설을 전면적으로 폐기할 것을 요구했고, 심지어 조선의 핵 과학자와 핵 기술자에 대해서도 상업적 활동만 허용하도록 요구했다.

　《로이터》는 이를 보도하면서 트럼프의 요구를 존 볼턴이 평소에 역설하던 '리비아 모델'을 따른 것으로 평가했다. '선 비핵화·후 보상'을 의미하는 리비아 모델은 미국의 약속 위반 탓에 무아마르 카다피의 비극적 죽음으로 끝난 바 있기에, 조선은 리비아 모델을 단호하게 거부해왔다. 트럼프도 처음에는 볼턴의 주장과 거리를 두어 2018년 6월 싱가포르에서 열린 1차 정상회담에서는 리비아 모델을 요구한 적이 없었다. 그럼에도 하노이 회담에서 리비아 모델을 채택한 까닭은 무엇인가? 이론적으로나 현실적으로 실현 불가능한 CVID를 조선에 갑자기 요구한 까닭은 무엇인가?

　아마도 트럼프는 조선이 리비아 모델을 거부하리라는 것을 진작에 확신했을 것이다. 즉 북핵 문제를 해결할 수 없는 방안을 찾고 또 찾아서, 마침내 조선을 핵 문제를 해결하지 않는 상황을 선택하도록 밀어 넣었다는 것이다. 핵 문제를 해결하지 않는 것, 그래서 한반도의 군사적 긴장이 '영원히' 지속되는 것이 트럼프를 지배하는 미국의 '디프스테이트Deep State'의 이익에 정확하게 부합하기 때문이다. 숨은 권력 집단을 뜻하는 디프스테이트는 한반도의 군사적 긴장이 심각한 수준으로 지속되어야만 한국에 무기를 판매해서 천문학적 이익을 꾸준히 챙길 수 있으므로.

디프스테이트의 실체를 정확하게 파악하기란 쉽지 않다. 정보 관련 분야의 경험과 전문성이 풍부한 사람들, 막대한 자금력을 소유한 사람들, 군산복합체 등을 중심으로 움직인다는 것을 짐작할 따름이다. 디프스테이트는 공식적 정부 시스템의 이면에서 암약하면서 그 시스템의 정상적 작동 논리를 파괴시킨다. 나는 디프스테이트를 그 은폐된 폭파력에 주목하여 '지진 국가'라고 번역한다. 앞으로 미국 디프스테이트의 암약이 꾸준히 확대되고 심화된다면 결국 미국의 민주주의와 법치주의 그 자체까지 파괴하는 지경에 이를 것이다.

트럼프도 디프스테이트를 통제할 수 없었다. 그는 '디프스테이트의 그림자 대통령'으로 회자되는 볼턴을 채용해서 디프스테이트 통제를 시도했겠지만 처음부터 가망 없는 일이었다. 내가 보기에는 볼턴 역시 디프스테이트의 '수하'에 지나지 않는다. 《로이터》의 보도에 따르면, 볼턴이 하노이 정상회담장에서 쥐고 있던 노란 봉투에는 디프스테이트의 이해관계가 반영된 문서가 들었고, 조선의 적극적 수용이 아니라 단호한 거부를 유도하는 사안을 담고 있었다고 한다. 조선이라는 '악마'가 건재하는 것이 디프스테이트의 자리가 유지되는 길이었다.

더 심각한 문제는 한국의 대미·대북 정책에 있다. 한국은 언제나 '한·미 공조'를 천명하면서 북핵 문제를 해결하고자 한다. 그래서 한국 역시 미국처럼 조선의 완전한 비핵화를 강조한다. 한국에서 이해하는 완전한 비핵화란 사실상 미국에서 수입한 CVID를 의미한다. 또한 한국에서는 대체로 '조선 비핵화'와 '한반도 비핵화'를 개념적으로 구분해서 이해한다. 전자는 조선의 CVID를 의미하고, 후자는 한반도 전체의 비핵화를 의미한다. 한국에서 전자와 후자를 구분하는 까닭은, 후자가 미국의 세계 전략 및 동아시아 전략에 맞지 않아 실현 불가능한 비현실적 개념이라고 이해하기 때문이다.

하지만 조선 비핵화와 한반도 비핵화를 구분하는 발상 역시 미국의 이해관계를 반영한 미국적 발상이다. 조선에서는 조선 비핵화와 한반도 비핵화를 구분하는 발상 그 자체를 일종의 '공상'으로 간주한다. 조선의 사유양식에서 '조선 비핵화'란 개념은 아예 존재하지 않고, 오직 한반도 비핵화(조선 용어로 조선반도 비핵화)란 개념만 존재한다는 것이다. 나는 그런 사실을 조선의 수많은 학자들과 토론하면서 직접 확인했다. 나는 그들에게 반복해서 물었다.

'당신들이 주장하는 비핵화란 구체적으로 무엇을 뜻하는가? 미국 본토에 있는 핵무기까지 없애야 한다는 뜻인가?'

나의 질문에 조선 학자들은 이구동성으로, 자신들이 주장하는 비핵화란 '조선 비핵화, 주한미군의 비핵화, 한반도 주변에서 출몰하는 미국 핵항공모함의 비핵화를 아우르는 개념'이라고 응답했다. 조선은 공식 성명을 통해서 지금까지 단 한 차례도 조선만의 비핵화를 얘기한 적이 없고, 오직 한반도 비핵화를 일관되게 주장했다. 김정일은 2004년 5월 고이즈미 준이치로 일본 총리를 두 번째 만난 자리에서 이렇게 말했다.

"미국은 우리에게 이라크처럼 핵무기를 무조건 포기하라고 요구합니다. 우리는 그런 요구를 들어줄 수 없습니다. 만일 미국이 우리를 핵무기로 공격한다면 우리도 그냥 손을 놓고 당하지만은 않을 것입니다. 우리가 그렇게 손을 놓고 있다면, 이라크의 운명이 우리를 기다리고 있을 테니까요."

김정일의 우려는 리비아의 사례를 통해서도 구체적으로 예증되었다. 리비아는 미국의 요구에 따라 2003년 '완전한 비핵화'를 선언하고 모든 대량살상무기를 폐기했다. 그러자 미국 국무부는 2006년 리비아와 국교 정상화를 선언했고, 기존의 연락사무소를 대사관으로 격상시켰다. 이어 2011년 3월 '오디세이 새벽작전'을 개시해 리비아를 폭격했고, 그해 10월 미국이 선도한 북대서양조약기구(NATO) 군의 지원을 받은 리비아 반군 이 카다피를 체포해서 사살했다. 이 비극적 결말을 생생하게 목격한 조선 이, 조선만의 일방적인 무장해제를 뜻하는 '조선 비핵화'를 어떻게 수용할 수 있겠는가? 한·미 공조에 입각한 한국의 북핵 문제 해법 역시 미국의 해법만큼이나 '비현실적'이다.

한·미의 북핵 해법의 비현실성은 조선이라는 나라의 성격을 직시해보 면 더 구체적으로 이해할 수 있다. 조선은 강한 민족적 자긍심을 지닌 나 라다. 따라서 조선은 어떤 외세의 강압에도 굴복하지 않는 체질을 지녔 다. 조선을 강하게 압박하면 할수록 더 강하게 반발한다.

조선의 역사 교과서를 읽어보면 이를 분명히 실감할 수 있다. 조선의 민 족적 자긍심 또는 강력한 민족주의 정신은 주로 고조선, 고구려 같은 한 민족 고대사 교육을 통해서 함양된다. 바로 그 시기에 한민족의 정치적 기

2004년 5월 김정일 조선 국방위원장(왼쪽)과 평양에서 두 번째로 만난 고이즈미 일본 총리(오른쪽). 《한겨레》 자료사진)

상이 가장 왕성하게 발현되었다고 판단하기 때문이다. 조선의 학생들은 고구려가 당대 세계 최강의 국력을 지녔던 수나라나 당나라의 침략을 단호하게 격파했던 역사적 사실을 공부하면서 불굴의 저항정신과 뜨거운 민족적 자긍심을 배운다. 따라서 조선이 현재 미국과 대결하면서 견지하는 정신은 고구려의 정신과 같은 것이다. 조선이 미국의 CVID 요구를 순순히 수용할 것으로 기대하는 것은 상상도 할 수 없는 비현실적 구상이다.

나는 평양의 주체과학원에서 역사학을 연구했던 K 교수의 초청으로 역사학 학술대회에 여러 차례 참석하면서 조선의 역사 연구 동향을 상세하게 관찰할 수 있었고, 조선의 역사 연구에서 특히 고구려를 중시한다는 사실을 확인했다. 그들은 고구려의 을지문덕, 광개토대왕, 연개소문 같은 개인의 업적을 부각시키는 영웅사관이 아니라, 당대 인민의 결집된 역량을 통해서 국난을 극복했다는 인민사관을 중시했다. 조선에서 한민족의 역사를 집대성한 『조선전사』 역시 인민사관에 입각해서 저술되었다.

K 교수는 내가 만주에서 태어났다는 사실을 듣고는 나의 아버지, 할아버지, 선대 조상도 만주에서 태어났느냐고 꼬치꼬치 캐물었다. 처음엔 영문을 몰라 당황했다. 교수는 내가 고구려 후손인지를 알고 싶어 했던 것이다. 내가 동명성왕릉을 두 차례 방문했을 때에도 고구려 계승 정신을 느끼지 않을 수 없었다. 요컨대 조선의 강력한 민족주의 정신은 고구려의 약동하는 정신이 체현된 것이었다.

한국에서 조선의 완전한 비핵화를 요구할 때 유념할 것이 또 하나 있다. 한국과 조선은 건국 이후 지금까지 치열한 체제 경쟁을 전개했다. 나는 이 체제 경쟁을 '정통성 전쟁(legitimacy war)'이란 용어로 개념화했다. 한국은 조선을 전적으로 배제하면서 한반도의 유일한 합법정부로 자임하고, 조선 역시 한국을 전적으로 배제하면서 한반도의 유일한 합법정부로 자처하기 때문이다. 애초에 조선이 핵무기를 개발한 까닭은 조선의 안보를 보장할 군사적 수단을 확보하기 위해서였다. 김정은은 2018년 신년사에서 '핵무력 완성'을 선언했다. 즉 조선이 핵무기를 보유함으로써 안전을 보장할 군사적 수단을 확보했다고 천명한 것이다. 이후 조선의 핵무기는 조선의 정통성을 확증하는 수단으로 자리매김되었다. 조선의 체제가 한국의 체제보다 우위에 있다고 주장할 근거로 격상된 것이다. 그렇다면 한국에서 조선의 완전한 비핵화를 요구한다는 것은 곧 조선 체제의 존재 이유를 스스로 포기하라는 것과 다름없는데, 그것이 과연 실현 가능하겠는가?

북핵 문제의 평화적 해결을 위해서는 핵무기에 관한 김일성의 '이율배반적' 유훈에 주목할 필요가 있다. 바로 거기에서 조선의 핵 개발 동기를 정확하게 이해할 실마리를 찾아볼 수 있기 때문이다. 나는 다년간 학문적으로 교류했던 조선의 C 교수로부터 김일성이 핵무기에 주목한 까닭을 구체적으로 배울 수 있었다. 항일 무장투쟁에서 고군분투했던 김일성은 일본이 미국의 원자탄 투하에 한순간 항복하는 모습을 보면서 핵무기의 위력에 깊은 인상을 받았다. 김일성은 핵무기만 확보하면 아무리 강력한 외세의 침략도 단호하게 격퇴할 수 있으리라고 확신했다. 더욱이 한국전쟁 때 미국의 무자비한 폭격을 당하면서 핵무기의 필요성을 절감했다. 그래서 1958년부터 조선의 젊은이들을 소련에 유학 보내 핵물리학을 공부시켰다. 조선의 핵무기 개발능력은 그때부터 축적되었다.

김일성은 일본의 원자탄 피폭에서 핵무기의 막강한 위력뿐만 아니라, 핵무기가 초래한 참상도 목격했다. 그는 어떤 경우에도 한반도에서 핵무기를 사용해서는 안 된다는 신념을 갖게 되었다. 그러기 위해서 한반도에서 핵무기를 모두 제거하는 '조선반도 비핵화'가 필요하다고 확신했다. 즉 김일성은 핵무기를 보유할 이유와 포기해야 할 이유를 동시에 고려하는 '이율배반적' 사유를 한 것이다.

그의 사유는 이율배반적 외양을 지녔지만, 실상 지극히 논리적이고 상식적인 것이었다. 핵무기를 수단으로 조선의 안보를 확실하게 보장할 정치적 장치가 마련되면 핵무기를 포기할 수 있다는 것이 김일성의 생각이었다. 조선이 현재 "비핵화는 선대의 유훈이다"라고 반복해서 말하는 맥락이 여기에 있다. 김일성의 유훈에 주목할 때, 조선의 비핵화는 반드시 조선·미국 수교, 다자간 불가침 조약 등의 정치적 안전장치가 선결되어야만 실현될 수 있다.

나는 꿈꾼다. 조선의 안보가 보장되고 한반도 비핵화가 완전히 실현되는 순간을. 조선이 핵확산금지조약(NPT)에 다시 가입하고, 한국·미국을 포함한 열강과 손을 잡고 국제무대를 돌면서 핵 야망을 지닌 국가들을 상대로 비핵화를 설득하는 순간을. 지구상의 '악마'로 간주되었던 조선이 비핵화와 비확산 운동을 선도함으로써 인류의 평화에 기여하고, 또 국제사회의 정상국가 일원으로 정당하게 평가받는 바로 그 순간을.

어린 시절에 평화병을 얻다

미국에서 50년 넘게 사는 동안 조선을 50회 넘게 다녀왔다. 미국에서 베이징을 거쳐 평양에 갔다가 다시 미국에 돌아오는 거리는 지구를 한 바퀴 도는 거리다. 그러니 지구를 50회 이상 돌았다고도 할 수 있다. 관광하러 간 것이 아니었다. 한국 정부의 지원을 받아서 간 것도 아니었다. 오로지 내 대학교수 박봉을 쪼개서 다녀왔다.

조선을 처음 방문한 것은 1981년 여름이었다. 조선을 정확하게 이해하기 위해 나의 시각이 아닌 조선의 시각에서 주체사상을 정확하게 이해할 필요가 있다고 판단했기 때문이다. 당시 미국에서는 카터를 누르고 보수 공화당의 로널드 레이건이 대통령에 취임하면서 냉전의 긴장이 고조되고, 한국에서도 전두환 군사정권이 출범하면서 남북 간 군사적 대립이 극에 이르고 있었다. 그런 와중에 조선을 방문한다는 것은 스스로 사지死地에 들어가는 것이나 다를 게 없었다.

실제로 조선을 처음 방문하기 위해 애틀랜타공항에서 비행기를 기다리는 시간은 극심한 공포의 시간이었다. 고민 끝에 그 자리에서 나의 세 자식들 몫으로 3백만 달러의 생명보험을 들었다. 또한 나의 신변 안전을 계속 확인해달라고 같은 대학에 재직하던 동료 딘 러스크 교수에게 부탁했다. 그는 케네디 행정부와 존슨 행정부에서 9년 동안 국무장관을 역임한 바 있는 조지아대학의 국제법 교수였다.

어떻게 조선 방문을 단행했을까? 제정신이었다면 못했을 일이었다. 스스로 돌이켜 진단해보면 '평화병病'에 걸렸기 때문이었던 것 같다. 지금도 내가 어린 시절을 보낸 만주의 참혹한 풍경이 선명하게 떠오른다.

경상도에서 농사를 짓던 나의 할아버지 3형제는 1906년 만주로 이민을 떠났다. 압록강과 두만강 북쪽의 비옥한 땅은 평안도와 함경도 사람들이 선점했기에 더 북쪽으로 나아가 흑룡강성(헤이룽장성)의 하얼빈에 정착했다. 그 뒤 나의 아버지도 할아버지와 합류했고, 1931년쯤 역시 경상도에서 떠나온 어머니와 결혼했다. 나는 1939년 3남 3녀 중 셋째로 태어났다. 두 살 아래 여동생보다도 늦게 걸을 정도로 몸은 허약했지만, 두상은 상대적으로 커서 '가분수'라는 별명을 얻었다.

1940년대 만주국 시절 일본의 엽서에 실린 하얼빈의 차이나타운 모습. 《한겨레》 자료사진)

할아버지는 집에서 중국어와 일본어를 쓰지 못하게 했다. 아버지는 조선인 초등학교 국어 교사로 일했고, 일본 법정에서 중국어와 일본어 통역도 했다. 내가 다닌 조선인 초등학교엔 교실이 딱 하나 있었다. 맨 앞줄에 1학년 학생이 앉고, 그 뒷줄에 2학년 학생이, 그 뒷줄에 3학년 학생이 앉는 방식이었다. 나는 입학한 뒤 얼마 안 된 시기에 두 차례 월반하여 일찍부터 셋째 줄에 앉았다.

이렇듯 유년기 삶의 터전이었던 만주에서 평생 잊을 수 없는 장면 두 가지를 목격했다. 중국 국민당과 공산당 사이의 '국공내전'에서 자행된 잔혹한 학살 장면이 그 한 가지였고, 다른 한 가지는 아편중독으로 죽은 중국인들의 주검이 곳곳에 야적된 장면이었다. 국공내전 시기에 변변한 무기가 없었던 그들은 칼, 낫, 죽창 같은 도구로 사람을 난도질해 죽였다. 사람 목숨이 파리 목숨보다 못하다는 말이 절로 나오는 장면이었다. 어린 나의 눈으로 도저히 담아낼 수 없는 참혹함이었음에도 내 삶의 주변에 그 광경들이 일상적으로 널려 있었다.

만주 일대의 조선인은 대부분 마오쩌둥을 적극 지지했다. 만주로 이주한 조선인은 대부분 소작농으로 살아가야 했는데, 중국인 지주의 소작료율은 70퍼센트였으나 일제가 만주국을 세우면서 등장한 일본인 지주의 소작료율은 85퍼센트에 이르렀다. 가혹한 수탈을 당한 조선인들이 지주를 좋게 볼 수 없었던 것은 당연했다. 한편 장제스가 기본적으로 중국인 지주의 이익을 대변하는 인물이었던 데 반해, 사회주의를 선택한 마오쩌둥은 '사유재산 철폐'를 역설했으며 사회주의에서 중시하는 노동자 계급을 중국의 '인민'으로 대체시켰다. 즉 마오쩌둥은 서구에서 수입한 사회주의를 중국의 가난한 농민의 현실에 부응하는 '중국식 사회주의'로 수정한 것이다. 곧 중국의 농민은 물론 만주의 조선인도 마오쩌둥을 강력하게 지지하게 되었다. 우리 친척 중에도 많은 건장한 청년들이 마오쩌둥의 인민해방군에 가담할 정도였다.

만주에서 조선인이 수행한 임무는 조선과 중국의 특수관계를 형성하는 토대가 되었다. 마오쩌둥은 만주의 조선인을 우대했다. 한국전쟁 때는 약 10만 명의 '항미원조 지원군'을 파견했다. 그 지원군에는 만주의 조선인이 다수 포함되었는데, 그들이 참전한 목적은 한반도에서 미국을 몰아냄으로써 조국을 해방시키는 것이었다. 마오쩌둥은 자신의 장남인 마오안잉도 참전시켰다. 마오안잉은 1950년 11월 25일 평안북도 동창군 대유동에서 미국 전투기가 투하한 네이팜탄에 맞아 전사했다. 마오안잉은 평안남도 회창군 중국인민지원군 열사능원에 묻혔다. 요컨대 현재 중국의 유일한 동맹국이 바로 조선이라는 사실은 격동의 중국 현대사에서 형성된 '특수관계'를 정확하게 예증한다.

트럼프는 2017년 4월 7일 시진핑과의 미·중 정상회담 뒤《폭스 비즈니스》인터뷰에서 이렇게 말했다. "내가 처음 꺼낸 얘기는 조선 문제였다. 미국은 조선[의 핵·미사일]을 용인할 수 없으므로 중국이 미국을 도와야 한다." 이에 시 주석은 수천 년간 맺어온 중국과 한반도의 관계가 그렇게 쉽지 않다는 것을 설명했다고 한다. 그럼에도 트럼프는 4월 21일 자신의 트위터에 다시 다음과 같은 글을 올렸다. "중국은 조선의 엄청난 경제적 생명줄이다. 쉽지 않더라도, 중국이 조선 문제를 해결하기를 원한다면 해결할 수 있을 것이다." 그러자 중국은 4월 22일 성명을 통해 단호하게 밝혔다. "한·미 군대가 38선을 넘어 조선을 지상에서 침략해 조선 정권을 전복시키려 한다면 즉시 군사적 개입에 나서겠다. 중국은 무력 수단을 통한 조선 정권의 전복과 한반도 통일을 절대 받아들일 수 없다. 이 마지노선은 중국이 어떤 대가를 치르더라도 끝까지 견지하겠다."

박근혜는 2015년 9월 3일 중국 전승절에 참석했다. 중국을 통해서 '조선의 비핵화'를 압박하려는 계산 때문이었다. 그러나 트럼프의 제안조차 거부했던 중국이 조선과의 특수관계를 전면적으로 거스르는 박근혜의 제안을 수용할 리 있겠는가? 그런데도 박근혜는 중국에 대한 서운함을 표시하는 차원에서 개성공단을 폐쇄했고, 또 중국이 강력하게 반대했던 미군의 사드 배치까지 받아들였다. 박근혜의 '오판'이 낳은 정치적·역사적 유산은 현재까지 한반도에 가혹한 질곡으로 남아 있다.

어릴 적 만주에 산재했던 아편 중독자의 주검은 나를 더 깊은 고뇌에 빠뜨렸다. 1840년 아편전쟁이 발생한 지 1백 년이나 지난 상황이었고 애

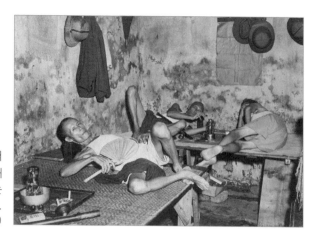

'아편굴'에서
마약에 취해
쓰러져 있는
중국인들.
(《한겨레》 자료사진)

초에 만주에는 영국군이 들어오지도 않았지만, 아편은 곳곳에 속속들이 침투해 있었다. 아편은 그만큼 중국 전역에 퍼져 있었다. 중국 성인 남성의 27퍼센트가 아편에 중독된 상태였다. 중국 인구가 약 6천만 명일 때였으니 2천만 명이 아편 중독자였던 셈이다. 나는 아편이 총칼처럼 살상무기로 사용될 수 있다는 사실을 일찍이 적나라하게 목격했다. 더구나 민족정신까지 마비시킨다는 점에서 훨씬 야만적인 무기였다.

놀랍게도 만주의 조선인은 아편에 중독되지 않았다. 아편을 먹지 말라고 얘기하는 사람도 없었고 특별히 단속하지 않았는데도 그랬다. 지금까지도 조선에는 아편이 없다.

1912년 청나라가 망한 뒤 등장한 쑨원 정권과 장제스 정권에서도 아편은 광범위하게 유통되었다. 중국의 아편중독을 근절시킨 인물은 마오쩌둥이었다. 그는 중국의 민족정신을 마비시키는 아편이 대단히 심각한 무기라고 판단하고, 아편을 판매하다가 잡힌 중국인은 무조건 사형에 처했다. 마오쩌둥은 외세와 결탁해서 벌어먹는 중국인을 가장 천한 계급으로 간주하고 그 대안으로 '인민'이라는 개념을 제시했다. 철저히 반외세 민족 주의 정신으로 무장한 인민이 '혁명 중국'의 주역이 되어야 한다고 본 것이다. 1백 년에 걸쳐 아편에 중독되어온 2천만의 중국 인민을 구제하는 '위대한' 일은 이런 배경에서 성취되었다.

주지하다시피 미국은 영국인들이 만든 나라다. 현재 미국은 세계 최대 무기 수출국이다. 미국이 무기를 팔아서 천문학적 이득을 취하는 방식은 영국이 아편을 팔아 부를 쌓았던 방식과 유사하다. 영국과 미국의 타락한 자본주의 정신이 그 객관적 근거가 된다. 아편이 소비국의 민족정신을 타락시켰듯 무기 또한 수입국의 자체 국방 능력을 고갈시킨다.

문제는 한국이 세계 최대 미국 무기 수입국의 하나라는 것이다. 2015년 현재 스톡홀름국제평화연구소(SIPRI) 분석을 보면, 한국은 당시 최근 5년간 미국 무기 수입 1위 국가이다. 미국을 '맹종'하고 조선을 '주적主敵'으로 삼는 한국의 안보정책 내지 '안보병病'이 이 결과를 빚어냈다. 미국의 방산업체는 절대로 핵심기술을 한국에 이전하지 않는다. 한국은 작금의 안보정책을 근원적으로 혁신하지 않는 한 영원히 미국의 방산업체에 종속될 수밖에 없다. 미국의 방산업체가 주축이 된 디프스테이트는 미국 민주주의와 헌정질서의 근간을 꾸준히 파괴하고 있다.

또한 엄청난 파괴력을 지닌 미국산 무기로 안보를 추구한다면 오히려 안보 그 자체까지 파괴할 지경에 이른다는 점을 주목해야 한다. 미국에서 수입한 무지막지한 무기를 동원하여, 핵무기를 가진 조선과 전쟁을 한다고 치자. 그러면 조선만 죽고 한국은 살아남을 수 있을까? 현재 미국 무기에 중독된 한국은 영국 아편에 중독되었던 중국과 크게 다를 게 없다. 만주의 조선인은 스스로 아편에 중독되지 않을 정도로 건강한 정신력을 지

녔었다. 그러나 현재 한국은 미국 무기에 중독된 사실 그 자체를 자각할
정도로 정신력이 건강한지 의문이다.

중국의 '아편중독 백 년사'가 어떻게 혁파되었는지 돌아보아야 한다.
한국의 실질적인 안보를 더 이상 보장해주지 않는 안보정책을 버리고,
한민족의 평화와 번영을 기약할 수 있는 새로운 안보문화를 창조하는
것, 이것이 이 시대를 살아가는 우리 모두의 절박한 과제가 되어야만 할
것이다.

해방과 귀향, 또다시 전쟁

1945년 8월 15일! 하얼빈에도 해방의 소식이 들려왔다. 그러자 만주에 거주하던 수많은 조선인들이 귀국길에 오르기 시작했다. 우리 가족 여덟 식구도 귀국길에 올랐다. 하얼빈에서 두만강 쪽으로 내려와 강을 건넜다. 그 시절 두만강을 왕복하는 중국 상인들의 배를 타고서 건넜다. 그러고서 기차를 타고 평양으로 향했다. 기차에 탑승한 사람들이 너무 많아 지붕에까지 빼곡히 올라탔다. 기차가 터널에 진입할 때 지붕에서 비명 소리가 들리더니 터널에서 빠져나오고서 이내 정적이 흘렀다. 기차 지붕에 올라가 있던 이들이 모두 사라졌기 때문이었다.

평양에 도착하여 부모님은 일본인들이 살다 떠난 적산 가옥을 얻었다. 큰할머니를 포함한 여덟 식구가 평양의 피난민 수용소에서 머무는 것이 여의치 않았다. 피난민 수용소에선 먹을 것을 어느 정도 제공받을 수 있었지만 적산 가옥을 선택한 우리 가족은 끼니를 스스로 해결해야 했다. 어머니는 품팔이를 나섰다. 아버지는 대구에 가족의 거처를 마련하기 위해 홀로 먼저 떠났다.

나는 형과 함께 날마다 평양 경마장에 가서 말 사료로 쓰는 콩비지를 사왔다. 하도 자주 가니 어느 날 경마장 직원이 내게 말을 몇 마리나 키우느냐고 물었다. 나는 집안 사정을 털어놓기 싫어 두어 마리 키운다고 둘러댔다. 우리 가족은 1년 넘게 그 콩비지만 먹고 살았다. 나는 쌀밥의 맛이 무엇인지 모르고 살았다. 땔감은 경마장의 말뚝으로 충당했다. 형과 함께 말뚝을 삽으로 파내 말린 다음, 땅에 묻혀 있어 썩지 않은 부분을 땔감으로 썼다.

일곱 살이 되던 해인 1946년 평양소학교 1학년에 다시 입학했다. 학교에 가니 가르쳐주는 노래가 많았는데 모조리 김일성을 찬양하는 노래였다. '장백산 줄기줄기 피어린 자욱'으로 시작하는 〈김일성 장군의 노래〉를 자연스럽게 흥얼거리면서 평양 거리를 거닐곤 했다. 나만 그런 것이 아니라 내 또래 아이들은 모두 그랬다. 1946년 즈음 이미 조선에서는 김일성의 절대적 위상이 확립되었다. 김일성 반대파는 모두 중국으로 망명했다. 여러 정치 지도자가 치열하게 각축했던 한국과 크게 대조되는 모습이었다.

1945년 미국과 소련은 일본의 항복을 공동으로 접수하기 위해 38선을 획정했다. 딘 러스크가 미국 쪽에서 38선 획정 작업 실무를 맡았던 이력이 있었기에 나는 이 이야기를 직접 들을 수 있었다. 당시 소련은 미국과 달리 한반도 영토에 대한 야심이 적었고, 조선의 신탁통치에 대해서도 소

1948년
조선 정부 수립 전,
김일성을 영도자로
추대하자는
시민들의 시가 행진 모습.
《한겨레》 자료사진)

극적인 태도를 보여주었다. 러스크는 만일 미국이 군사분계선을 38선 대신 원산과 평양을 잇는 선으로 획정했더라도 소련이 수용했을 것이라고 했다. 또한 러스크는 38선 획정을 잠정적 조치로 이해했으며, 이처럼 장기간 지속될 줄은 전혀 예상하지 못했다고 했다. 미국은 처음부터 한반도에 전략적 이해관계를 갖고 있었던 것이 분명해 보였다. 미국이 소련과 달리 한국에서 신탁통치를 철저하게 이행한 것도 그 때문이었을 것이다.

김일성은 한반도 분단을 방지하기 위해 우선 한국에서 준비 중인 1948년의 5월 10일 총선거를 막아야 한다고 판단했다. 그래서 1948년 4월 19일부터 24일까지 평양 대동강의 쑥섬에서 이른바 '쑥섬협의회(남북연석회의)'를 열었다. 한국에서 김구·김규식 등이 참석했고 이승만은 불참했다. 김일성은 김구와 김규식을 5·10 선거를 저지할 능력을 지닌 한국의 대표자로 기대했으나 그들은 그런 대표자가 아니라고 밝혔다. 김일성은 미국과 이승만의 은밀한 커넥션에 대해서 상세하게 파악하지 못했던 것이다. 결

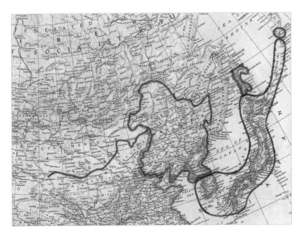

1945년 8월 11일
미군 장교 딘 러스크와
찰스 본스틸이
《내셔널 지오그래픽》의
벽걸이 지도에
그어놓은 한반도의
38선.
(《한겨레》 자료사진)

국 쑥섬협의회는 결렬되었고 한반도는 분단의 길을 걷게 되었다.

우리 가족은 1948년 녹음이 무성한 여름철을 택해 38선을 넘었다. 미군이 보초를 서고 있던 탓에 녹음 속에 몸을 숨기기 위해서였다. 우리는 보초가 왕복하는 시간을 치밀하게 계산한 뒤 눈앞에서 보초가 사라지자마자 38선을 넘는 전략을 세웠다. 거동이 불편한 큰할머니까지 모시고 사력을 다해 달렸다.

해방 이후 개성에는 조선·만주·동중국 일대에서 38선을 넘어온 귀환 동포들을 위한 임시 거처가 있었다.

천만다행으로 무사히 38선을 넘어 개성의 피난민 수용소로 갔다. (그때 개성은 38선 이남에 위치해 있었고 훗날 한국전쟁 휴전선이 더 아래로 그어지면서 북쪽에 속하게 됐다.) 개성 피난민 수용소에서 두어 달을 머물렀다. 그곳의 위생 상태는 말 못 할 정도로 엉망이었다. 나는 그곳에서 천연두에 걸렸다. 몸이 몹시 가려웠는데, 긁으면 '곰보'가 된다는 말에 건드리지도 못했다. 비 오는 날 발가벗고서 고개를 들고 처량하게 비를 맞기도 했다. 비를 맞으면 가려움이 덜했기 때문이다. 지금도 내 콧잔등에는 그때 생긴 곰보 자국이 남아 있다.

나중에 대구에 내려와서는 대명동에 정착했다. 아버지가 마련해둔 방한 칸짜리 셋집에서 여덟 식구가 살았다. 나는 1948년 대구 남산초등학교 1학년에 또다시 입학했다. 아홉 살 때였다. 학교에서 공부가 끝나면 길거리에 나가 사과도 팔고 군밤도 팔았다. 그처럼 어려운 생활을 하던 중에 큰할머니가 치매에 들었다. 큰할머니를 간병할 방을 마련하기 위해 수창동으로 이사해서 방 두 칸짜리 집을 얻었다.

대명동에서 수창동까지 거리가 꽤 되어 학교를 옮기고 싶었지만 남산초등학교에서 내가 총명하고 공부 잘하는 학생이어서 학교의 명예를 위해 놓아줄 수 없다며 추켜세워주었기에 나는 성인용 중고 자전거를 마련해 타고 다니기로 했다. 내 작은 몸으로는 안장에 오르기 어려워, 책가방은 자전거 뒤에 싣고 왼손과 왼발은 핸들과 페달 위에 제대로 놓았지만, 오른발은 자전거 앞바퀴와 뒷바퀴 사이로 집어넣어 페달을 밟아야 했고, 오른손이 핸들에 닿지 않아 오른쪽 겨드랑이로 자전거 안장을 싸잡고 몰아야 했다. 몸이 무척 약했기에 그 먼 길을 성인용 자전거로 통학하기란 여간 힘든 일이 아니었다. 그래서 지각을 많이 했다.

5학년 때 우리 반에 다른 아이들보다 나이가 많은 깡패 두목 같은 학생이 한 명 있었다. 점심시간마다 친구들의 도시락 뚜껑을 강제로 열게 해서 맛있는 반찬을 모두 집어가버리는 녀석이었다. 내 도시락의 삶은 계란을 집어간 적도 있었다. 겨울에 도시락을 따뜻하게 하기 위해 난로 위에 올려놓을 때면 자기 도시락을 맨 아래에 끼워 넣곤 했다.

나는 그 녀석이 너무도 얄미웠지만 내가 워낙 약골이라 정면승부는 엄두도 못 냈다. 우리 반에서 누구도 그 녀석에게 대들지 못했다. 나는 머리를 굴렸다. 며칠간은 학교 수업이 끝나면 녀석의 뒤를 밟아 동선을 파악했다. 그 녀석이 친구들과 헤어져서 혼자 남는 지점도 파악했다. 하루는 야구 방망이를 들고서 그 지점 근처에서 매복했다. 마침내 그 녀석이 내 앞을 지나가는 순간 야구 방망이로 녀석의 뒤통수를 힘껏 후려쳤다. 녀석이 픽하고 쓰러졌다. 뒤도 안 돌아보고 집으로 줄행랑을 친 나는 녀석이 혹시 죽었으면 어떡하나 하고 밤새 한숨도 자지 못했다.

그런데 다음 날 학교에 가보니 그 녀석이 와 있지 않은가. 더욱이 친구들과 전날 뒤통수 맞은 일을 얘기하면서 깔깔거리고 있는 것이었다. 그 모습이 그렇게 반가울 수 없었다. 그 이후 나는 녀석에게 아주 잘 해주었다. 삶은 계란도 곧잘 주고, 내가 아끼던 카메라를 주기도 했다. 그러자 힘이 센 그 녀석은 약골인 나를 지켜주었다. 우리는 아주 친한 친구가 되었다. 하지만 내 마음 한구석에는 늘 미안함이 자리하고 있었다.

세월이 흘러 졸업반이 되었을 때, 나는 그 녀석 뒤통수를 후려친 일을 고백했다. 친구는 나의 말을 믿지 않았다. 내 얼굴을 빤히 쳐다보면서 그럴 리 없다고 우겼다. 히죽히죽 웃으면서 계속 우겨대자 나도 깔깔거렸다. 야구 방망이 사건은 그렇게 끝났다.

나의 초등학교 시절을 회고할 때 가장 잊을 수 없는 사건은 물론 한국전쟁이다. 대구에서 초등학교 3학년 때 전쟁을 맞닥뜨렸다. 만주에서 국공내전을 목격하며 몸서리를 쳤던 나에게 해방 뒤 귀국길은 전쟁 없는 안식처를 찾아 나선 길이기도 했다. 그러나 고향에서 나를 기다린 것은 미국 전투기의 무자비한 폭격으로 상징되는 한국전쟁이었다. 눈에 띄는 모든 것을 무차별 살상했던 미군의 폭탄은 국공내전에서 사용했던 원시적 무기와는 차원이 완전히 다른 것이었다.

폭격 소리에 놀란 소가 길가에서 이리저리 날뛰던 모습, 빗발치는 전투기의 폭격에 사람들이 도망 다니다 무참하게 고꾸라지는 모습, 주검들이 여기저기 흩어져 있는 모습, 가족들이 주검을 부둥켜안고 절규하는 모습……. 어린 눈에 반복적으로 각인된 그 장면들은 나를 결심하게 만들었다. 살아 있는 동안 전쟁을 방지하는 일에 헌신하겠노라고. 내 온몸을 휩쓴 '평화병'을 결코 치료하지 않겠노라고.

미군은 공군전략을 중심으로 전쟁을 수행했기 때문에 희생자 규모가 상대적으로 적었다. 그러나 한국전쟁은 미국의 전쟁 역사에서 최초로 승리하지 못한 전쟁이었다. 미국은 그런 사실을 은폐하고 싶어 했다. 그래서 처음에는 'Korean War(한국전쟁)'라는 용어를 쓰지 않고 'Korean Conflict(한국 내부의 동란)'이란 말을 사용했다. 미국은 베트남전쟁 패배 이후에야 'Korean war'라는 용어를 공식적으로 사용하기 시작했다.

한국전쟁에서 무엇을 배울 것인가? 거의 모든 연구자가 전쟁의 발발 기원이나 원인을 연구한다. 그들은 대체로 미국 의회의 도서관 등을 방문해 다량의 사료를 복사한다. 그런 다음 그 사료를 읽고 해석해서 '목침'처럼 두꺼운 한국전쟁 연구서를 펴낸다. 책의 두께는 대체로 연구자의 학문적 성취도를 평가하는 기준으로 간주된다. 그래서 수많은 사료를 인용하면서 저술한 두꺼운 책이 학술상을 받는 사례가 많다.

나는 그런 식으로 저술된 책을 수없이 읽으면서도 한국전쟁의 진정한 발발 기원이나 원인을 발견한 적이 없다. 원인을 규명하기 위해서는 엄격한 사회과학적 인과율에 따라서 한국전쟁의 발발을 '설명'해야만 한다. 내가 접한 수많은 한국전쟁 연구서는 방대한 사료를 이렇게 저렇게 조합해서 한국전쟁 발발을 '서술'한 것에 지나지 않았다. 단언컨대 서술을 통해서는 원인을 확정할 수 없다. 그들이 사용한 사료를 다른 연구자가 사용한다면 다른 방식으로 해석해서 다른 결론을 도출할 수도 있다.

일찍이 윌리엄 드레이가 '백여 년에 걸친 막대한 노력에도 불구하고 미국의 남북전쟁 원인에 대한 논쟁은 아직까지 종식되지 않았다'고 평가했고, 또 냉전이 종식되었지만 냉전의 기원에 대한 논쟁이 아직까지 끝나지 않은 까닭은 모두 연구자의 '조잡한' 연구방법 때문이었다. 그런데도 그들은 그처럼 조잡하게 규명한 원인을 조선에 전가해서 조선을 단죄하고, 한국에 전가해서 한국을 단죄하며, 소련이나 미국에 전가해서 소련이나 미국을 단죄하는 행태를 멈추지 않는다. 그래서 남북 간의 증오심과 적개심을 끝없이 유발하는 원천을 제공하고 있다.

우리가 한국전쟁에서 진정 배워야 할 것은 우리가 한국전쟁이 물려준 질곡에서 여태껏 헤어나지 못하고 있다는 사실이다. 한국전쟁이 남겨준 분단, 남북 간의 극단적 적대감, 조선을 평계로 끝없이 악화되는 남남갈등, 그리고 그런 분단문화에 우리의 의식과 영혼이 부지불식간 세뇌됨으로써 지금까지도 충분히 해명하지 못한 한국전쟁 민간인 대량학살 문제, 충분히 해결하지 못한 이산가족 문제, 충분히 해원하지 못한 빨갱이 연좌제 문제 등을 직시하고, 분석하고, 해체하는 작업에 모든 학문적 역량을 기울여야 할 것이다.

전쟁고아와 양민학살

    초등학교와 중학교 시절을 회고해보면, 내 인생을 강렬하게 지배한 두 가지 체험이 떠오른다. 한 가지는 전쟁고아였던 김태원이란 친구와 함께 지냈던 시간이고, 다른 한 가지는 아버지가 경찰서에 끌려가서 모진 고문을 당한 뒤 반죽음 상태로 돌아온 모습을 목격했던 체험이다.

    김태원은 조선에서 의사의 아들로 태어났으나 한국전쟁 때 미군의 폭

1957~58년의 가족 사진에서 아버지(박영석·제일 가운데)·어머니(이동수·아버지의 왼쪽)와 3남 3녀 남매들(박한식은 뒷줄 맨 오른쪽), 큰매형과 조카들이 함께했다. (사진 제공 박한식)

격으로 부모를 모두 잃고 말았다. 졸지에 전쟁고아가 되어버린 것이다. 길가에서 혼자 울고 있던 김태원은 그 옆을 지나가던 미군에게 발견되어 미국인이 운영하는 대구의 고아원에 맡겨졌다. 내가 다니던 남산초등학교 근처의 샬트르 성바오로 수녀원이 그곳이었다.

한국전쟁 당시 대구 샬트르 성바오로 수녀원의 백백합보육원에서 4백 명 원생들의 김장 준비를 하는 모습. (샬트르 성바오로 수녀원 누리집에서 갈무리)

　나는 김태원이 친구였던 탓에 그가 사는 고아원에 자주 가보았다. 보모들이 대부분 수녀였고 성심껏 고아들을 보살피고 있었지만, 어린 내 눈에조차 열악해 보이는 환경이었다. 고아들이 쪼그리고 앉아 밥을 먹는 모습이 너무도 불쌍하게 느껴져 나는 장차 사회사업가가 되겠다는 마음을 먹기까지 했다. 김태원과 나는 경북중학교에 함께 입학했다. 몸이 약했던 나는 들것에 실려 입학시험장에 들어갈 정도였지만 김태원은 덩치가 크고 건장했다. 우리는 나중에 커서 미국의 브로드웨이를 함께 걸어보자는 꿈을 얘기할 정도로 친했다.

　전쟁 중에는 경북대 교수가 경북중학교에 와서 수업을 진행하기도 했는데 이 아무개 교수라는 사람은 수학을 강의하러 온 사람이었다. 반장이었던 나는 운동장 조회 때마다 우리 반 줄의 맨 앞에서 교장을 등지고 서 있어야 했는데 어느 날 이 교수가 출제한 시험 문제 가운데 '교장의 키를 어림짐작으로 적어보라'는 문제가 있었다. 나는 답을 알아맞히지 못했다. 늘 만점을 받아왔기에 순간 억울하다는 생각이 들어 이 교수에게 따졌다.

"문제가 공정하지 못하다고 생각합니다. 그럼 교수님이 저의 키를 어림 짐작으로 맞혀보시겠어요?"

내 얘기가 끝나자마자 이 교수는 나를 무자비하게 구타했다. 몸이 약했던 나는 이내 피투성이가 되었다. 죽을 것만 같았다. 그래도 화가 풀리지 않은 이 교수는 나와 가장 친한 친구가 누구냐고 소리쳤다. 김태원이 주저 없이 손을 들고 앞으로 나왔다. 그러자 김태원도 무자비하게 두드려 팼다. 나보다 훨씬 다부진 체격을 지녔던 김태원도 오래 버티지 못하고 고꾸라졌다.

고등학교를 졸업한 뒤 김태원은 공군에 입대했고 얼마 지나지 않아 사망했다는 소식이 전해졌다. 사망 이유에 대해서 여러 가지 소문이 들려왔다. 확실한 것은 아무것도 없었다. 친구의 죽음은 나에게 이루 말할 수 없는 슬픔을 안겨주었다. 똑똑하고 유능했던 한 젊은이의 목숨을 그토록

1954년 대구에서 학생들이 미국의 원조를 환영하는 펼침막을 들고 거리 행사에 동원된 모습으로, 미국인 자원봉사자 애덤 유어트가 찍은 사진. (대구국립박물관 자료사진)

빨리 앗아가버린 전쟁의 시대가 원망스러울 따름이었다.

나는 한때 집에 노래방을 꾸며놓았을 정도로 노래를 좋아한다. 지금도 김태원이 그리울 때면 혼자서 조용필의 〈친구여〉를 부르곤 한다. 숨이 멎을 듯 목이 메고 쏟아지는 눈물을 주체할 길이 없어 끝까지 부르지는 못할지언정.

한국전쟁 무렵은 수많은 양민이 학살된 시기였다. 한국전쟁유족회에서는 학살된 양민의 수를 약 1백만 명으로 추산한다. 내가 특히 주목하는 학살은 여순사건, 제주 4·3 사건, 국민보도연맹사건, 거창양민학살사건 등 미군과 국군에 의한 양민학살이다. 왜 미군과 국군은 적군이 아닌 아군의 양민을 그토록 대규모로 죽였단 말인가? 한국 현대사에서 반복적으로 자행된 양민학살을 단순히 '서술'하는 것을 넘어 사회과학적으로 '설명'하는 것은 한국 사회과학자의 시대적 사명일 수밖에 없다.

미군과 국군이 양민을 학살한 까닭으로는 보통 '빨갱이'라는 죄목이 제시된다. 빨갱이는 공산주의자의 속칭이다. 산속에 숨어 있던 빨치산이나

보도연맹
학살사건을 다룬
다큐멘터리영화
〈레드룸〉의 한 장면.

인민군이 야밤에 마을로 내려와 밥을 달라고 요구하면 양민들은 주지 않을 수 없었다. 살기 위해서 그랬다. 미군과 국군은 그런 양민을 모두 '부역자'로 간주해서 학살했다. 부역자는 곧 빨갱이라고 판단된 것이었다.

그런 식의 양민학살은 세계 전쟁사에서 유례가 없다. 내가 만주 시절에 직접 체험했던 국공내전 때만 해도 마오쩌둥의 인민혁명군에게 밥을 제공했다는 이유로 장제스의 국민당 군대가 양민들을 학살한 적은 없었고, 그 반대의 경우에도 마찬가지로 학살은 없었다.

나는 미군과 국군이 양민을 학살한 것을 세 가지 요인으로 '설명'할 수 있다고 본다. 가장 중요한 요인은 해리 트루먼이 견지한 기독교의 선악관에서 찾을 수 있다. 기독교의 선악관에서 신을 부정하는 공산주의자는 곧 '악마'였다. 공산주의자는 반드시 신의 이름으로 죽여야 할 대상이었다. 이는 아메리카 대륙의 원주민을 멸종하다시피 한 청교도(Puritan)의 선악관과 거의 유사한 것이었다.

두 번째 요인으로 조선총독부를 꼽을 수 있다. 트루먼 행정부에서 한국에 파견한 존 하지는 미 군정을 수행할 효율적 행정수단으로 조선총독부를 선택했다. 여운형이 준비했던 조선건국준비위원회에는 '빨갱이'가 다수 포함되었다고 판단했기 때문이다.

세 번째 요인은 이승만이다. 이승만은 자신의 권력 기반을 미국에서 찾았다. 한국에서는 권력 기반이 취약했기에. 이승만은 일제의 식민지 조선인 통제의 노하우를 배웠다. 조선총독부는 조선인을 '독종'으로 파악했다. 조선인을 통제하기 위해서는 고문 같은 방법으로는 어렵없고 반드시 죽여서 사례를 보여주는 방법을 택해야만 한다고 판단했다.

트루먼과 미 군정의 시각에서는 안 그래도 미국 원주민과 피부색이 유사한 조선인이 빨갱이까지 되었다면 결코 살려둘 수 없는 '악마'였다. 이승만은 조선총독부에서 터득한 조선인 통제 방법을 과감하게 실천하면서 미 군정의 이해관계에 적극 호응했다.

한국전쟁이 격화되고 양민학살이 전국적으로 확산되는 시대적 분위기에서 나의 아버지도 빨갱이로 몰리게 되었다. 일제시대에 경북 청도에서 하얼빈으로 이민 갔다가 해방 후 평양을 거쳐 대구에 정착한 삶의 역정 자체가 빨갱이 혐의를 뒤집어씌울 좋은 소재였던 것이다.

1954년 아담 유어트가 찍은 대구 동구 아양교 철교 부근의 이정표 사진. 이승만 정부의 '북진통일' 정책을 홍보하던 표어가 '너도나도 사랑하자 백두산 가는 길을'이었다. (대구국립박물관 자료사진)

어느 날 아버지가 경찰서에 끌려가 모진 고문을 당했다. 어머니와 누나는 발을 동동 구르면서 아버지를 애타게 기다렸다. 저녁 무렵 경찰차가 우리 집 앞에 정차했다. 이내 아버지를 마당에 내던졌다. 온몸이 피투성이가 된 아버지의 모습은 시체와 다를 바 없어 보였다.

나는 커다란 충격을 받았다. 주변 어른들에게 아버지가 고문당한 이유를 물었더니 한결같이 '빽'이 없어 그랬다는 답이 돌아왔다. 어떻게 하면 빽이 생기느냐고 묻자 국회의원이 되면 빽이 생긴다고 했다. 어떻게 하면 국회의원이 될 수 있느냐고 또다시 물었다. 그러자 국회의원이 되려면 웅변을 잘해야 한다고 했다.

나는 사회사업가가 되려던 꿈을 정치가로 바꾸었다. 빽이 필요했기 때문이다. 중학교 1학년 때부터 본격적으로 웅변 연습을 시작했다. 새벽마다 산에 올라가 발성 연습을 했다. 아울러 국회의원의 연설 현장을 수없이 방문해서 그들의 연설 스타일을 꼼꼼하게 점검했다. 이승만의 연설이 가장 형편없게 들렸다. 우리말이 매우 어눌한 나머지 마치 외국 사람이 우리말을 배워 얘기하는 것처럼 들렸다. 나는 수많은 웅변대회에 참가해

경북중학교 3학년 때 대구역 광장에서 '평화' 를 주제로 웅변하는 뒷모습. (사진 제공 박한식)

1960년 7·29 총선 때 사회대중당 소속 민의 원 후보로 나선 양호민. 서울대 법대 교수와 《사상계》 주필을 겸하던 1965년 '한일협정 비준 반대' 서명으로 해직된 뒤 《조선일보》 논설위원이 됐다. (《한겨레》 자료사진)

수없이 입상했다. 받은 상금과 상품은 모두 신문사에 기부했다. 내 주린 배를 채우기에 앞서 김태원처럼 어려운 친구들에게 조금이나마 도움이 되길 바랐다.

나의 웅변 실력은 일취월장해서 마침내 대구에서 '웅변왕'으로 통하기에 이르렀다. 훗날 양호민이라는 학자가 국회의원에 출마했을 때 초빙받아 찬조 연설까지 하게 되었다. 그런 식의 찬조 연설 기회가 계속 이어졌고 매번 웅변 원고도 직접 작성했다. 원고의 주제는 모두 전쟁을 방지하고 평화를 유지하자는 내용이었다. 원자폭탄보다 더 무서운 폭탄이 '일심폭탄'이라고 역설하기도 했다. 키가 130센티미터를 겨우 넘는 중학교 1학년생이 전쟁과 평화라는 무거운 주제로 웅변에 임하곤 했으니 내 '평화병'은 이만저만 심한 것이 아니었다.

1975년 조지아대학에서 강의를 하다가 아버지가 위독하다는 급보를 받았다. 바로 한국으로 돌아와 아버지와 사흘간 많은 얘기를 나누었다. 대화 덕분인지 아버지의 병세가 일시적으로 호전되기도 했다. 평생 이산가족의 삶을 산 아버지는 가장 먼저 만주에 있는 할아버지를 찾아달라고 부탁하셨다. 그리고 통일이 되기 전에는 한국에 들어오지 말고 미국에 남아 통일을 위해 헌신하라고 당부하셨다. 아버지의 말씀은 나에게 유언이 되어, 이후 한국의 여러 좋은 제안을 고사하고 미국에 머물면서 이산가족 문제, 평화와 통일을 돌보는 삶을 산 중요한 계기가 되었다.

아버지는 평생 공포에 시달렸다. 평생 직장을 갖지도 못했다. 집에서 변변찮은 일을 하면서 생활할 수밖에 없었고 어머니도 삯바느질로 살림을 꾸려야 했다. 아버지는 경찰서에서 모진 고문을 당한 까닭을 나에게 끝내 얘기해주시지 않았다. 나는 뒤늦게 아버지의 깊은 속뜻을 헤아리게 되었다. 빨갱이라는 낙인이 자식들에게 피해를 줄지도 모른다고 우려하셨던 것도, 나에게 한국에 들어오지 말라는 유언을 남기신 것도 같은 맥락에서 하나하나 이해되어가면서 내 마음을 무겁게 한다.

인간은 때때로 희생자에게 오히려 죄를 뒤집어씌우는 사유의 습성을 보이는데 이를 학술용어로 '희생자 비난하기(victim blaming)'라고 한다. 전두환이 1980년 5월 그 많은 광주 시민을 학살하고서 희생자들에게 빨갱이라는 오명을 뒤집어씌우고 자신을 빨갱이를 때려잡은 애국자로 강변한 것이 전형적인 사례이다. 그러한 기만이 40년 가까이 우리 사회에 널리 통용되었다. 그뿐이겠는가? 한국에서 수백만 명에 이르는 양민학살의 유족들이 나의 아버지처럼 한 많은 삶을 살아왔고, 지금도 살고 있으며, 앞으로도 살아갈 것이 아니겠는가? 이토록 기막힌 기만이 어떻게 우리 사유를 그토록 오랫동안, 그토록 강고하게 지배할 수 있었을까?

학자들이 이 지점에서 자기 역할을 담당해야 하지 않겠는가? 우리 시대의 가장 고통스러운 현실의 문제를 학문적으로 설명하는 것, 그래서 그 문제를 해결할 수 있는 길을 꾸준히 안내하는 것, 학자의 존재 이유는 바로 그것에 있다고 본다.

인생 동반자, 인생 스승을 만나다

고교 시절에 두 가지 소중한 인연이 있었다. 내 '오디세이'의 영원한 동반자가 되어준 아내를 만난 것, 그리고 언제나 내 삶의 등불이 되어준 서영훈 선생을 만난 것이다. 서영훈 선생을 알게 된 덕분에 재일동포가 처한 삶의 조건을 구체적으로 이해하게 되었고, 내가 평생토록 정신적 스승으로 모신 함석헌 선생도 만날 수 있었다.

아내 전성원은, 내가 1956년 경북고에 입학해 참여했던 YMCA 고등부 동아리 '하이와이HiY'의 지도교사인 경북대 의대생 전성균의 누이동생이었다. 대여섯 살 위인 전성균과 친해져 그의 집을 자주 방문하다가 내 마음을 사로잡은 여성이었다.

전성균의 아버지이자 나의 장인 되는 전호열은 대구에서 광제병원을 운영하는 의사였다. 아버지와 아들 모두 알베르트 슈바이처를 존경하며 따르고자 했다. 장인은 오토바이에 부착된 사이드카에 의약품을 가득 실은 이른바 '독일군 오토바이'를 몰고 무의촌을 누비셨다. 1950년대 중반의 전후戰後 한국 사회는 온갖 질병이 창궐하는 '집단병동'이나 다를 바 없었다. 내게는 그런 장인의 모습이 '한국의 슈바이처'로 보였다. 이미 '평화병'을 앓고 있던 까닭에 더더욱 존경스러웠다. 장인 역시 나를 많이 아껴 인생의 깊은 의미에 대해 많은 말씀을 해주셨다. 훗날 미네소타대학 의대 교수가 된 전성균 역시 장인과 같은 정신을 품고 같은 길을 걸었다. 전성균은 1958년 슈바이처의 정신을 실천하는 '생명경외클럽' 창립을 주도해 지금껏 활동해왔고 2017년 '서재필 의학상'을 받기도 했다.

외동아들이었던 장인은 무려 13남매의 자녀를 두었다. 종합병원 개원을 꿈꾸며 자녀들 대부분에게 의학 공부를 권장했다. 전성원이 경북여고를 졸업한 뒤 1959년 이화여대 약학과에 입학한 것도 그런 영향 때문이었다. 나도 같은 해 서울대 정치학과에 입학했다.

전성원은 운동을 좋아했고 자전거도 아주 잘 탔다. 나 역시 대구 수창동 집에서 남산동 초등학교까지 먼 거리를 자전거로 통학하면서 축적한 실력이 있었기에 전성원에게 크게 밀리지는 않았다. 대학 시절 우리는 자전거를 타고 데이트를 자주 했다. 전성원은 신촌에서, 나는 동숭동에서 출발해서 종로에서 만났다. 저 멀리서 해맑게 웃으면서 다가오던 전성원의 모습이 지금도 눈에 선하다. 우리는 곧장 태릉으로 향했다. 책을 좋아했던 전성원과 책보다는 생각하기를 좋아했던 나는 철학·종교·예술·인생·사랑 등에 대해 수많은 얘기를 나누었다. 그 얘기 속에는 미국 유학의

유학을 앞둔
1964년 대구에서
올린 약혼식 때 모습.
(사진 제공 박한식)

꿈도 들어 있었다. 1964년 약혼반지에 '1+1=1'이라는 초수학적 수식을 새긴 우리는 하나가 되어 인생의 오디세이를 시작했다.

나는 경북중·고 시절 청소년적십자 단장으로도 활동했다. 전쟁터에서 차별 없이 모든 부상자를 구호하자는 인도주의 정신에 어릴 때부터 강한 매력을 느꼈다. 그때 한국적십자 대표가 이범석이었고, 청소년적십자 부장이 서영훈이었다. 청소년적십자는 여름이면 한강변에서 하령회(하기 간부수련회)를 열었다. 하령회의 '단골 프로그램' 중 하나가 웅변대회였는데 언젠가 내가 '일심폭탄'이라는 제목의 웅변으로 1등을 차지했다.

그 우승 덕분에 서영훈 선생과 가까이 지내게 되었다. 선생은 종교·신앙·철학 분야 등에 조예가 깊었다. 나는 훗날 정치학을 전공으로 선택했으면서도 종교철학으로 바꿀까 심각하게 고민한 적이 있을 정도로 종교학·철학 등에 흥미를 많이 느꼈다. 서 선생의 이야기를 듣고 질문하는 시

1964년 서영훈 선생의 청소년적십자 간부 하계강습회 강의 모습. 1953년 한국적십자 초기부터 활동한 서영훈 선생은 2000~2003년 총재를 지냈다. (청소년적십자 자료사진)

간을 매우 즐겼고, 선생을 평생 따르면서 좋은 말벗이 되고자 했다.

어느 날 서 선생이 일본에서 열리는 '제1회 국제청소년적십자회의' 참가
자를 모집한다는 소식을 알려주었다. 미국 적십자사 극동지구본부 주최
국제청소년적십자 리더십 강습회로 도쿄 서쪽의 다치가와 미공군기지에
서 열리는 행사였다. 참가를 위해서는 영어 시험을 치러야만 했는데 평소
에 영어 공부를 유달리 좋아했던 나는 시험에 문제없이 통과해 선발되었
다. 한국대표단으로 선발된 남학생 다섯 명과 여학생 다섯 명 중 서울 출
신이 여덟 명이고, 인천 출신 한 명, 대구 출신이 나 한 명이었다.

우리는 서 선생의 인솔에 따라 일본으로 향했다. 1956년 경북고 1학년
때였다. 생애 최초로 국제회의에 참가할 생각에 설레고 기뻤다. 난생처음 비
행기도 타보게 됐다. 나는 서울 여의도공항에서 빡빡머리에 선글라스까지
쓰며 제법 폼을 잡았다. 어머니가 대구에서부터 그 먼 거리를 배웅해주셨다.

1956년
국제청소년적십자
리더십 강습회에 참석한
한국대표단.
(박한식은 뒷줄 맨 왼쪽)
(청소년적십자 자료사진)

국제청소년적십자 리더십 강습회에
참가하기 위해
일본으로 출국하기 직전
어머니(이동수)와 공항에서.
(사진 제공 박한식)

국제청소년적십자 리더십 강습회 때 박한식은 뛰어난 영어 실력 덕분에 미국 대표(오른쪽)와 일대일
토론을 벌였다. (청소년적십자 자료사진)

일본으로 향하는 내 마음이 그저 기쁜 것만은 아니었다. 만주 시절 조선족 동포들의 생활상이 떠올랐기 때문이다. 나는 만주라는 이국땅에서 할아버지·할머니·아버지·어머니 등의 고달프기 그지없는 삶을 목격하면서 자랐다. 그곳에서 보낸 유년 시절은 대부분 가슴 아린 기억으로 채워졌다. 이내 질문이 떠올랐다. 일본에는 우리 동포가 얼마나 살고 있을까? 그들은 어떤 삶을 살아가고 있을까?

나는 도쿄에서 국제청소년적십자회의를 마친 뒤 재일 조선대학교에 연락했다. 재일동포들이 어떻게 사는지 알고 싶다고 말했다. 그러자 조총련(재일조선인총연합회) 소속의 나이 지긋한 어른이 나를 직접 찾아왔다. 아주 친절한 어른이었다. 맛있는 식사도 대접해주고, 기념으로 도장도 파주었다. 또 재일 조선대학교와 재일동포의 현황을 자세하게 설명해주었다.

재일동포의 삶의 여건을 알면 알수록 중국 조선족의 현실과 차이가 크다는 사실을 깨닫게 되었다. 중국은 조선족의 자율성을 상당 수준 허용한다. 조선족의 자녀에게는 크게 두 가지 길이 열려 있다. 한 길은 중국의 '중점대학'으로 분류되는 명문대에 진학해 중국 사회의 엘리트로 진출하는 길이다. 또 다른 길은 연변대학에 진학해서 엘리트 조선족이 되는 길이다. 반면 재일동포는 그런 자율성을 일본 사회에서 누리지 못했다. 일본은 재일동포를 사실상 하층민으로 취급하고 있었다.

재일동포는 해방이 되자 자녀들에게 모국의 언어와 역사를 가르칠 필요성을 느꼈다. 민족의 정체성을 보존하기 위해 조선인 학교를 설립하고자 했다. 그러나 일본의 비협조 내지 방해로 진행이 쉽지 않았다. 철저한 민족주의자였던 김일성이 이에 1955년부터 재일동포의 교육 프로그램을 전폭적으로 지원했다. 조선인 학교 건물을 지어주고, 일체의 학용품을 무상으로 지원했다.

그런 까닭에 재일동포는 지금도 김일성에 대한 고마움을 잊지 못한다. 조선인 학교 학생들이 정기적으로 조선 수학여행을 가는 것도 그런 연유다. 또한 재일동포는 일본의 '파친코'와 불고기 식당을 석권해 벌어들인 현금을 조선에 정기적으로 송금한다. 물론 조선 역시 재일동포의 '결초보은'에 깊은 감사의 마음을 지니고 있다.

이승만은 김일성의 지원을 받는 재일동포를 철저하게 배척했다. 일본에서 고통스러운 삶을 살아가는 동포를 도와주기는커녕 김일성의 지원을 받

해방 직후부터 세운 국어강습소를 비롯한 조선인 학교에 대해 1948년 일본 당국이 폐쇄령을 내리자 재일동포들이 반발 시위를 벌이는 모습. (재일 한인역사자료관 자료사진)

는다는 이유로 적대시했다. 한국전쟁 후 양민학살 피해자의 유가족까지 '빨갱이'로 낙인찍어 철저하게 배척했던 '희생자 비난하기'를 재일동포에게도 그대로 적용했던 것이다. 요컨대 일본 제국주의의 희생자였던 재일동포는 또다시, 한반도에서 치열하게 전개된 남북 '정통성 전쟁', 즉 한국과 조선 각자가 한반도에서 유일한 합법정부라고 강변하는 체제 경쟁의 희생자가 되었다.

현재 일본에는 남북 정통성 전쟁에 저항하면서 힘겨운 삶을 살아왔고 지금도 그렇게 살아가는 동포들이 존재한다. 이른바 '조선적'으로 분류되는 약 3만 명의 동포가 그들이다. '조선적'이란 1947년 주일 미 군정이 재일동포에게 임시로 부여한 국적을 말한다. 이들은 만일 한국이나 조선의 국적을 취득하게 되면 조국의 분단을 인정하게 되는 셈이라며 조선적을 지금도 그대로 유지하고 있다. 나는 이 조선적이야말로 조국의 통일을 가장 극적으로 열망하는 이들이라고 생각한다. 그들의 고단한 영혼을 껴안는 길은 하루빨리 통일을 이루는 것이다.

내가 살고 있는 미국의 동포사회로 시선을 돌리면 마음이 더욱 무거워진다. 올해 초 뉴욕에 본부를 둔 재미동포전국연합회(이하 재미동연)와 민주평화통일자문회의 뉴욕협의회(이하 민주평통뉴욕)에서 거의 동시에 내게 강연 요청을 해왔다. 재미동연은 조선과 가깝게 지내는 단체이고, 민주평통뉴욕은 한국에서 설립한 단체다. 나는 판문점에서 남북정상회담이 연달아 개최되는 화해 분위기가 민간 차원에서도 조성되면 좋겠다고 판단했다. 또한 재미동연과 민주평통뉴욕이 모두 뉴욕에 본부를 두었다는 점에 주목했다. 그래서 두 단체가 서로 협의해 강연을 공동으로 주최하면 연단에 나가겠다는 조건을 제시했다. 두 단체 대표자는 그렇게 해보겠다고 답했으나 그 뒤에 아무 소식도 오지 않았다. 남북 정통성 전쟁과 한국 내 남남갈등의 양상이 2백만 명에 이르는 미국 동포사회에서도 그대로 관철되고 있는 것이다.

민주평통은 1981년 전두환 정부가 조선노동당의 대항 조직으로 창설했다. 그러나 민주평통과 조선노동당의 성격은 완전히 다르다. 조선노동당은 조선 사회주의 체제의 근간을 이루는 조직이고, 민주평통은 대통령 자문기구에 불과하기 때문이다. 민주평통을 창설한 것은 조선노동당의 성격을 너무도 모른 채 벌인 일이었다. 결국 민주평통은 국제사회에서 남북 정통성 전쟁을 주도하는 제도적 기반으로 정착했을 뿐이다. 한반도의 평화와 통일의 길을 개척하기 위해서는 남북 정통성 전쟁이란 개념 그 자체를 이론적으로 해체하고, 그 개념이 강제하는 남북 체제 경쟁의 관행을 혁파해야만 한다.

사상의 바다를 헤매다

온 집안 식구가 대구 남산동 비좁은 방에서 숨을 죽이고 라디오 소리에 귀를 기울였다. 아나운서의 낭랑한 목소리가 4백 대의 숫자를 듬성듬성 읽어 내려갔다. 숨이 멎을 듯했다. 순간 갑자기 식구들 모두 '우와!' 하고 함성을 질렀다. 평소 말이 없고 감정 표현도 드물던 아버지까지 빙그레 웃으면서 나지막한 목소리로 말씀하셨다.

"가서 막걸리 한잔 받아 오너라."

내 수험번호가 라디오에서 흘러나왔던 것이다. 서울대 합격자 수험번호를 라디오로 방송해주던 시절이었다. 나는 지금도 그때 그 순간 아버지가 보여주신 기쁜 표정을 잊을 수가 없다.

그러나 1959년 서울대 정치학과에 입학하고 나의 대학 생활은 한마디로 정신적 방황의 시기였다. 가슴 벅찬 기대감을 안고 개강 첫날 정치학과 강의실에 들어섰지만 이내 실망하고 말았다. 대부분의 강의가 각종 정치제도를 암기시키는 방식으로 진행되었기 때문이다.

나는 정치적 사유를 하고 싶었다. 특정 정치제도를 탄생시킨 복잡한 사유의 과정이 나의 관심사였다. 그 과정을 생략한 채 정치제도라는 결과물을 단순히 암기할 것을 요구하는 강의에서 지적 호기심이라고는 조금도 충족할 수 없었다.

정치학과 강의실을 뒤로하고 더 넓은 세상을 전전하기 시작했다. 정신적으로 헤매기 시작한 것이다. 학문의 궁극적 본질이란 무엇일까? 나의 내면에서 반복적으로 제기되는 질문이 발길을 철학과 강의실로 향하게 했다. 그 와중에 시선을 사로잡는 강의를 발견했다. 박종홍 교수의 철학 강의였다. 특히 박 교수의 변증법 강의에서 매력을 느꼈다.

변증법에서는 정正과 반反의 관계를 상호 배타적 관계 대신 상호 의존적 관계로 파악했다. 그래서 정의 본질이 반이고, 반의 본질 또한 정이라는 역설을 강조했다. 동양의 음양 사상에서 음이 양을 머금고 있고, 양도 음을 머금고 있는 것으로 파악하는 논리와 유사했다. 변증법의 역설에 따른다면 자본주의에서 중시하는 자유의 본질은 사회주의에서 중시하는 평등에 있고, 평등의 본질 또한 자유에 있다는 논리가 성립했다. 그렇다면 한국의 본질은 조선에 있고, 조선의 본질은 한국에 있는 것 아니겠는가? 나는 변증법의 역설에 진리가 있다고 판단했다.

나중에 미국에 유학 가서도 변증법을 계속 공부했다. 박 교수 강의에서는 정에서 반으로 이행하는 동력이 어디에서 오는지 이해하지 못했는데, 미국에서 서양의 수많은 변증법 논리를 공부하다가 마침내 그 동력을 발견했다. '내적 모순'이 바로 그것이었다. 나는 정이 그 자체의 내적 모순을 극복하는 과정에서 반으로 이행하게 된다는 논리에 주목했다. 예컨대 자본주의는 빈부 격차가 심화되면서 분배의 정의가 와해되는 내적 모순을 겪게 되는데, 그 모순을 극복하는 과정에서 평등을 지향하는 사회주의로 이행할 수밖에 없다는 것이다. 이러한 변증법적 유물론의 논리는 나의 마음을 강하게 사로잡았다.

학창시절에 공부한 변증법은 내가 먼 훗날 정립한 '변증법적 통일론'의 지적 토대가 되었다. 나는 한국과 조선이 서로를 머금고 있는 역설적 존재이며, 따라서 각자의 내적 모순을 극복하면서 변증법적으로 통일될 수 있다고 믿는다.

내가 철학과 강의실에서 매력을 느낀 또 하나의 주제는 종교철학이었다. 특히 변증법 신학자로 평가되는 라인홀드 니버의 『도덕적 인간과 비도덕적 사회』, 『빛의 자식들과 어둠의 자식들』 등을 탐독하면서 많은 감화를 받았다. 아예 전공을 비교종교철학으로 바꾸는 문제로 오랫동안 고민하기도 했다.

종교철학에 대한 관심으로, 그 무렵 서울대 주변에 있던 통일교 교회를 발견하고서 호기심을 갖게 되었다. 통일교에서는 성경을 어떻게 해석하고 있을까? 나는 새벽마다 통일교 교회에 나가 문선명의 설교를 직접 들었다. 통일교를 이단으로 간주하던 때였지만 나는 그런 문제에 전혀 개의치 않았다.

내가 주목한 것은 가족주의와 민족주의를 독특하게 결합시켜 성립한 통일교 '원리'의 골격이었다. 통일교의 가족주의적 성격은 가족이 파괴된 서구사회에 크게 어필할 수 있는 원천이 되었다. 나는 훗날 주체사상을 연구하면서 가족주의와 민족주의가 주체사상의 기본 골격을 이루고 있다는 사실을 발견했다. 내가 볼 때 통일교 원리와 주체사상 사이에는 '선택적 친화성(elective affinity)'이 있었다.

한편으로 나는 미국에서 온 메노나이트 선교사와도 가깝게 지냈다. 메노나이트는 일상의 삶 속에서 양심적 병역거부와 같은 반전 평화주의를 철저하게 실천하고자 한다. 그 시절 징병제를 유지했던 미국에선 메노나이트 신도가 군 복무 기간에 국외에서 봉사활동을 하면 병역의무를 면제해주었다. 내가 메노나이트와 접하면서 주목한 부분은 정치와 종교의 철저한 분리를 통해서 평화를 추구하는 그들의 삶의 양식이었다.

종교개혁 이후 유럽이 무려 1백 년 이상 종교전쟁의 나락으로 전락했던 궁극적 까닭은 정치와 종교를 긴밀하게 결합시켰기 때문이었다. 물리적 강제력이라는 정치적 수단을 동원해 종교적 신념을 타자에게 강제하는 일련의 과정에서 유럽 전역을 피바다로 만든 종교전쟁이 폭발했던 것이다. 유럽은 1백여 년의 종교전쟁을 치르고 나서야 오직 정치와 종교를 분리시켜야만 평화의 지평이 열릴 수 있다는 사실을 깨달았다.

그런데 요즘 한국에서는 많은 정치인이 기독교적 신앙에 따라 정치를 하고, 또 적지 않은 교역자가 자신이 선호하는 정치인을 신도들 앞에서 종교적으로 옹호하기도 한다. 한국 정치가 17세기 유럽 종교전쟁의 시기로 회귀하고 있는 것이다. 한국 정치의 그러한 퇴행성은 한반도를 '약속의 땅'으로 만드는 것이 아니라 종교전쟁 때처럼 '폭력의 땅'으로 전락시키는 것이다. 기독교 선악관을 견지했던 해리 트루먼, 서북청년단 등이 한국전쟁 이후 무려 1백만 명에 이르는 양민을 학살했다는 사실을 까맣게 잊은 것일까?

나의 대학 시절을 풍요롭게 만든 따뜻한 추억은 전성원과 함께 4년 내내 경동교회를 다닌 것이다. 강원용 담임목사의 설교를 들으면서 크게 두 가지를 배웠는데, 하나는 대화가 없으면 평화도 통일도 불가능하다는 것, 다른 하나는 지식인의 현실참여가 중요하다는 것이었다.

강 목사의 뜻을 이어 내 나름의 대화 이론을 정립했다. 나는 대화의 요체를 '가치관의 교환'으로 파악한다. 가치관의 교환이 꾸준히 축적되면 상호 이해의 지평이 열린다. 상호 이해의 지평이 열리면 상호 공존할 수 있는 커뮤니티가 새롭게 형성된다. 많은 사람들이 내가 조선에 가서 무엇을 했는지 궁금해한다. 그들에게 해줄 수 있는 답변은 나의 대화 이론에 따라 조선의 수많은 사람들과 대화를 했다는 것이다. 나는 조선을 이해하고 싶었다. 그것은 순수한 학문적 관심에서 우러난 것이었다.

나는 미국의 주류 사회과학을 공부하고, 그것을 학생들에게 가르치는 삶을 살았다. 그런데 그 과정에서 미국의 주류 사회과학이 현실의 문제를 전혀 설명하지 못한다는 사실을 발견했다. 나는 그런 병폐를 철학적으로 진단한 다음, 대체할 수 있는 새로운 사회과학이론을 정립하고자 했다. 2017년에 출간한 5백여 쪽 분량의 저서 『Globalization: Blessing or Curse?(세계화: 축복인가 저주인가?)』는 그 노력을 집대성한 셈이다. 나는 이 책에서 사회과학의 존재 이유를 당대 현실의 지배적 문제를 해결하는 것이라고 천명했다. 그리고 그것을 실현 가능

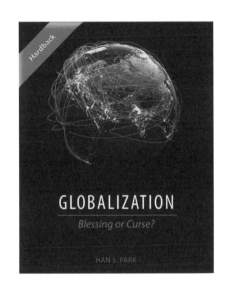

케 하는 학문적 논리를 상세하게 제시했다. 나의 조선 연구, 그리고 내가 언론에 나와서 하는 얘기는 모두 나의 독자적 사회과학이론에 기초를 둔 것이었다.

대학 시절에서 잊지 못할 또 하나의 일은 함석헌 선생을 알게 된 것이다. 어느 날 서영훈 선생 댁을 방문했는데 함 선생이 그곳에 와 계셨다. 내 기억으로 장준하 선생 등과 함께 《사상계》 편집회의를 하는 중이었던 것 같다. 함 선생은 명동에 있는 흥사단 대성빌딩에서 매주 강연했다. 나

는 거의 빠짐없이 강연에 참여하면서 함 선생의 사상에 점차 빠져들었다. 함 선생 댁도 방문하고, 천안에서 운영하시는 씨알농장에도 가봤다. 손주를 등에 업고 방바닥을 이리저리 기어 다니시는 모습을 보면서 지극히 인간적인 보통사람의 체취를 느꼈다.

나는 씨알농장에서 소가 끄는 쟁기로 밭을 갈고 있는 함 선생을 따라가면서 평소 궁금했던 질문을 드렸다. "선생님께서는 늘 저희들에게 어떻게 살 것인가에 관해서 말씀해주셨습니다. 저는 이런 질문을 드리고 싶습니다. 우리는 어떻게 죽어야 할까요?" 그러자 곧바로 이렇게 답변해주셨다. "나는 지금 이 밭일을 하다가 팍 고꾸라져 죽으면 가장 멋있게 죽는거다!" 함 선생의 답변은 나를 오랫동안 깊은 사색에 잠기게 했다.

내가 함 선생을 뵈면서 가장 크게 배운 것은 기독교의 믿는 폭을 무한히 확대한 '종교적 개방성'이었다. 함 선생은 자신의 종교적 회심을 이렇게 표현했다.

> [나는] 기독교만이 참종교요, 그 기독교는 성서에만 있다고 생각하였다. […] [그러나] 모든 종교의 알짬(진리)은 한 가지. […] 이제 시대가 달라서 기독교도 믿는 폭이 넓어져야겠다. […] 제 것만 주장하며 남을 부정하는 것도 폭이 좁은 사상. […] 기독교에만 구원이 있다는 것은 모자란 생각이다. 불교, 힌두교, 유교 다 높은 믿음이다. 다만 이 시대를 바로 보고 일할 수 있는 것이 기독교가 아닌가 생각된다.

함 선생의 종교적 개방성을 쉽게 이해하기 위해서는 높은 산봉우리에 도달하는 다양한 등산로를 상상해보면 된다. 산봉우리는 종교적 진리를 상징하고, 다양한 등산로는 기독교·불교·유교 같은 다양한 종교를 상징한다. 우리는 다양한 등산로를 이용해서 산봉우리에 올라갈 수 있다. 하지만 산봉우리에서 모두 함께 만난다. 산봉우리에서 둘러보는 경치는 하나뿐이다. 요컨대 종교적 수단은 다르지만 그 수단을 통해 도달하는 종교적 진리는 결국 하나라는 것이다.

함 선생의 종교적 개방성을 극적으로 상징하는 사례 중 하나는 1950년에 출간한 『성서적 입장에서 본 조선역사』를 수년 후 『뜻으로 본 한국역사』로 제목을 바꿔 다시 출간한 것이었다. 함 선생은 그 까닭을 이렇게 밝혔다.

천국이 만일 있다면 다 같이 가는 데가 아니겠나! […] 의인, 죄인, 문명인, 야만인을 다 같이 구원하는 것은 무엇일까? […] 그래서 한 소리가 '뜻'이다. 하나님은 못 믿겠다면 아니 믿어도 좋지만 '뜻'도 아니 믿을 수는 없지 않으냐. […] 져서도 뜻만 있으면 되고, 이겨서도 뜻이 없으면 아니 된다. 그래서 뜻이라고 한 것이다. 그야말로 만인의 종교다.

함 선생은 한국 역사의 '뜻'을 '고난의 역사'로 파악했다. 즉 고난 그 자체에서 뜻을 찾았다.

그저 고난의 역사가 스스로 나타났을 뿐이다. 제가 제 까닭이다. 제(自)가 곧 까닭(由)이다. 그러므로 자유, 곧 스스로 함이다. 그러므로 고苦는 생명의 근본 원리다. 고를 통해 자유에 이른다.

나는 "고를 통해 자유를 얻는다"는 함 선생의 고난의 역설을 수용하면서도 그 고난이 인간의 존엄성을 훼손하는 수준을 넘어서는 안 된다고 판단했다. 따라서 고난 그 자체에서 뜻을 찾는 대신 고난을 극복하는 데서 뜻을 찾아야만 한다고 생각했다. 그런 생각으로 한국 역사를 성찰할 때 한민족은 나에게 '오뚝이 민족'으로 다가왔다. 한민족은 단 한 차례도 그 어떤 타율적인 힘에 영원히 굴복한 적이 없기 때문이다. 한민족 오천 년의 역사가 바로 그런 진실을 말해주고 있지 않은가.

4·19와 한국 민중민주주의

대학 2학년 때인 1960년 4·19가 터졌다. 나는 서울대 문리대에서 작성한 각종 선언문을 영어로 번역하는 작업에 매달렸다. 또한 동숭동 교정에서 대열을 정비하는 시위대의 맨 앞에 섰다. 스크럼을 짜고 이승만을 성토하는 구호를 외치며 교문으로 향했다.

교문을 나서자마자 앞에서 대기하던 경찰이 방망이를 인정사정없이 휘두르면서 시위대를 진압했다. 나는 경찰의 방망이를 팔을 들어 방어하다가 팔뼈가 부러졌다. 평소에 즐기던 바이올린 연주를 더 이상 하지 못하게 됐다. 하지만 그 순간에는 팔이 아픈 줄도 모르고 시위를 계속했다.

동숭동에서 종로로 나오니 동대문 쪽에서 고려대 시위대가 내려오고

1960년 4월 19일 오전 9시께 서울대 문리대생을 선두로 법대·미대·약대 수의대·치대 등의 학생 3천여 명이 경찰 저지선을 뚫고 태평로 국회의사당을 향해 달려나가고 있다.
(4·19혁명기념도서관 자료사진)

있었다. 우리는 그들과 합세해 경무대(청와대의 이전 명칭)로 향했다. 나는 경무대 앞에서도 시위대의 맨 앞에서 수도관을 밀면서 진격했다. 경찰이 총을 쏘기 시작했다. 내 주변의 학우들이 픽픽 쓰러졌다.

나는 키가 작아 수도관 뒤에 몸을 숨길 수 있어서 화를 면했다. 하지만 사지에서 정신을 차릴 수가 없었다. 나중에 눈을 떠보니 내가, 효자동의 높은 흙담 너머 어느 풀밭에 쓰러져 있었다. 그 높은 벽을 어떻게 넘었는지 전혀 기억이 나지 않았다. 아마도 생명의 위협을 느낀 상황에서 초인적 힘을 발휘한 모양이었다.

나는 자리에서 일어나 교복 상의를 벗어 던져버렸다. 교복을 입은 학생은 경찰이 무조건 체포했기 때문이다. (내 교복 상의를 수거한 서울대에서는 명찰을 보고 내가 사망한 것으로 추정했단다.) 나는 가정교사로 머물고 있던 집을 향해 힘없이 걷기 시작했다. 그때야 부러진 팔이 퉁퉁 부어 있는 것을 발견했다. 통증도 느껴지기 시작했다.

함석헌 선생은 한국역사의 '뜻'을 고난의 역사로 파악했다. 그러나 나는 앞서 말했듯 그 고난을 극복하는 데서 뜻을 찾아야 한다고 본다. 내가 볼 때 4·19는 한국 현대사에서 고난의 극복이라는 뜻을 전형적으로 실현한 사건이었다.

우리는 보통 4·19를 혁명으로 이해한다. 그런데 4·19는 노동자에 의한 아래로부터의 혁명도 아니고, 군부 쿠데타에 의한 위로부터의 혁명도 아니다. 내가 볼 때 4·19는 민중이 주도한 '옆으로부터의 혁명(Revolution from the side)'이다.

민중이라는 개념을 정확하게 확정하기는 쉽지 않다. 나는 민중을 미국 연방헌법 첫 문장에서 명시한 '위 더 피플(We the people)'과 유사한 개

넘으로 이해할 수 있다고 본다. 주지하듯 4·19의 주역은 대학생이었다. 하지만 대학생이 선도하는 대열에 대학교수, 고등학생, 일반 서민 등도 대거 참여했다. 나는 이들을 아우르는 개념으로 민중이 적합하다고 본다.

1960년 4월 19일 서울대와 고려대 학생들을 필두로 종로 일대에서 합류한 시민 시위대들이 효자동 경무대 입구에서 경찰과 대치하고 있다. 도로 오른쪽으로 공사 중이던 수도관이 보인다.
(4·19혁명기념도서관 자료사진)

인류 역사 최초로 '참정 민주주의(participatory democracy)'의 신기원을 연 미국은 민주주의의 정통성을 '인민주권'에 둔다. 링컨이 역설한 '인민의, 인민에 의한, 인민을 위한 정부'도 미국 참정 민주주의의 인민주권을 강조한 것이었다. 또한 미국 독립선언서에서는 인민주권을 유린하는 정부에 대한 저항을 다음과 같이 정당화했다.

　인류는 [생명·자유·행복을 추구할] 권리를 확보하기 위해서 정부를 조직했으며, 이 정부의 정당한 권력은 인민의 동의에서 유래한다. 어떤 형태의 정부이든 이러한 목적을 파괴한다면 언제든지 정부를 변혁 내지 폐지하여 인민의 안전과 행복을 가장 효과적으로 가져올 수 있는 원칙에 기초를 두고 또 그런 원칙을 구현할 수 있는 형태로 권력을 재편한 정부를 창출하는 것은 인민의 권리다.

내가 볼 때 4·19가 추구한 가치는 '자주·민주·민생'이었다. 이승만 정부는 바로 그 가치를 체제의 정통성으로 삼아야만 했음에도 도리어 그 정통성을 구성하는 가치를 모조리 철저히 부정했다. 미국에 과도하게 의존하면서 자주를 부정하고, 수많은 양민학살과 부정선거를 반복하면서 민주를 부정하고, 도탄에 빠진 경제를 외면하면서 민생을 부정했던 것이다.

민중은 비폭력적 수단으로 이승만 정부의 '사이비' 정통성을 강력하게 부정했다. 미국 독립혁명이 인민의 권리를 파괴하는 영국 정부로부터 그 권리를 되찾기 위한 인민의 투쟁이었던 것처럼, 4·19 역시 민중의 권리를 파괴하는 이승만 정권으로부터 그 권리를 되찾기 위한 민중의 투쟁이었다. 그러나 미국 독립혁명과 달리 대학생이 선도한 민중혁명이었다는 점에서 세계 어디에서도 찾아볼 수 없는 한국 특유의 사건이었다. 요컨대 민중이 자신에게 강요된 고난을 스스로 극복하는 '뜻'을 구체적으로 실현한 역사적 사건이었다.

당시 민중을 선도한 대학생은 권력의 야망을 갖고 4·19를 일으키지는 않았다. 그들은 이승만을 축출한 직후 곧바로 대학으로 복귀했다. 정치권에 권력의 공백이 생겼다. 그 공백은 기성 정치인이 채워야 했다. 안타깝게도 4·19 이후 등장한 장면 정부는 극심한 권력투쟁을 전개하면서 민중의 여망을 적절하게 수용하지 못했다. 장면 정부의 정치적 무능력은 결국 5·16 군사 쿠데타의 빌미를 제공하고 말았다. 민중이 피를 흘리며 성취한 4·19의 뜻이 박정희의 군홧발에 무참히 짓밟히는 순간이었다.

윤보선 대통령은
1961년 6월 20일
장도영 육군참모총장과
박정희 소장이 배석한 가운데
하야 번의를 발표한 데 이어
이듬해 3월 22일 끝내 물러났다.
《한겨레》 자료사진)

박정희의 18년 군사독재 정권도 이승만의 12년 독재 정권과 유사한 방식으로 무너졌다. 박정희는 군사 쿠데타로 집권했기 때문에 처음부터 체제 정통성을 확보할 수 없었다. 박정희가 정통성이 부재한 자신의 정권을 유지하기 위해 선택한 방법은 미국의 권력에 철저히 의존하는 것이었다. 박정희는 남로당 출신이었지만 5·16 쿠데타 이후 미국이 표방하는 반공주의를 극단적으로 추구하면서 미국의 권력에 적극 영합했다. 미국이 세계적 차원에서 반공주의를 실현하는 방법 중 하나는 반공 거점 국가의 경제를 지원하는 것이었다. 박정희 역시 미국이 지도하는 경제개발전략을 따르면서 미국의 세계전략에 적극 복무했다. 박정희는 미국의 반공주의적 세계전략을 이른바 '조국 근대화'의 이름으로 포장해서 자신의 체제 정통성으로 삼고자 했다.

그러나 한국의 민중에게 박정희가 유린한 자주와 민주의 가치는 민생이라는 가치 하나만으로 대체할 수 없을 만큼 소중한 것이었다. 결국 부산과 마산의 대학생이 선도한 '민중'이 박정희 정권의 정통성을 강력하게 부정하기 시작했다. 김재규가 1979년 10월 26일 박정희를 사살한 것은 부마민중항쟁의 맥락에서 터진 사건이었다. 요컨대 한국의 민중은 이승만 독재 정권의 정통성을 심판했던 것처럼 박정희 독재 정권의 정통성을 또다시 심판하면서 자신에게 강요된 고난을 극복하고자 했다.

부마민중항쟁을 통해서 1980년 이른바 '서울의 봄'이 왔지만, 정치권의 권력 공백이 다시 형성되고 말았다. 이 위험천만한 상황은 최규하 과도정부가 슬기롭게 극복해야만 했다. 또한 서울의 봄으로 해금된 유력 대권주자 '3김'도 최우선으로 최규하 정부에 적극 협조할 필요가 있었다. 그러나 3김의 최우선 관심사는 대권이었다. 3김은 각자도생하면서 대권 준비를 서둘렀다.

더 심각한 문제는 최규하 정부가 전두환의 군사 쿠데타를 막을 수 없을 만큼 정치적으로 무능했다는 사실이었다. 세칭 박정희의 양아들이었던 전두환은 12·12 쿠데타로 군통수권을 실질적으로 탈취하고, 5·18 광주민중항쟁을 무자비하게 진압하면서 정권까지 탈취했다. 4·19에서 시작되고 부마민중항쟁, 5·18 광주민중항쟁 등에서 계승하고자 했던 민중의 뜻이 또다시 전두환의 군홧발에 짓밟히고 말았다. 5·16 군사 쿠데타의 데자뷔가 떠오르는 순간이었다.

5·18 광주민중항쟁을 회고해보면 가장 먼저 두 가지가 떠오른다. 한 가지는 김수환 추기경이 수행한 역할이고, 다른 한 가지는 전두환이 광주 항쟁을 조선의 사주를 받은 빨갱이 소행으로 낙인찍은 것이다. 김 추기경은 전두환이 광주 민중을 무력으로 탄압하고 있다는 소식에 위로편지와 위로금을 보냈다. 편지에는 전두환의 무력 진압을 막을 수 있는 방법을 찾아보겠다는 약속도 담았다. 실제로 김 추기경은 1980년 5월 20일 서울 궁정동 안가에서 전두환을 만나 무력 진압을 자제할 것을 요청했다. 1987년 6월 민중항쟁 때는 경찰이 명동성당에서 시위 중인 학생들을 잡

으러 들이닥치자 이렇게 외쳤다.

"학생들을 잡아가려면 먼저 나를 밟고, 내 뒤의 신부를 밟고, 신부 뒤의 수녀를 밟고서 잡아가라!"

박종철 고문치사 사건
당시의 김수환 추기경.

김 추기경은 서슬이 시퍼런 전두환과 정면으로 대결하는 강인한 모습을 보여주었다. 내가 김 추기경을 몇 차례 만나면서 직접 확인한 모습은 전혀 달랐다. 김 추기경은 '바보 김수환'이란 별명이 말해주는 것처럼 지극히 온화한 성품을 지니고 있었다. 그는 언제나 낮은 목소리로 잔잔하게 얘기하면서 상대방의 얘기를 끝까지 경청했다. 그의 정치적 관심은 정치 권력에 야합하는 방식과 정반대인, 정치 권력의 폭력에 희생된 민중을 한없이 껴안는 방식으로 실천되었다. 한국의 모든 종교인이 따라야 할 귀감이었다.

전두환은 김 추기경의 만류에도 불구하고 광주 민중을 무자비하게 학살했다. 그것도 모자라 광주 민중을 빨갱이로 낙인찍고, 자신은 빨갱이를 때려잡은 애국자로 선전했다. 이승만이 빨갱이 이름으로 수많은 양민을 학살하고, 박정희가 빨갱이 이름으로 사법살인을 반복적으로 자행한 '희생자 비난하기' 수법을 그대로 따른 것이다.

한국의 수많은 정치인·지식인·언론인이 전두환의 선전에 적극 호응했고, 지금도 호응하고 있으며, 앞으로도 계속 호응할 것이다. 광주민중항쟁과 조선은 전혀 관련이 없다는 객관적 사실이 밝혀졌는데도 불구하고 광주 민중을 빨갱이로 호도하는 추세는 전혀 사그라지지 않고 있다. 안치환이란 가수는 그런 세태에 몸서리치면서 〈빨갱이〉란 제목의 노래를 이렇게 절규하듯 불렀다.

> 아무런 논리도 필요 없어.
> 누구도 책임질 필요 없어.
> 무조건 빨갱이라 몰아붙이기만 하면 돼.
> […] 눈엣가시처럼 거슬리는 자,
> 단숨에 쓸어버리고 싶을 땐,
> 무조건 빨갱이라 몰아붙이기만 하면 돼.

사회주의를 체제 이념으로 선택한 소련·중국·조선 등의 국기는 온통 빨강색으로 되어 있다. 지금도 서양에서는 중국을 '레드 차이나'라고 부른다. 알다시피 사회주의는 자본주의의 빈부 격차 문제를 해소할 수 있는 대안으로 제시되었다. 현실에서도 중국·베트남·조선 같은 사회주의 국가가 존재한다. 유럽의 사회민주주의는 사회주의의 장점을 수용해서 민주주의의 단점을 보완한다.

미국은 전통적으로 사회주의를 철저히 배척한 나라였다. 하지만 최근 미국의 중산층이 붕괴되자 버니 샌더스 같은 정치인은 사회주의적 강령을 들고나와 중산층 구제를 역설하고 있다. 샌더스는 의료보험 국영화, 대학교 무상교육, 국가의 최저임금 보장 등을 역설하면서 유력한 대권주자로 부상한 바 있다. 만약 우리가 맹종하는 빨갱이 논리대로라면, 중국·베트남·조선 같은 현실 사회주의 국가, 유럽 사회민주주의, 버니 샌더스 등의 사회주의자도 모두 부정해야 한다는 것인가?

나의 아버지는 빨갱이 누명 때문에 한평생을 말할 수 없는 고통 속에서 사셨다. 변변한 직업을 가질 수 없었고, 세상에 떳떳이 나설 수도 없었다. 술을 벗 삼아 지내다 세상을 일찍 하직하시고 말았다. 나의 아버지 같은 삶을 사신 분이 우리 사회에서 한둘일까? 우리 사회가 건강하게 발전하기 위해서는 빨갱이를 맹목적으로 부정하는 대신, 빨갱이가 상징하는 사회주의를 이성적으로 꾸준히 검토할 필요가 있다. 사회주의의 장단점을 식별하는 안목을 우리 사회에서 공유해야 한다. 그리해야만 우리의 영혼을 옥죄는 빨갱이 주술로부터 해방되고, 남북의 평화적 공존과 통일의 지평을 열어낼 수 있을 것이다.

4·19가 제시한 뜻은 아직도 우리 사회에서 온전히 실현되지 못했다. 한국의 민중은 1987년 6월항쟁을 통해서 대통령 직선제를 쟁취했다. 하지만 김영삼과 김대중이 정치적으로 분열하면서 노태우가 겨우 36.6퍼센트의 지지율로 대통령에 당선되는 길을 열어주고 말았다. 4·19 이후 민중의 여망을 적절하게 수용하지 못하는 한국 정치의 한계가 또다시 드러난 것이다.

그렇다면 2017년 '촛불혁명'으로 탄생한 문재인 정부는 민중의 여망을 적절하게 수용할 수 있을 것인가? 4·19가 제시한 자주·민주·민생의 가치를 제도적으로 실현하는 것, 그래서 한국 민주주의와 통일의 초석을 탄탄하게 다지는 것, 문재인 정부가 민중의 여망에 부응하는 길도 여전히 거기에 있다.

미국에서
배운 미국

...

나는 미국에 평화를 공부하러 왔다. 하지만 미국에 도착하자마자 베트남 전쟁을 체험해야만 했을 뿐 아니라, 대학도서관을 아무리 뒤져도 내가 찾는 평화 연구서는 보이지 않았다. 전쟁 연구서만 가득했다. […] 미국에서 무엇을 공부해야 한단 말인가?

...

백 달러로 시작한 워싱턴살이

나는 1965년 약혼자 전성원과 함께 미국 유학길에 올랐다. 전성원은 조지워싱턴대학에서, 나는 아메리칸대학에서 각각 입학 허가서를 받았다. 전성원의 주머니에는 달랑 50달러가 들어 있었고, 나의 주머니에도 달랑 50달러가 있었다.

실제로 돈도 없었지만, 박정희 정권은 50달러 이상을 소유하고 외국에 나가는 것을 허락하지 않았다. 당시 국가 외환보유고가 그렇게 많지 않았겠지만, 국외 여행자 최대 보유 한도액을 50달러로 제한한 것은 사실상 나가지 말라는 뜻이었다. 또한 외국 유학을 가기 위해서는 국가에서 주관하는 영어와 국사 시험을 통과해야 했는데, 그 시험의 합격률도 아주 낮게 책정되었다.

지금 생각해도 우리 두 사람의 유학은 대단히 무모한 일이었다. 전성원도 무일푼인 나 하나만 보고서 인생을 걸었다. 서울대 정치학과 졸업 동기생 중에서 미국 유학은 그때 나 혼자뿐이었다.

내가 그처럼 어려운 여건에서, 그처럼 비현실적인 꿈을 꾼 까닭은 크게 두 가지가 있었다. 첫째, 부모님께 효도하고 싶었다. 빨갱이로 몰려 어려운 삶을 산 아버지의 평생 소원은 만주에 있는 조부모님을 찾는 것이었다. 임종 순간까지 나에게 조부모님을 찾아달라는 유언을 남기지 않으셨는가. 그즈음 중국은 '죽竹의 장막'이었고, 소련은 '철의 장막'이었으니, 한국에서 살면서 조부모님을 찾을 길은 없어 보였다. 미국에 간다면 어떤 방법을 찾을 수 있지 않을까? 그처럼 막연한 꿈이 나의 실존적 결단을 이끈 가장 강력한 힘이었다.

둘째, 학문적 이유가 있었다. 어린 시절부터 앓고 있는 '평화병'을 치유하기 위해 전쟁과 평화 문제, 한반도 통일 문제 등을 깊이 연구할 필요가 있었다. 서울대 재학 중에 극심한 지적 방황을 겪고서 한국에서는 나의 평화병을 더 치유할 수 없으리라는 것을 알게 되었다.

전성원과 함께 미국의 수도 워싱턴에 도착하니 꼭 사막에 들어선 것 같았다. 절해고도에 와 있는 듯도 했다. 당장은 배가 고팠다. 그러나 돈이 없었다. 전성원과 나는 생존을 위해 결혼을 서둘렀다. 방을 하나로 합치면 이중으로 나가는 숙박비를 절약할 수 있을 것이었다.

1965년 4월 24일 감리교회인 워싱턴한인교회(화부 한인교회)에서 결혼식을 올렸다. 황재경 담임 목사가 주례를 맡아주었다. 뉴욕으로 신혼여행도 갔다. 전성원과 손을 꼭 잡고 엠파이어스테이트 빌딩 꼭대기도 가보고, 자유의 여신상 앞에서 함께 사진도 찍었다. 내 가슴 깊은 곳에 간직된 '절친' 김태원이 떠올라 친구와 함께 걷기로 했던 브로

1965년 신혼여행 중 자유의 여신상 앞에서.
(사진 제공 박한식)

감리교회인 워싱턴한인교회(화부 한인교회) 창립 십 주년 기념사진. 《한겨레》 자료사진

드웨이를 홀로 몇 블록 걸으면서 진한 그리움에 젖기도 했다.

　월세 75달러짜리 단칸방을 얻어 신혼생활을 시작했다. 1967년 4월 큰딸 주영이 태어났다. 배달 우유가 비쌌기에 나는 매일 아침 가게로 달려가 우유를 샀다. 하루는 아침 7시 무렵 '세븐업'이라는 이름의 가게에 도착했는데 문이 열리지 않아 힘차게 두드렸다. 주인이 살며시 문을 열고 얼굴을 내밀자 나는 간판의 세븐업이라는 글자를 손으로 가리키면서 고함을 쳤다.

　"지금 7시가 넘었는데 도대체 왜 문을 열지 않는 겁니까?"

　주인이 눈을 끔벅이면서 나를 째려봤다. 순간 아차차 하는 생각이 들었다. '7 Up'이라는 단어가 음료수 상표인데 아침 7시에 문을 연다는 뜻으로 잘못 해석했다는 사실을 깨달았다. 만일 요새 일이었더라면 주인이 총을 들고나와 쏠지도 몰랐을 일이었다.

　마트에서 통조림 깡통에 개가 그려진 것을 보고 미국에서도 개장국(보

전성원이 다닌
조지워싱턴대학.
《한겨레》자료사진)

신탕)을 먹는다는 것에 반갑고 뿌듯한 마음으로 집에 사 들고 온 적도 있었다. 깡통 안의 음식을 접시에 담아 아내와 함께 먹으면서 개장국 건더기 맛이 괜찮다고 함께 고개를 끄덕이기도 했다. 외국 생활을 시작하면서 실수는 수도 없이 많았다.

내가 목격한 1965년의 미국 사회는 아직 산업사회 초기 단계였다. 생산직 근무자가 서비스업 근무자보다 훨씬 많았다. 컬러텔레비전도 없었고, 물론 휴대전화기도 없었다. 미국은 1969년에 가서야 비로소 초산업사회로 진입하기 시작했다.

미국에서 생활하려면 반드시 자가용이 필요했기에 사용한 지 9년 된 쉐보레 중고차를 2백 달러를 주고 구입했다. 차를 애지중지하여 집 앞 길가에 세워놓고서 양동이로 물을 퍼담아 콧노래도 부르면서 자주 세차했다. 어찌나 정성 들여 관리했는지 1년쯤 타고도 나중에 225달러에 되팔 수 있었다.

생활을 위해 당장 직장이 있어야 했다. 한국에서 약학을 공부한 아내는 쉽게 정규 직장을 구했지만, 나도 가만히 있을 수는 없었다. 곧장 직업소개소에 갔다. 나에게 무슨 기술을 가지고 있느냐고 묻기에 기술이 하나도 없다고 대답했다. 그러자 선택지가 많지 않다면서 '버스 보이'를 해보겠느냐고 물었다. 나는 버스 차장을 말하는 줄로 알고 흔쾌히 좋다고 대답했다. 정작 소개소 직원이 나를 데리고 간 곳은 버스 회사가 아니라 식당이었다. 나는 거기 가서야 버스 보이가 식당 테이블의 그릇들을 치우는 사람이라는 것을 알았다. 처지가 급했으니 곧장 일을 시작하지 않을 수 없었다. 그러나 모두 사기 접시라 허약한 내가 감당하기 힘들 만큼 무거웠다. 어쩔 수 없이 새 직장을 구해야만 했다.

두 번째로 구한 직업은 엘리베이터 보이였다. 그 시절 엘리베이터는 지금처럼 자동으로 움직이는 것이 아니라, 누군가 엘리베이터 안에서 직접 조작하게 되어 있었다. 나에게 배당된 근무시간은 밤 11시부터 이튿날 아침 8시까지였다. 만족스러웠다. 그 시간에는 손님이 거의 없어 밤새 책을 보며 공부할 수 있었다. 대신 급여가 너무 적었다. 한 학기 등록금만 7백 달러가 넘었기에 이 일도 오래 할 수 없었다.

내가 도전한 세 번째 직업은 택시기사였다. 택시 운전을 하면 돈을 많이 벌 수 있다는 얘기에 귀가 솔깃했다. 운전면허 시험을 봐야 했는데 필기시험엔 아무 문제 없었지만 실기시험엔 두 번이나 떨어졌다. 실기시험에서는 이를테면 공항에서 국무부까지 가는 길을 설명해야 했다. 미국에 도착한 지 얼마 안 된 초행이나 다름없는 상황이라 택시기사 일은 단념할수밖에 없었다.

네 번째 직업은 호텔 전화교환수였다. 호텔에 전화가 오면 교환수가 각방에 연결해주어야 통화가 가능한 시스템이었기에 교환수는 영어를 잘해야 했다. 나는 영어를 잘한다고 말하고 채용되었다. 그러나 막상 일해보니 영어 대화를 전화로 듣는 일이 쉽지 않았다. 한 번은 알아듣기 어려운 발음으로 길게 얘기하는 것을 이해해야 했다. 여러 차례 되물었음에도 여전히 내용을 이해하지 못했다. 할 수 없이 알았다고 답변하고는 전화를 끊어버렸다. 나중에 알고 보니 다급히 전하는 부고였다. 나는 이틀 만에 전격 해고되었다.

다섯 번째 구한 일은 제니스라는 중국식당에서의 홀 서빙이었다. 제니스는 미국 국무부 근처에 있어서 국무부 직원들이 많이 찾았다. 나는 덩치 큰 아주머니들과 함께 일했다. 최저임금은 없고 오직 팁만 받아 가는 시스템이었다.

처음에 나는 다섯 테이블을 담당했다. 점심때가 되면 손님들이 들이닥쳐 순식간에 테이블이 꽉 찼다. 나는 다섯 테이블에 앉은 손님들의 주문을 한꺼번에 받아 주방에 한꺼번에 넣었다. 예컨대 볶음밥 열 그릇, 소고기볶음 아홉 그릇, 새우튀김 여덟 그릇, 탕수육 네 그릇 식으로 주문을 넣었다. 그러면 주방에서 내가 주문한 음식부터 만들어주었다. 분량이 많았기 때문이다. 음식이 나오면 나는 번개처럼 빠르게 다섯 테이블에 배달했다. 체구가 작은 나는 대단히 민첩하게 움직였다. 결과적으로 내가 맡은 다섯 테이블의 손님 회전율은 매우 빨랐다.

음식이 많이 팔리니 사장이 좋아했고, 나에게 팁이 쏟아졌다. 사장은 내가 담당하는 테이블 숫자를 점차 늘려줬다. 대신 아주머니들이 담당하는 테이블 숫자가 줄어들었다. 또 그들은 덩치가 커 나처럼 빠르게 움직이지도 못했다. 주문도 테이블 별로 받았다. 그들이 받는 팁이 내가 받는 팁에 반비례해 자꾸 줄어들자 불만이 쌓여갔다.

나는 사회주의 정신을 발휘해서 아주머니들의 불만을 순식간에 해소시켰다. 아주머니들을 다 불러 모았다. 나는 팁을 받으면 각자 주머니에 넣지 말고 우리가 준비한 통에 넣어, 일이 끝난 뒤에 통에서 돈을 꺼내 평등하게 분배하자고 제안했다. 나의 얘기가 끝나자마자 아주머니들의 입이 귀에 걸렸다. 나는 아주머니들 사이에서 인기가 치솟았고, 주인도 나날이 매상을 올려주는 내게 만족했다. 나 역시, 수입이 줄어들었음에도 더 행복했다.

하루는 깔끔한 양복을 입은 신사가 내가 담당하는 테이블에 앉았다. 잠시 대화해니 한국에서 온 교수인 듯했다. 그도 내가 서울대 정치학과를 졸업하고 미국에 유학 와서 공부하고 있다는 사실을 알게 되었다. 내가 딱하게 보였던 것일까? 그가 나간 뒤 테이블로 돌아가보니 20달러가 접시 밑에 숨겨져 있었다. 대단히 많은 액수였다. 제니스의 음식값은 1~2달러 정도였고 팁은 25센트 정도가 놓이곤 했는데, 그것도 10퍼센트를 넘는 액수이니 꽤 많이 놓고 가는 편이었다. 전혀 계산에 맞지 않는 20달러나 되는 팁을 보는 순간 나는 인간으로서의 존엄성이 짓밟힌 듯했다. 곧장 팁을 집어 들고서 손님을 뒤쫓아 나갔다. 먼발치에서 손님이 걸어가고 있었다. 나는 전속력으로 달려가 손님을 붙잡고는 가쁘게 숨을 몰아쉬며 말했다.

"선생님 마음 잘 알겠습니다. 정말 감사합니다. 그런데 팁을 너무 과하게 놓으셨더군요. 25센트만 받고 싶습니다."

25센트를 손에 쥐고 돌아서는 나의 발길이 천근만근 무거웠다. 눈앞에서 20달러가 어른거리는 내 처지가 비참하게 느껴졌다.

또 하루는 젊은 녀석들이 여자 친구들과 왁자지껄 떠들면서 들이닥쳤다. 나의 테이블에 앉자마자 거드름을 피우면서 나에게 차를 따르라고 명령했다. 나는 바쁘다는 이유로 거절했다. 녀석들은 음식을 먹고 난 다음

팁을 딱 1센트 놓고 걸어 나갔다. 나는 말할 수 없는 모멸감을 느꼈다. 곧장 테이블의 1센트를 그 녀석들의 뒤꽁무니에 내던지며 외쳤다.

"야, 이 자식들아! 여기에 너희들 전 재산이 있다! 다 가지고 꺼져버려라!"

그래도 화가 가시지 않아 나는 홀 서빙복을 벗어 던지고 집으로 와버렸다. 그러자 지배인이 집까지 찾아와 통사정을 했다. 내가 없으면 매상이 오르지 않는다는 것이었다.

나는 팁으로 생활하면서 미국의 독특한 팁 문화에 대해 곰곰이 생각해봤다. 미국에선 오로지 식당 종업원과 택시기사에게만 팁을 준다. 내가 그렇게도 많이 돌아다닌 유럽이나 그 밖의 어떤 나라에서도 미국 같은 팁 문화를 볼 수 없었다. 생각 끝에 내린 결론은 미국의 노예제도에서 팁 문화가 유래했으리라는 것이었다. 노예들은 노예제도가 있을 때는 주인이 먹여주고 재워줬지만 노예제도에서 해방된 다음에는 스스로 먹고살아야만 했다. 그들이 할 수 있는 일이란 익숙한 식당일, 운전, 농사 같은 일뿐이었다. 그들에게 팁을 주는 문화가 생겼다. 손님이 주인 노릇을 대신하게 된 것이다.

흔히 미국에는 직업에 귀천이 없다고들 말한다. 그러나 팁으로 생활해본 나는 직업에 귀천이 있다는 사실을 뼈저리게 깨달았다. 어떤 경우에도 직장에서 인간의 존엄성을 짓밟는 일이 있어서는 안 된다는 사실도 깨달았다. 최근에 한국에서 나온 '갑질'이란 단어는 나에게 커다란 충격을 주었다. 한국 문화가 '노예문화'의 속성을 지녔다는 것인가?

미국 행태주의에 대한 철학적 성찰

내가 미국에서 겪은 좌절은 직업의 귀천 때문만은 아니었다. 지긋지긋한 국공내전과 한국전쟁 경험을 뒤로하고 평화를 연구하기 위해서 미국에 왔으나 내가 곧 마주치게 된 것은 베트남전쟁이었다. 미국은 '원수를 사랑하라'는 기독교 정신을 건국이념으로 삼은 나라가 아닌가? 원수를 사랑하기 위해 세워진 나라라면 지구상에서 평화를 가장 애호하는 나라가 아니겠는가? 그런 기대를 가지고 이 땅을 밟았지만, 미군은 그해 2월 북베트남 폭격을 시작으로 본격적으로 전쟁에 개입하고 있었다. 또 전쟁이란 말인가? 어째서 내 인생에서 가는 곳마다 전쟁을 만나야 한단 말인가?

그뿐만이 아니었다. 그즈음 미국 정치학계에서는 이른바 '행태주의(behavioralism)'의 붐이 막 일고 있었다. 그런 분위기에서 나 역시 행태주의에 호기심과 기대를 갖지 않을 수 없었다. 그러나 공부하면 할수록 행태주의를 통해서는 내가 염원하는 '평화병의 지적 처방'을 배울 수 없다는 사실을 깨달았다. 행태주의는 오히려 나의 학문적 관심을 압살했다. 서울대에서의 실망감보다 더 심각한 문제였다. 미국에 와서 또다시 '학문적 고아'가 되어버린 것이다. 나의 미국 유학 생활은 평화를 해명하지 못하는 행태주의의 문제점을 학문적으로 해명하는 난제와 씨름하는 것으로 시작되었다.

행태주의는 냉전을 배경으로 탄생했다. 핵무기를 보유한 미국과 소련양국의 이념 대결로 시작된 냉전은 전 세계를 민주주의와 사회주의 진영으로 양분하면서 인류의 공멸을 야기할 정도의 군사적 긴장을 고조시켰다. 미국은 '철의 제국' 소련의 행태를 예측할 수 없었고, 그처럼 불확실한 상황에서 소련에 대한 공포감으로부터 벗어날 길이 없었다. 그러자 사회과학자들이 나섰다. 그들은 과학적 방법을 활용해서 소련의 행태를 '설명'할 수 있을 뿐만 아니라 '예측'까지 할 수 있으리라 확신했다. 또 소련의 행태에 대한 불확실성을 감소시킴으로써 소련이 야기하는 공포감에서도 벗어날 수 있으리라 기대했다.

행태주의 혁명을 선도한 데이비드 이스턴은 1953년에 『The Political System(정치체제론)』을 출간했다. 이스턴은 자연과학의 '투입-산출 모형'을 차용해서 정치체제의 행태를 예측하고자 했다. 냉전 시기 소련의 정치체제 내부는 직접 관찰할 수 없기에 '블랙박스'로 간주하고, 블랙박스의 투입과 산출을 관찰하면 소련의 정치체제 내부의 역학을 추론할 수 있다고 판단한 것이다.

행태주의의 거장으로 평가되는 가브리엘 알몬드는 한 걸음 더 나아갔다. 그는 구조기능주의 시각에서 블랙박스를 해부했다. 자연과학적 객관성을 신봉한 그는 모든 정치체제 역시 몇 가지 보편적 기능을 수행하는 구조로 되어 있다고 확신했다. 즉 모든 정치체제는 정치사회화, 이익 표출, 정치커뮤니케이션 등의 투입이 이뤄지면 정치체제 내부의 역량 기능, 전환 기능, 유지 및 적응 기능 등을 통해 입법·행정·사법과 유사한 결과를 산출한다고 주장했다. 물론 각국이 처한 역사적, 문화적, 정치적 특수성에 따라 투입에서 산출에 이르는 경로는 상이할 수 있다. 그러나 알몬드는 모든 정치체제의 구조와 기능이 진화해서 결국 미국 민주주의 체제로 수렴된다는 근대화론의 철학을 견지했다. 바로 그 경로가 역사의 보편적 법칙이라고 확신했기 때문이다.

알몬드의 구조기능주의는 사회학자 탤컷 파슨스의 구조기능주의를 정치학적으로 변용시킨 것이었다. 파슨스는 정치체제를 포함한 모든 사회체제는 그 자체의 구조를 유지하기 위한 기능을 수행한다고 주장했다. 그리고 그런 기능을 '패턴변수'라고 지칭했다. 파슨스는 패턴변수를 다섯 가지 유형으로 집약할 수 있다고 했다. 그는 귀속적 지위, 기능적으로 뒤섞인 지위, 독특한 가치, 패거리 지향, 정서 지향성을 중심으로 작동하는 사회를 전통사회로 지칭하고, 그것들과 상대적인 기능을 중심으로 작동하는 사회를 근대사회로 지칭했다. 파슨스가 볼 때 인류의 역사는 전통사회에서 수행하는 패턴이 근대사회에서 수행하는 패턴으로 변화하는 일련의 과정이었다. 그가 이해하는 근대사회란 미국 민주주의가 대표하는 서구사회를 의미했다. 결국 그는 '서구적 편견'을 지닌 근대화론의 기수였다.

그럼에도 행태주의의 꿈은 실현되지 않았다. 행태주의의 방식에 따라 연구해도 소련의 행태를 설명할 수 없었고, 예측은 더더욱 할 수 없었기 때문이다. 심지어 행태주의를 탄생시킨 데이비드 이스턴마저 정치행태의 설명과 예측을 목표로 출발한 행태주의가 실패했다는 사실을 자인하고, 앞으로 정치학은 시대의 절박한 문제를 해결하는 연구에 헌신할 필요가 있다고 역설했다.

그러나 미국 학계에서 이스턴의 제안은 외면당했다. 이스턴으로부터 독립한 행태주의가 이제는 너무도 장성해서 학계를 지배하고 있었기 때문이다. 1989년 후반 소련이 붕괴되면서 냉전이 종식되었다. 미국에서 냉전 종식을 예측한 학자는 아무도 없었다. 행태주의가 인간의 행태를 설명하고 예측할 수 없다는 사실이 이미 오래전에 판명되었는데도 그것을 관성적으로 고수하는 미국 학계의 '지적 지체'를 단적으로 예증하는 사례였다.

나는 미네소타대학 대학원 박사과정에 들어가 허버트 파이글, 메이 브로드벡 등의 과학철학 강의를 집중적으로 수강하면서 행태주의의 문제점을 철학적으로 진단하고자 했다. 내가 볼 때 행태주의가 인간의 행태를 설명하고 예측하지 못한 결정적 이유는 자연과학적 방법을 차용했기 때문이었다.

상식적으로 생각해도 행태주의의 연구 대상인 인간과 자연과학의 연구 대상인 자연은 존재론적으로 다르다. 예컨대 인간은 삶의 의미를 추구하는 존재인 반면, 자연은 그런 의미를 추구하는 존재가 아니다. 인간은 돈을 많이 가져도 삶의 의미를 상실하게 되면 자결하기도 하지만, 자연의 세계에서는 그런 일이 있을 수 없다. 그런데도 행태주의는 자연과학적 방법을 차용하여, 의미를 추구하는 인간을 의미를 추구할 수 없는 자연으로 간주하면서 연구를 진행시켰다. 다시 말해서 연구 목적에 적합한 연구 수단을 개방적으로 모색한 것이 아니라, 연구 수단을 고정시켜놓고 연구 목적을 그것에 인위적으로 짜 맞춘 것이다. 바로 여기에서 행태주의의 모든 재앙이 잉태되었다.

행태주의의 첫 번째 문제점은, 자연과학적 논리로 연구할 수 있는 기계적인 인간관을 인위적으로 만들어냈다는 점이다. 예컨대 행태주의는 인간을 합리적으로 행동하는 동물로 간주했다. 여기에서 인간의 합리성이란 경제적 이익에 따라 기계적으로 행동하는 것으로 이해되었다. 경제적 이익은 양적으로 측정할 수 있으므로 수학적으로 분석할 수 있다. 그러나 인간은 경제적 이익만을 좇는 존재가 아니지 않은가? 예컨대 종교전쟁을 경제적 이익만으로 설명할 수 있는가?

둘째, 행태주의는 개인들의 산술적 종합을 사회로 간주하는 방법론적 개인주의를 전제했다. 그러나 사회에서 공유하는 역사적 유산, 문화적 특성, 공적 가치 등은 개인들의 산술적 종합을 초월해서 존재한다. 일찍이 장 자크 루소도 사회에서 공유하는 일반의지는 그 사회 구성원의 산술적 종합을 초월해서 존재하는 것이라고 역설했다. 그런데도 행태주의는 방법론적 개인주의를 고수함으로써 사회 구성원 전체를 규율하는 가치를 추방해버렸다. 그런 가치를 도외시하고 어찌 사회를 제대로 연구할 수 있겠는가?

셋째, 행태주의는 통계학·확률론 등을 중요한 연구 수단으로 채용함으로써 양적 측정이 가능한 데이터에만 주목하고, 행복·정의·평화처럼 측정이 쉽지 않은 질적 가치를 연구 대상에서 제외시켰다. 행태주의는 그러한 질적 가치에 대해서 사회적 책임을 질 필요가 전혀 없게 되었다. 오히려 그런 가치를 철저히 외면해야만 가치중립이라는 과학적 이상에 충실하게 복무할 수 있다고 확신했다.

넷째, 행태주의는 인간의 '사색' 또한 추방했다. 사회의 문제를 해결하기 위해서는 제일 먼저 문제를 색출할 수 있어야 하고, 그러기 위해서는 이상적 (문제가 없는) 사회에 대한 개념을 일단 견지하고 있어야 한다. 그래야만 이상적 사회에 대한 개념에 비추어 비정상적 사회의 문제를 선명하게 색출할 수 있기 때문이다. 이상적 사회에 대한 개념을 확립하기 위해서는 반드시 철학·역사·윤리, 특히 인간의 본성을 깊이 성찰해야만 한다. 하지만 수학적 합리성에 배타적으로 주목한 행태주의는 이를 도외시했고, 인간의 본성에 대해서도 몽매했다. 그리하여 이상적 사회에 대한 개념을 독자적으로 구상할 능력 또한 상실하고 말았다. 그런 행태주의를 통해서 학생들에게 어떤 사회의 이상을 가르치고, 그런 이상을 구현할 사유능력을 어떻게 가르치겠는가?

다섯째, 행태주의적 사고방식은 '군비경쟁'을 촉진하는 데 기여했다. 주지하듯 전쟁은 인간이 하는 것이다. 다시 말해서 전쟁은 인간의 정치적 목적을 달성하기 위한 수단 중 하나다. 전쟁의 와중에도 외교적 협상과 정치적 타협이 숨 가쁘게 이뤄지는 것도 그 때문이었다. 그런데 인간 대신 사물에 주목하는 행태주의적 사고방식에 따르면 전쟁의 본질은 인간이 아니라 '무기'였다. 그래서 인간의 정치와 외교를 추방하고 오직 막강한 무기를 적대국보다 많이 축적해야만 전쟁에서 승리할 수 있다는 신념을 탄생시켰다. 그렇다면 적대국이 가만히 있겠는가? 인간을 누락시킨 무기 중심 전쟁관은 필연적으로 끝없는 군비경쟁을 야기할 수밖에 없었다.

미국은 지구상에서 가장 막강한 무력을 보유하고서도 베트남전쟁에서 패배했다는 사실을 기억해야 한다. 미국이 베트남의 전투 현장에서 패배한 적은 없다. 그러나 정치적으로 패배하고 말았다. 전쟁은 무기 그 자체가 수행하는 것이 아니라 인간의 정치적 판단을 통해서 수행하는 것이라는 만고불변의 진리를 단적으로 예증한 것이었다.

그럼에도 미국은 여전히 정치와 외교를 경시하면서 자국의 군산복합체가 양산하는 첨단 무기로 무자비한 전쟁을 강행하는 '낭만적' 습관을 버리지 못하고 있다. 전쟁의 정치적 본질을 거스르는 낭만적 습관으로부터 기대할 수 있는 것은 정치적 패배뿐이었다. 실제로 미국은 이라크전쟁과 아프가니스탄전쟁에서도 패배하지 않았는가. 두 전쟁에 삼성 장군으로 참전했던 대니얼 볼저는 5백여 쪽에 이르는 저서 『Why We Lost(왜 우리는 졌는가)』에서 미국이 스프레드시트의 데이터와 추상적 이론을 맹신했기 때문에 패배할 수밖에 없었다고 분석했다.

여섯째, 미국의 행태주의적 전쟁관에서 발견되는 또 하나의 심각한 문제점은 '전사자 수(body count)'에 대한 강박적 집착이다. 내가 1965년 미국에 도착해서 목격한 잊을 수 없는 기억 중 하나는 텔레비전에서 연일 보도

하는 베트남전쟁 전사자 숫자였다. 미군 전사자 수와 베트남군 전사자 수를 대비시킨 도표를 보면 항시 베트남 전사자가 압도적으로 많았다. 그 도표만 보면 미국이 베트남전쟁에서 매일 승리하는 것처럼 여겨졌다. 행태주의가 전사자 수라는 통계로 전쟁의 정치적 본질을 은폐한 것이다.

나는 훗날 조지아대학 대학원 교수로서, 필수과목으로 개설된 '정치학 방법론: 과학철학적 성찰'이라는 강의에서 위에 예시한 행태주의의 한계를 상기시키면서 행태주의를 수십 년간 가르쳤다. 그런데 한국을 방문해 보니 행태주의가 미국보다 더 번창해 있었다. 심지어 한국의 사회과학을 행태주의가 지배하고 있다는 사실조차 자각하지 못할 지경에 이른 것처럼 보였다.

조지아대학 국제관계학과 '정치학 방법론: 과학철학적 성찰' 강의 시간. (사진 제공 박한식)

미국의 지적 식민지가 된 한반도의 냉전

　세계적 차원의 냉전은 종식되었지만 한반도 냉전은 여전히 요지부동이다. 냉전은 공포·불안·불신 등을 조장하면서 군비경쟁이 불가피한 '안보 패러다임'을 탄생시켰다. 그러다가 1980년대 말 소련이 붕괴되면서 냉전이 종식되기 시작했다. 우리는 한반도 냉전도 조만간 종식될 것으로 기대했다. 그러나 그 기대는 지금까지 실현되지 않았다. 나는 질문하지 않을 수 없다. 우리의 삶을 옥죄는 '안보 패러다임'이 유독 한반도에서 그토록 강고하게 지속되는 까닭은 무엇인가? 여러 가지 이유가 있을 것이다. 나는 한국에 이식된 행태주의적 사고방식이 중요한 요인 중 하나라고 판단한다.

　앞서 말했듯 나는 서울대 정치학과 재학 중에 각종 정치제도를 암기시키는 교육방식에 커다란 실망을 느꼈다. 그런데 미국에서 교수 생활을 하면서 가끔 한국을 방문할 때마다 그 실망은 더욱 커져만 갔다. 미국에서 거의 모든 것을 무비판적으로 수입하다 보니 행태주의의 적폐까지 '선진 학문'으로 포장했다는 인상을 받았다.

　예컨대 한국 학계에서는 개별 논문의 질을 따지기보다 논문의 출판 편수를 양적으로 측정해서 학자의 능력을 평가하는데, 이는 미국의 행태주의적 사고방식을 액면 그대로 답습한 것이다. 나는 조지아대학 재직 시절 교수회의에서 종종 이렇게 주장했다. "막스 베버라는 걸출한 사회학자도 만약 40대에 조지아대학의 '테뉴어Tenure(종신교수)'를 신청했다면 분명

탈락했을 것이다. 베버는 논문의 양이 아니라 논문의 질이 우수한 학자이기 때문이다."

미국의 행태주의는 철학적으로 파산했지만 한국 학자들을 매개로 한국의 정신세계에 강매되었다. 이는 인식론적 제국주의 현상으로 볼 수 있다. 행태주의가 한국 정신세계에 침투해서 '지적 식민지(intellectual colony)'를 개척했기 때문이다. 한반도 냉전은 바로 그 식민지에서 풍요롭게 서식하는 악성 종양 중 하나인 셈이다.

한반도 냉전의 한복판에 '조선'이 존재한다. 조선이 한반도 냉전의 원인이라는 뜻은 아니다. 한반도 냉전의 거의 모든 양상이 조선과 직·간접적으로 연계되어 야기된다는 뜻이다. 소련이 붕괴하자 소련에 의존하고 있던 동유럽 사회주의 국가들도 줄줄이 붕괴되었다. 그러나 조선은 소련에 완전히 장악된 적이 없었기에 이후에도 건재할 수 있었다. 한반도 냉전이 지속되는 까닭을 이해하기 위해서는 일차적으로 조선을 정확하게 이해할 필요가 있다.

나는 한국 학계의 조선 연구방법에 대해서는 지극히 회의적이다. 한국의 조선 연구는 미국의 행태주의적 냉전 연구와 거의 유사한 방식으로 진행된다. 미국에서 소련 내부를 관찰하기가 쉽지 않았던 것처럼 우리도 조선 내부를 관찰하기가 쉽지 않다. 미국 사회과학자들이 소련을 '블랙박스'로 간주하고, 그것의 투입과 산출을 관찰해서 블랙박스 내부의 역학을 추론하고자 한 것처럼, 한국의 조선 연구자들 역시 유사하게, 조선을 단편적으로 관찰한 데이터나 탈북자 면담 내용 등을 1차 자료로 간주해서 조선 내부의 역학을 추론하는 연구가 주류를 이루고 있기 때문이다. 미국의 행태주의적 냉전 연구가 실패했던 것과 마찬가지로 한국의 행태주의적 조선 연구도 실패할 수밖에 없는 것이다.

한 가지 예를 들어보자. 미국과 한국은 조선에 식량을 지원한 뒤 위성 사진을 통해서 조선 군용 트럭이 식량을 운송하는 모습을 확인한다. 그들은 그 사진을 근거로 조선 군대가 인민에게 전달되어야 할 식량을 탈취하고 있다고 성토한다. 그러면서 그들이 당연시하는 조선에 대한 불신을 더욱 강화시킨다.

그러나 이런 확신은 조선의 실상을 전혀 모르는 상태에서 도출한 오판에 불과하다. 내가 조선에서 직접 확인하기로, 조선의 운송수단은 워낙 군용 트럭밖에 없다. 또한 조선 군대는 독립채산제로 운영된다. 국외에 무기를 판매한 대금 등도 독자적으로 운용한다. 군량미는 늘 충분히 확보해 둘 수 있다. 혹여 외국에서 지원한 식량을 군대로 보내면 군에서는 오히려 군량미가 풍족한데 왜 가져왔느냐고 반문하면서 군인 가족들에게 전달해주라고 한다. 그렇게 하지 않으면 군인 가족들의 불만이 쌓이고, 그 가족의 일원인 군인들의 사기가 떨어진다.

탈북자의 증언 역시 객관적 데이터가 될 수 없다는 사실에 유의해야 한다. 탈북자의 '존재론적 지위' 자체가 조선에 대한 객관적 이해를 불가능하게 한다. '탈북'이라는 행위는 조선을 혐오하고 부정한다는 가치판단을 드러낸다. 조선을 실존적으로 부정한 사람이 어찌 조선에 대해서 공정한 얘기를 할 수 있겠는가? 일찍이 막스 베버는 '우리가 가치판단을 하는 순간 사실에 대한 완전한 이해가 중지된다'고 역설했다.

더욱 심각한 문제가 있다. 나는 황장엽과 개인적 친분이 있어서 그의 망명 이전에도 조선에서부터 많은 얘기를 나누었다. 그는 탈북자의 얘기가 대부분 국가안전기획부(안기부) 내지 국가정보원(국정원)의 각본에 따른 것이라고 직접 내게 밝혔다. 그런데도 한국의 많은 조선 연구자들은 탈북자의 증언을 기초로 각종 학술서를 저술하고, 탈북자 자신 또한 조선에 대한 가치판단을 기초로 저술한 책을 출판해서 조선 문제 '최고의 전문가'로 행세하고 있는 것이 현실이다.

한국의 조선 연구자들에게 꼭 전하고 싶은 말은, 바로 행태주의 자체의 본질적 결함이다. 행태주의는 반드시 측정 가능한 관찰 데이터가 있어야만 연구를 시작할 수 있다. 그러나 데이터를 많이 확보했다고 조선에 대한 정확한 이해를 성취할 수 있는 것은 아니다. 일찍이 영국의 철학자 앨프리드 노스 화이트헤드는 이렇게 말했다.

> 지금까지 수백만 명이 사과나무에서 사과가 떨어지는 모습을 보았다. 그러나 오직 뉴턴만이 그것을 보면서 역학관계의 수학적 도식(mathematical scheme)을 구상했다. 지금까지 수백만 명이 사원과 교회에서 램프가 좌우로 흔들리는 모습을 보았다. 그러나 오직 갈릴레이만이 그것을 보면서 뉴턴과 유사한 수학적 도식을 어렴풋이 떠올렸다.

마찬가지로 지금까지 수백만 명이 미국을 방문했고, 그보다 많은 사람들이 미국에서 살고 있지만, 미국 사회를 관찰하고서 『미국 민주주의』라는 불멸의 저서를 쓴 사람은 알렉시 드 토크빌과 같은 지적 통찰력과 개념적 사유능력을 소유한 이들뿐이었고, 마찬가지로 『프로테스탄트 윤리와 자본주의 정신』이라는 위대한 논문을 작성한 사람도 막스 베버 이전엔 없었다. 무면허 의사가 환자의 환부에 청진기를 들이댄다 한들 병을 정확하게 진단할 수 있겠는가?

그런데도 뉴턴과 갈릴레오와 토크빌과 베버에 버금가는 지적 통찰력과 개념적 사유능력을 갖추지 못한 '무면허 의사들'이 조선을 방문해서 이런

저런 사람들을 만나고, 여기저기 돌아다니면서 사진을 찍거나 동영상을 촬영한 다음, 한국에 돌아와 조선 전문가로 행세하고, 조선에 관한 책을 쓰고, 한국 전역을 돌아다니면서 조선에 대한 강의를 한다. 이는 한마디로 학문에 대한 '모독'이다. 학문이라는 최고급 수준의 전문 분야는 결코 그런 식으로 탄생하지 않는다. 더 심각한 문제는 그들의 행위가 조선을 온갖 형태로 곡해함으로써 조선에 대한 각종 편견을 한국 사회에 광범위하게 유포시킨다는 데 있다. 단언컨대 그런 편견이 바로 한반도의 평화와 통일을 강력하게 방해하는 원천이다.

많은 사람들이 내가 조선을 자주 방문했기에 조선 전문가가 된 것처럼 얘기하지만, 사실 나는 그런 소리를 들을 때마다 굴욕을 느낀다. 나의 조선 방문과 조선 이해를 동일시할 수는 없기 때문이다. 여행자는 출발하기 이전에 장비를 단단히 챙긴다. 나는 조선을 방문하기 이전에 나의 학문적 연구 경험과 독자적 상상력을 발휘해서 개발한 수많은 '이론적 명제들(theoretical propositions)'을 단단히 챙긴다. 예컨대 나는 '모든 정치체제는 정통성 위기에 봉착했을 때 붕괴의 위험에 처한다. 정통성의 요체는 경제적 이익이 아니라 이념적 가치와 정신이다'라는 이론적 명제를 세웠다. 조선에 가서는 나의 이론적 명제에 견주어 조선 사회를 주의 깊게 관찰한다. 조선이 경제적 위기에도 불구하고 붕괴되지 않는 까닭을 구체적으로 확인한다. 나는 그런 관찰 이후 나의 이론적 명제가 옳고, 세계에서 통용되는 조선붕괴론이 틀렸다는 결론에 도달한다. 2018년에 한국에서 출간된 『선을 넘어 생각한다』의 1장 '조선은 과연 붕괴할 것인가'는 바로 그런 과정을 거쳐서 집필된 것이다. 나의 조선 방문은 이론적 명제들을 경험적으로 검증하고, 수정하고, 보완하는 일련의 '참여관찰'이었다.

이른바 '햇볕정책'에도 행태주의적 사고방식이 진하게 녹아 있다. 물론

1990년대 후반
김대중(왼쪽) 대통령
재임 시절 청와대를
여러 차례 방문해
햇볕정책에 대한 토론을
벌이기도 했다.
(사진 제공 박한식)

나는 햇볕정책이 한반도의 평화와 통일의 길을 개척하는 데 기여한 '위대한' 업적을 모르지 않는다. 나는 김대중과 수없이 만나 한반도 평화와 통일 등을 주제로 많은 대화를 나누었다. 나는 햇볕정책의 성과를 인정하면서도 그것의 한계를 발전적으로 극복하는 노력 또한 필요하다고 본다.

 햇볕정책에 깔려 있는 중요한 전제 중 하나는 조선이 '비정상국가'라는 것이다. 따라서 조선과 평화적 교류와 협력을 강화해서 조선을 '정상국가'로 변화시키고자 했다. 햇볕정책에서 염두에 둔 정상국가란 미국이 모범적으로 보여주는 민주주의적 정치체제와 자본주의적 경제체제였다. 그러나 햇볕정책에서 당연시한 그러한 전제는 궁극적으로 미국 행태주의의 여러 이론들, 예컨대 데이비드 이스턴의 정치체제론, 가브리엘 알몬드의 구조기능주의, 탤컷 파슨스의 근대화론 등에서 공유하는 '서구적 편견'에서 파생된 것이며, 그들의 이론은 모두 경험적으로 실패했다. 햇볕정책에서 소망하는 목적도 실현될 수 없었다. 햇볕정책을 통해서 조선의 정치체제와 경제체제를 전혀 변화시키지 못했다.

한반도에서 냉전이 요지부동의 상태에 있다는 사실을 단적으로 보여주는 사례로, 한·미 동맹에 따라 연례적으로 수행되는 한·미 군사훈련, 남북 군비경쟁, 북핵 문제 등을 꼽을 수 있다. 이러한 일련의 행위를 지배하는 사고방식에도 행태주의가 깊이 스며들어 있다. 미국이 베트남전쟁에서 전사자 수에 강박적으로 집착했던 것은, 인간 대신 물질을 중시하는 행태주의적 사고방식을 따르다 보니 북베트남 전쟁 지휘부의 정치적 판단에 주목하는 대신 물질과 다를 게 없는 전사자를 헤아리는 일에만 몰두했기 때문이다. 미국은 전투 현장에서는 패배한 적이 없지만 베트남전쟁을 수단으로 미국이 추구하는 정치적 목적을 달성하는 데는 실패했다.

한국보다 1년 앞선 1973년 개통된 평양 지하철은 세 개 노선에 열일곱 개 역이 대동강 서쪽 시내를 연결하고 있다(왼쪽 사진). 모스크바를 본떠 높은 돔형 천장에 넓은 광장을 자랑하는 개별 역사는 평양 시민들 전부가 대피할 수 있는 공간으로 알려졌다(가운데 사진: 가장 붐비는 영광역) 대부분 지하 100~150미터 깊이에 자리한 지하철역은 45도 경사의 가파른 에스컬레이터를 타고 들어가야 한다(오른쪽 사진). (통일부 자료사진)

만약 행태주의적 사고방식을 불식시키지 못한 한·미 군사훈련 방식으로 조선과 전쟁을 수행한다면 전사자 수에서도 패배할 가능성이 높다. 조선은 원자탄 폭격에도 충분히 견딜 수 있는 지하 방공호, 지하철 등을 보유하고 있기 때문이다. 평양 지하철은 지하 평균 1백 미터 깊이에서 운행된다. 대동강변 밑을 오가는 것이다. 내가 관찰하기로, 평양 시내에는 모두 열일곱 개의 지하철역이 2킬로미터 간격으로 배열되어 있고, 각 지하철역은 운동장처럼 커다란 공간을 확보하고 있다. 이곳은 여름에는 시원하고 겨울에는 따뜻해서 많은 사람들의 휴식공간으로도 안성맞춤이다. 지하철을 타기 위해 에스컬레이터를 타고 100~150미터 깊이로 내려가는 동안 책을 보기도 좋다. 평양의 방공호, 지하철 등은 평양 인구 2백만 명 모두를 수용할 수 있다.

미국의 중앙정보국(CIA)에서도 이 사실을 잘 알고 있다. 반면 서울의 수많은 자동차에 장착된 연료통, 서울 전역에 거미줄처럼 연계된 도시가스 배관은 조선의 폭격에 그대로 노출되어 있지 않은가? '서울 불바다' 발언이 그냥 나온 것이 아니다. 미국 해군 전투기 조종사를 지냈고 펜타곤(국방부)에서도 근무했던 군사전문가 팀 퍼레이크 역시 '한국과 미국이 조선과 지상전을 벌인다면 시작도 하기 전에 패배할 것'이라고 주장한 적이 있다.

이제라도 우리는 무엇보다도 미국의 행태주의적 전쟁관이 남북 군비경쟁을 교묘하게 조장함으로써 한반도 냉전을 끝없이 지속시키는 데 결정적으로 기여한다는 사실을 간파해야 한다. 미국은 북핵 문제를 해결하기 위해 조선과 정치적 협상을 하는 듯하지만 실제로는 '완전하고 검증 가능하며 돌이킬 수 없는 폐기(CVID)'라는 비현실적인 요구를 하면서 조선으로 하여금 핵무기를 포기하지 못하게 하고 있다. 동시에 한국에 대해서는 미국의 핵우산을 이유로 핵무장을 막고 있다. 그러면 북의 핵이 두려운 한국은 미국의 군산복합체로부터 첨단 재래식 무기를 무한정 구입해야만 한다. 더욱이 미국은 한·미 군사훈련을 한국과 세계에 미국의 최첨단 신무기를 홍보하는 수단으로도 활용한다.

그런데도 한국은 미국의 행태주의적 사고방식에 세뇌되어 미국이 홍보하는 무기를 끝없이 사들여야만 안전하게 살 수 있다고 믿는다. 한반도 군비경쟁이 끝없이 고조되는 바로 그 현장에서 말이다.

베트남전쟁과 한국군 파병

베트남전쟁이 한창이던 1965년 11월 2일, 31살의 퀘이커교도 노먼 모리슨이 미국 국방성 앞에서 분신자살을 했다. 더욱 충격적인 것은 모리슨이 한 살짜리 막내딸 에밀리까지 껴안은 채 분신을 시도했다는 사실이다. 다행히 지나가던 행인이 달려들어 에밀리를 빼앗아 왔다. 모리슨은 국방장관 로버트 맥나마라가 집무실에서 쉽게 내려다볼 수 있는 위치를 선택했다. 베트남전쟁 반대 메시지를 분명하게 전달하기 위해. 아내와 1남 2녀의 자녀를 뒤로하고 선택한 이 죽음은 미국 전역을 강타했다. 반전운동이 더욱 거세어졌다.

나도 충격에 빠지기는 마찬가지였다. 1965년 3월 워싱턴에 도착한 뒤 학업과 아르바이트를 병행하면서 질주하던 내 삶이 한순간에 정지해버렸다. 정신을 차려보니 내 발길은 그의 분신 현장으로 향하고 있었다. 모리슨이 사라진 그 현장은 나를 형언 못 할 슬픔과 함께 깊은 상념에 빠지게 했다. 모리슨의 분신은 미국의 베트남전쟁에 대한 정당성이 존재하지 않는다는 사실을 극적으로 보여주었다. 그런데도 한국은 미국을 따라 대규모 한국군을 파병하고 있지 않은가? 한국군 파병의 정당성은 어디에서 찾아야 한단 말인가?

전쟁은 국민의 생명과 재산과 국가의 영토를 지키기 위해 선택하는 수단이다. 그런데 베트남은 미국 국민의 생명과 재산을 위협하지 않았을 뿐만 아니라 영토도 침략한 적이 없지 않은가? 더욱이 미국은 'Vietnam War(베트남전쟁)'란 용어 대신 'Vietnam Conflict(베트남내전)'란 용어를 선호한다. 미국이 주도적으로 참여한 전쟁이라기보다 단순히 남베트남을 도와주었다는 의미를 강조하기 위해서이다. 그러한 용어 조작은 미국 스스로 베트남전쟁의 정당성을 인정하지 않는다는 사실을 말해줄 뿐이다. 미국이 승리하지 못한 최초의 전쟁인 한국전쟁에 대해서도 오랫동안 'Korean War' 대신 'Korean Conflict'로 부르기를 선호했다는 점도 이미 지적하지 않았는가.

베트남은 1858년부터 프랑스 식민지였다. 1940년부터는 일본의 식민지배도 받았다. 그러던 것이 2차 세계대전 종료와 함께 프랑스와 일본이 철수하면서 권력 공백이 생겼다. 호치민은 1930년 코민테른의 지원으로 인도차이나 공산당을 설립하고, 1941년 베트남에 잠입해 결성한 월맹(베트남독립동맹)을 중심으로 해방운동을 전개했으며, 1945년 베트남민주공화국(북베트남)의 독립을 선언하고 정부 주석으로 취임했다. 미국은 베트남이 공산화되면 인도차이나 전역이 공산화될 것을 크게 우려하여, 응오딘지엠(고딘디엠)을 지원해 1955년 10월 베트남공화국(남베트남) 대통령으로 앉혔다. 베트남이 분단된 것이다.

응오딘지엠은 부정부패와 정통성 위기에 시달리다 1963년 11월 2일 암살되었다. 같은 해 11월 22일에 존 케네디도 '댈러스 피격'으로 암살당했다. 소련은 베트남을 자기 세력으로 만들 절호의 기회가 왔다고 판단했다. 호치민에게 대규모 군사 지원을 시작했다. 이에 케네디 후임으로 대통령이 된 린든 존슨은 1965년부터 베트남에 대규모 미군을 파견하기 시작했다. 미·소 대리전쟁(proxy war)이 시작된 것이다. 미국은 베트남전쟁에 총 50만 명을 파병했고 58,315명을 전사로 잃었다.

주목할 것은 미군이 약 2백만 명의 베트남 양민을 학살했고 심지어 '에이전트 오렌지'로 대표되는 생화학무기까지 썼다는 점이다. 낮에는 농사를 짓다가 밤이 되면 게릴라 활동을 하는 베트남인이 많았기에 양민학살이 불가피했다고 주장할 수도 있다. 그러나 미국이 여태껏 백인에게 생화학무기를 쓴 적은 없었다는 사실을 짚고 넘어가야 한다. 미국은 오직 유색인종에게만 생화학무기를 썼다. 인디언전쟁에서도 그랬고, 한국전쟁에서도 그랬다. 미국의 '유전자'에 인종주의가 각인되어 있다는 것이다. 미국이 2차대전 때 독일이 아니라 일본에 원자탄을 떨어뜨린 것도 인종주의를 빼놓고는 설명할 수 없다.

베트남전쟁 동안 텔레비전에서 날마다 '공지'하는 전사자 수는 참전하면 죽는다는 메시지를 미국 전역에 퍼뜨렸다. 젊은이들 사이에서 병역기피 열풍이 일어났다. 미국은 약 1천6백만 명의 청년에게 징집 영장을 보냈지만 50만 명 정도만 응했을 뿐이다. 수많은 미국 정치인의 자녀가 병역을 기피했다. 우리에게 친숙한 도널드 트럼프, 빌 클린턴, 아들 부시, 딕 체니, 존 웨인, 무하마드 알리 등 지도층에서도 이런저런 이유로 병역을 기피했다. 4~5만 명이 캐나다 등지로 도피 유학을 떠났다.

미국 정부는 대학 졸업 때까지 징집을 연기해주던 기존 정책을 확대해서 대학원 졸업까지로 연장했다. 그 여파로 평소 2 대 1 정도였던 대학원 진학 경쟁률이 7 대 1로 폭증했다. 내가 미네소타대학 정치학과 대학원 박사과정에 진학할 때도 열여섯 명을 뽑는 데 수백 명의 지원자가 몰리는 바람에 간신히 합격할 수 있었다.

미국의 베트남전 반전 시위는 대학에서 주도했다. 나는 그 광경을 보면서 이상하다는 생각이 들었다. '혹시 여기 학생들이 한국 대학에서 시위 방식을 배운 것이 아닐까?' 내가 서울대 시절에 앞장섰던 4·19 시위 방식과 영

베트남전쟁 동안 미군이 살포한 고엽제로 인해 지금도 수백만 명의 베트남인뿐만 아니라 미군과 한국군, 그 3세·4세까지 유전성 후유증에 시달리고 있다. 고엽제로 황폐화된 베트남 가마우 지역 고사목 지대를 1976년 어린아이가 벌거벗은 채 돌아다니고 있다. (베트남전쟁박물관 자료사진)

락없이 똑같았기 때문이다.

하지만 다른 점도 있었다. 한국에서 4·19 시위는 경찰이 진압했다. 그런데 미국에서는 군대가 대학 캠퍼스까지 치고 들어와 무력으로 탄압했다. 예컨대 1970년 5월 4일 미군은 켄트주립대학에서 반전 시위대에 총을 쏘았다. 학생 네 명이 죽었고, 아홉 명이 다쳤다. 나는 그 광경을 보면서 군사문화가 피부로 느껴질 만큼 친숙하다는 사실에 충격을 받았다.

다른 점은 또 있었다. 한국 교회는 대체로 반공주의를 명분으로 베트남전쟁을 적극 옹호했다. 반면 미국에서는 퀘이커교도를 위시한 진보적 기독교인들이 반전운동을 적극 펼쳤다. 또 4·19 때는 대학교수들이 시가행진에 참여하기는 했지만 앞장서 나서지는 않았던 데 반해, 미국에서는

1970년 5월 4일
오하이오주 방위군이
켄트주립대 교정에
진입해 반전시위대를
공격하고 있다.
(켄트주립대 누리집
자료사진)

많은 대학교수가 최고 수준의 반전 이론을 설파하면서 반전운동의 최전
선에서 싸웠다. 예컨대 내가 학문적으로 존경하는 미네소타대학의 정치
철학 교수 멀포드 시블리는 '정의의 전쟁' 시각에서 반전운동을 강력하게
전개한 것으로 유명했다. 4·19 현장에서 시위 실력을 충분히 연마했던
나도 시블리와 함께 베트남전쟁의 부당성을 강력하게 성토했다.

전쟁은 목적·과정·결과에서 모두 정당성을 확보해야 한다. 먼저 전쟁
의 목적이 정의로워야 한다. 하지만 미국이 수행한 베트남전쟁은 사람을
살상하는 것이 목적이 되었다. 전쟁 과정도 공정해야 한다. 하지만 미국은
베트남전쟁에서 수많은 양민을 학살했고, 심지어 생화학무기까지 썼다.
전쟁 결과는 역사에 기여할 수 있어야 한다. 그러나 베트남전쟁은 미국이
기억하고 싶지 않은 전쟁일 뿐이다. 요컨대 베트남전쟁은 모든 단계에서
정당성을 잃은 전쟁이었다.

베트남전쟁은 1975년 마침내 끝났다. 지미 카터는 1977년 대통령이 되
자마자 베트남전쟁 참전을 기피한 모든 젊은이를 일반사면해주었다. 반대

'왜 4만 8천여 명의 미국인과 네 명의 학생이 죽어야 했냐'는 팻말을 들고 켄트대 학살을 항의하는 반전 시위. (켄트주립대 누리집 자료사진)

하는 사람이 거의 없었다. 베트남전쟁의 정당성을 인정하는 미국인이 거의 없었기 때문이다.

그런 베트남전쟁에 박정희는 대규모 한국군을 파병했다. 미국은 1천5백만 명 이상의 젊은이가 병역을 기피했기 때문에 그 공백을 메우기 위해서 외국 병력을 '수입'할 수밖에 없었다. 한국이 제일 먼저 응했다. 한국은 1965년부터 1973년까지 모두 32만 명을 보냈고 5,099명의 전사자를 냈다. 한국의 파병 규모는 미국 다음으로 많았다.

한국이 베트남전에 파병한 까닭은 무엇인가? 우리 쪽에서는 파병을 당연하게 여기지만, 한국을 전혀 침략하지 않은 베트남의 관점에서 볼 때 결코 있을 수 없는 일이었다. 박정희는 베트남 참전 명분을 '한국의 안보'로 내세웠다. 그 시절 초등학생도 귀에 못이 박이도록 들은 맹호부대 참전 노래 가사는 이렇게 시작했다. '자유통일 위해서 조국을 지킵시다. 조국의 이름으로 님들은 뽑혔으니. 그 이름 맹호부대 맹호부대 용사들아.'

박정희는 1967년 대선 유세에서 한국군을 베트남에 파병하지 않으면 미국이 주한미군을 베트남으로 이동시킬 것이고, 그렇게 되면 조선의 남침이 우려된다는 논리로 국민을 설득했다. 요컨대 맹호부대 참전 노래 가사는 그때 미국이 선전한 '도미노이론', 즉 베트남이 공산화되면 동아시아 전역이 차례로 공산화될 것이라는 논리를 액면 그대로 받아들인 것이다. 그러나 도미노이론은 동아시아의 구체적인 정치 현실과 완전히 동떨어진 허상에 지나지 않았다. 그 많은 미국의 지성인·대학생·기독교인이 도미노이론을 몰라서 그토록 치열하게 반전운동을 전개했겠는가?

린든 존슨 대통령은 1965년 5월 16일 전용기까지 보내 박정희 대통령을 초청해 국빈 대접을 하면서 한국군 사단 규모의 파병을 요청했다. 박정희는 워싱턴 도착 카퍼레이드에 이어 5월 18일 뉴욕 맨해튼에서도 브로드웨이 고층 건물에서 오색종이 세례를 해주는 환영을 받았다(왼쪽 사진). 박정희 정권은 1965년 10월 첫 전투병 '맹호부대'와 '청룡부대' 파병으로 화답했다. 오른쪽 사진은 그해 10월 동대문운동장에서 열린 '파월 장병 환송식'에서 아들을 죽음의 전쟁터로 보내는 어머니의 슬픈 표정을 포착한 사진기자 정범태의 〈파월〉. (국가기록원 소장 『정범태 사진집』에서)

박정희가 원한 것은 '돈'이었다. 한국군 파병으로 벌어들인 총수입은 약 2억 3,556만 달러로 집계됐다. 총수입의 약 80퍼센트인 1억 9,511만 달러가 한국 정부에 송금되었다. 한국은 그 돈을 경제개발 자금으로 썼다. 물론 나는 경제적인 부분을 무시하거나, 베트남전쟁에서 희생된 한국 젊은이의 삶을 가볍게 평가할 생각은 전혀 없다.

그러나 꽃다운 한국 젊은이의 목숨과 돈을 바꾸는 행위의 정당성을 나는 도저히 찾을 수 없다. 베트남전쟁 파병은 과연 그때 한국이 돈을 벌 수 있는 유일한 방법이었는가? 국제금융기관에서 차관을 받고 각종 외교 활동으로 정당하게 돈을 벌 수는 없었을까? 미국이 베트남전쟁에서 진 까닭은 자국민에게서 전쟁의 정당성을 얻지 못했기 때문이다. 전쟁에서도 정당성이 그처럼 중요한데 경제행위의 정당성을 묻지 않는 것은 그야말로 정의롭지 못하다.

나는 갈수록 물신주의로 전락하는 미국 민주주의를 '머니톡크러시(Moneytalkcracy: When money talks, people listen)'라고 이름 붙였다. 오늘날 미국은 돈을 숭배하는 사회가 되었다. 돈이 곧 종교의 성자가 되어버린 것이다. 따라서 '돈이 말하면 사람들이 듣는다'. 내가 볼 때 한국 민주주의 역시 머니톡크러시로 전락한 지 오래다. 나는 묻고 싶다. 한국에서 베트남전쟁은 이른바 '베트남 특수' 이상의 의미를 갖는가?

트럼프와 문재인은 연일 조선에 핵을 포기하라고 주문한다. 이어서 핵을 포기하면 조선의 장밋빛 미래가 보장된다는 말도 잊지 않는다. 조선은 기회의 땅이니 경제적으로 잘살 수 있게 해주겠다는 것이다. 햇볕정책도 마찬가지 얘기였다. 미국과 한국의 영혼이 머니톡크러시에 빠져 있다 보니 조선도 돈을 얘기하면 자기들처럼 들을 것으로 착각하는 것이다.

미국의 첫 번째 원죄, 노예제도

나는 미국에 평화를 공부하러 왔다. 하지만 미국에 도착하자마자 베트남전쟁을 체험해야만 했을 뿐 아니라, 대학도서관을 아무리 뒤져도 내가 찾는 평화 연구서는 보이지 않았다. 전쟁 연구서만 가득했다. 시선을 미국의 역사로 돌려봤다. 놀랍게도 미국의 역사는 곧 전쟁의 역사임이 바로 확인되었다. 미국의 역대 대통령 중에서 전쟁을 수행하지 않은 대통령이 거의 없었다. 베트남전쟁은 미국 전쟁의 역사에서 하나의 에피소드에 불과할 뿐이었다. 당혹스럽기 짝이 없었다.

평화 공부를 유보하고 미국의 역사가 곧 전쟁의 역사인 까닭을 찾아봤다. 미국이 수행한 전쟁을 상세하게 서술한 서적은 수없이 많았지만 내가 찾는 까닭을 명쾌하게 제시한 기록은 찾을 수가 없었다. 그러면 미국에서 무엇을 공부해야 한단 말인가? 나의 당혹스러움은 더해만 갔다.

내가 독자적인 연구 끝에 찾은 '전쟁병'의 궁극적 원인은 미국의 '원죄'였다. 기독교 신학에서 원죄는 아담과 이브가 하느님의 뜻을 거역하고 선악과를 먹음으로써 짓게 되는 씻을 수 없는 죄를 의미한다. 내가 볼 때 미국의 원죄는 크게 두 가지로 구성되었는데, 하나는 흑인 노예제도를 운영한 것이고, 다른 하나는 인디언(북미 원주민)의 삶의 터전을 무력으로 강탈한 것이다. 미국은 지금까지 원죄를 씻어내지 못하고 있다.

그러기는커녕 원죄의 유산은 미국의 정신문화 전역에 확산되어 고착되었다. 노예제도로부터 작금의 인종주의가 파생되었고, 인디언 정복으로부터 작금의 군사주의가 파생되었다. 그리고 그 양자가 결합해서 미국의 전쟁을 끊임없이 조장하고 있다. 전쟁병은 이미 치유가 불가능한 고질병이 되어버렸다. 내가 내린 결론은 미국의 원죄를 이해하지 못하면 미국을 제대로 이해할 수 없다는 것이었다.

영국의 장사꾼들은 16~17세기 아프리카에서 끌고 온 흑인 약 5백만 명을 미국 농부들에게 노예로 팔았다. 가장 선호하는 노예는 20대 중반의 흑인 남성으로 한 명에 약 1천2백 달러에 팔렸다. 그다음 선호하는 노예는 임신 가능한 흑인 여성이었다. 그들 가임 여성은 대부분 백인 주인의 자녀를 낳았다. 백인의 피가 섞인 흑인 노예는 더 고가로 팔렸다.

약 4백만 명의 흑인 노예가 디프사우스Deep South(조지아, 남북 캐롤라이나, 앨라배마, 루이지애나, 미시시피, 플로리다 등)로 팔려갔고, 약 1백만 명의 흑인 노예가 미국 전역에 팔려갔다. 디프사우스에서 흑인 노예들은 주로 목화밭에서 일했다. '노동 쿼터'가 존재했다. 남성 노예는 하루에 80파운드의 목화를, 여성 노예는 하루에 70파운드의 목화를 따야 했다. 쿼터를 채우지 못하면 등에 피가 나도록 채찍질을 당했다. 디프사우스에서 수확한 목화는 주로 영국으로 팔렸다. 그 시대 영국은 세계 최고 수준의 섬유 산업의 메카였다.

주지하듯 흑인 노예는 4년간에 걸친 남북전쟁(1861~65)을 계기로 해방되었다. 남북전쟁은 북부와 남부 간의 대조적인 문화, 상이한 이해관계 등으로부터 촉발되었다. 북부는 상공업 사회였고, 노예해방을 옹호했고, 연방정부를 지지했고, 장로교회와 감리교회가 흥행했다. 반면 남부는 농업 사회였고, 노예해방을 반대했고, 주정부를 지지했고, 침례교회를 선호했다. 특히 노예제도의 참상을 폭로한 해리엇 비처 스토의 소설『톰 아저씨

남북전쟁 이후 1876년부터 1965년 위헌판결이 날 때까지 미국의 모든 주에는 공공시설의 식수대까지 '백인용-유색인용'으로 분리하고 이용을 차별하는 '짐 크로 규정'이 있었다. (《한겨레》 자료사진)

의 오두막』은 남북전쟁을 촉발시킨 중요한 요인 중 하나가 되었다. 남북전쟁은 노예를 해방시키는 계기가 되었지만, 남북 간 대립의 골을 더 심화시키고, 백인 우월주의를 강화하는 계기가 되기도 했다.

백인은 이른바 '3D 업종'에서 일하기를 싫어한다. 미국에서 3D 업종이란 위험하고(dangerous), 더럽고(dirty), 품위가 떨어지는(demeaning) 일을 의미한다. 남북전쟁 이전까지 주로 흑인 노예가 담당했던 노동이다. 노예해방 이후에는 점차 멕시칸, 라티노, 아시아인 등의 유색인종이 3D 업종에 종사했다. 그 추세에 따라 흑인 인종차별은 모든 유색인종을 열등한 존재로 간주하는 백인 우월주의로 점차 변모했다.

미국 사회에서 흑인 인종차별 문제를 해결하려는 노력도 꾸준히 전개되었다. 가장 대표적 사례로는 마틴 루서 킹(1929~68) 목사의 흑인 인권운동을 꼽을 수 있다. 나는 킹 목사의 삶을 회고하면서, 그리고 그의 저술을 읽으면서 깊은 감화를 받았다. 39살의 짧은 삶을 산 사람의 글이 어떻게 그처럼 심원한 진리를 말할 수 있단 말인가. 그의 저술을 읽을 때마다 신의 음성을 듣는 듯한 느낌을 받곤 한다. 1983년 로널드 레이건 대통령은 킹 목사의 생일을 미국 국경일로 정하는 행정명령에 서명했다. 그로부터 17년이 지난 2000년, 마침내 미국 50개 주 모두가 레이건의 행정명령을 수용했다. 미국에서 개인의 생일을 국경일로 정한 사례는 조지 워싱턴과 마틴 루서 킹 둘뿐이다.

킹 목사가 앨라배마주 몽고메리의 흑백 좌석분리 버스정책에 대한 위헌판결을 끌어낸 로자 파크스
와 손을 잡고 1965년 3월 공공장소 인종차별을 금지하는 '민권법 제정'을 요구하며 '셀마~몽고메
리 대행진'을 이끌고 있다. (《한겨레》 자료사진)

흑인 인종차별 문제를 해결하려는 또 하나의 노력으로는 '인종차별 수
정조처(Affirmative Action)'를 꼽을 수 있다. 이는 각 대학의 자율적 판단
에 따라 흑인의 입학 조건을 다소 완화시켜주는 제도다. 이에 백인 학생
들의 불만이 터져 나왔다. 이를테면 1978년 앨런 바키라는 학생은 인종
차별 수정조처 때문에 자신이 지원한 캘리포니아대(데이비스 캠퍼스) 의과
대학에서 탈락하자 학교를 상대로 소송을 제기했다. 미국에서 많은 논란
을 일으킨 이 소송은 연방대법원에서 바키의 손을 들어주는 것으로 끝났
다. 그러자 하버드대에 지원했다가 탈락한 아시아 출신의 많은 학생들도
인종차별 수정조처에 근거해서 대학을 상대로 집단 소송을 제기하는 사
태가 벌어졌다. 법원은 하버드대의 손을 들어주었다. 그러면서 인종차별
수정조처는 이전에 노예 생활을 했던 흑인의 처우를 개선하기 위해서 마

련된 것이라는 해석을 제시했다. 타당한 해석이다.

조지아대는 1785년에 설립된 미국 최초의 주립대학으로서 현재 남동부의 명문대학으로 평가된다. 당시 조지아대의 2천 명쯤 되는 교수 중에서 나는 유일한 유색인종이었다. 백인 교수들은 내 앞을 지나가면서 신기한 듯 흘끔흘끔 쳐다봤다. 나는 그럴 때마다 동물원의 원숭이가 된 기분을 느꼈다.

백인 교수들은 내게 비교적 친절하게 대해주었고 양보도 많이 해주었다. 예컨대 문을 열고 들어갈 때 먼저 들어가라고 한다든가, 길거리에서 마주치면 친절한 미소를 지으면서 먼저 인사를 건넸다. 그러나 돈 문제 앞에서는 철저히 인색한 태도로 돌변했다.

내가 대학원에서 지도하는 학생 중에 연세대 총학생회장 출신 한국 유학생이 있었다. 그는 경제 사정이 어려워서 하버드대 출신의 백인 원로 교수 집에서 아르바이트를 하고 있었다. 하루는 그 학생의 성적이 영 시원치 않아 따로 불러서 까닭을 물었더니, 그 원로 교수가 일을 너무 많이 시켜서 도저히 공부할 시간을 낼 수 없다는 것이었다. 얼마 후 학생 장학금을 심사하는 교수회의가 열렸다. 심사위원들은 내 학생의 성적을 확인하더니 심사 대상에서 탈락시켜버렸다. 나는 내 학생을 고용한 원로 교수에게 공개적으로 요청했다. 내 학생이 공부할 시간이 너무 없어 힘들어하니 배려해달라고. 그러자 그는 바로 내 학생을 사랑한다고 답변했다. 나는 순간 화가 치밀어 외쳤다.

"당신이 사랑하는 것은 알겠다. 그런데 그 사랑이 당신 강아지를 사랑하는 것과 무엇이 다르냐? 그건 사랑이 아니다!"

그때 나는 테뉴어를 받지 않은 상태였고, 원로 교수는 나를 파면시킬 수 있는 권한을 가지고 있었다. 하지만 내 학생에 대한 인종차별에서 비롯된 일이었기에 참을 수가 없었다.

조지아대에 부임했을 때만 해도 강의실 청소는 모두 흑인이 했다. 청소 현장에 백인은 딱 한 사람 있었다. 그는 열쇠 꾸러미를 들고서 흑인이 청소할 강의실 문을 열어주는 사람이었다.

나는 조지아대에서 보이지 않는 인종차별을 받으면서도 최선을 다해 학생들을 가르치고자 했다. 교수는 보통 두세 과목을 가르친다. 하지만 나는 미국정부론, 국제정치학, 비교정치론, 정치발전론, 아시아정치론, 인권정책, 정치학방법론 등을 가르쳤다. 국제문제연구소를 창설해서 학생들의 국제적 안목을 키우는 데도 최선을 다하고자 했다.

미국 대학에서는 흑인과 백인이 섞여 공부한다. 정부도 그것을 권장한다. 군대도 정부 정책에 따라 흑인과 백인이 많이 뒤섞여 운영된다. 그러나 자발적 결사체인 교회에서는 완전히 다르다. 흑인교회와 백인교회는 철저히 분리되었다. 흑인과 백인 간의 심리적 거리를 단적으로 상징하는 것이다.

내 친구가 잘 아는 피보디음악대학의 한 흑인 교수가 있다. 그는 유명한 피아니스트다. 어느 날 그가 강의시간에 늦을 것 같아 거리에서 뛰기 시작했다. 그러자 백인 경찰이 그를 쫓아와 체포했다. 청천대낮이었지만 길에서 뛰는 흑인은 수상하다고 판단했기 때문이다. 경찰은 그를 대학에 끌고 가서 교수 신분을 확인하고서야 풀어주었다.

나는 모어하우스대에서 1년간 교환교수로 재직했다. 모어하우스대는 애틀랜타주의 흑인 남성 대학으로 마틴 루서 킹 목사의 모교로 유명하다. 나는 학생들에게 오바마 대통령 재임 시절(2009~16) 미국에서 흑인을 대하는 태도가 달라졌는지를 물어봤다. 그러자 학생들은 이구동성으로 전혀 아니라고 답변했다. 학생들은 밤이 되면 혼자서 거리를 돌아다니지도 못한다고 했다. 백인들이 흑인이라는 이유만으로 증오를 표출해 총을 쏘거나 괜한 시비를 걸 수 있기 때문이라는 것이다. 오바마의 모친은 백인이었다. 오바마가 킹 목사처럼 흑인 인권운동을 했다면 대통령에 당선되지 못했을 것이다. 오바마의 사고방식은 사실상 백인의 사고방식과 유사했다.

미국의 많은 지식인들은 오바마가 대통령에 당선되었을 때 마침내 미국에 '탈인종주의(post-racism)' 시대가 도래했다고 주장했다. 하지만 나는 그런 주장이 미국의 현실과 동떨어진 공리공론에 불과할 뿐이라고 판단했다. 인종주의는 여전히 미국의 원죄이기에. 아니나 다를까 오바마 이후 대통령에 출마한 트럼프는 백인 우월주의를 노골적으로 주장하면서 당선되었다. 오바마에 내심 적대감을 갖고 있던 백인들이 대거 지지한 것이었다.

미국의 두 번째 원죄, 인디언 정복

미국이 '전쟁병'에서 벗어나지 못하는 까닭을 정확하게 이해하기 위해서는 미국의 노예제도와 함께 미국의 인디언 정복을 탐구해야 한다. 내가 볼 때 노예제도와 인디언 정복은 미국의 원죄를 구성하는 두 개의 축이다.

인디언이 북미 대륙으로 이주한 시기는 13~14세기로 추정된다. 아시아와 중남미 대륙 등지에서 이주한 인디언은 15세기 무렵 2백만~7백만 명에 이른 것으로 알려졌다. 인디언은 북미 대륙의 광야에 흩어져 평화롭게 살았다. 각 부족마다 고유의 문화와 언어가 있었고, 학교를 운영할 정도로 교육열도 높았다. 장 자크 루소 같은 18세기의 유럽 지식인은 북미 대륙에서 인디언이 영위하는 삶의 양식을 법 없이 평화롭게 사는 '고귀한 야만(noble savage)'으로 이상화하기도 했다.

나는 애틀랜타 북부지역 체로키족이 거주하는 인디언 보호구역을 여러 차례 방문해서 그들의 생활풍습을 주의 깊게 관찰한 적이 있다. 그때 크게 놀라지 않을 수 없었다. 우선 그들의 얼굴 생김새가 한국인과 유사하다는 사실을 한눈에 발견한 것이다. 만주에서 태어나 성장한 나는 중국인의 얼굴 특징을 잘 안다. 일본도 자주 방문했기 때문에 일본인의 얼굴 특징도 잘 안다. 중국인과 일본인은 한국인과 달리 얼굴에 광대뼈가 튀어나오지 않았다. 그런데 체로키족의 얼굴은 한국인처럼 광대뼈가 튀어나와 있었다. 그 모습이 무척이나 친근하게 느껴졌다.

그뿐만 아니었다. 그들은 밥을 짓기 전에 쌀에서 겨를 골라내기 위해

키질을 했다. 맷돌로 콩을 갈기도 했고, 떡메를 쳐서 떡을 빚기도 했다. 나는 그런 모습을 보면서 어린 시절의 고향에 온 듯한 느낌을 받았다. 체로키족의 조상과 한민족의 조상 사이에 어떤 친화성이 있을지도 모르겠다는 생각도 들었다. 한국의 시민사회가 체로키족과 협력해서 어떤 공동의 이익을 꾸준히 창출하면 어떨까 하는 생각도 오래전부터 떠올리고 있다.

1492년 크리스토퍼 콜럼버스가 북미 대륙에 상륙하면서 인디언의 평화로운 삶에 암운이 드리워지기 시작했다. 일반적으로 콜럼버스는 '지구는 둥글다'는 신념에 따라 서쪽으로 항해를 계속해서 마침내 북미 신대륙을 발견한 위대한 탐험가로 자리매김되어 있다. 그러나 '북미 신대륙 발견'이라는 것은 인디언을 사람으로 간주하지 않는 유럽 중심주의적 사고방식이 노골적으로 투영된 편견일 따름이다.

콜럼버스의 항로는 유럽의 여러 국가에 식민지 개척의 길을 열어주었다. 영국, 프랑스, 스페인 등은 16~20세기 동안 콜럼버스의 항로를 따라 북미와 중남미 대륙으로 건너갔다. 식민지 개척은 한마디로 무력을 동원해서 인디언의 삶을 무자비하게 유린한 폭력의 과정이었다. 인디언 역시 자신들의 삶의 터전을 지키기 위해서 무력이 필요했다. 따라서 무기가 시장에서 가장 중요한 상품으로 올라섰다.

미국의 선조도 인디언의 삶의 터전을 무력으로 강탈했다. 미국의 군사주의라는 원죄가 바로 여기에서 비롯되었다. 오늘날 인디언 문명은 완전히 파괴되었다. 현재 미국에서 인디언은 약 320개의 인디언 보호구역에 흩어져 살고 있다. 보호구역이라고 하지만 사실상 인디언의 멸종을 촉진하는 제도적 장치라고도 할 수 있다. 1960년에 발표된 인구 센서스를 보면, 보호구역에 거주하는 인디언은 약 1천만 명에 이른다. 미국 인구의 약

2.4퍼센트에 해당한다. 하지만 현재는 약 5백만 명이 거주할 뿐이다. 많은 인디언 젊은이들이 보호구역 밖에서 삶의 터전을 마련하는 추세에 있다. 인디언은 나바호 기술대학을 설립해서 운영할 정도로 교육에 관심이 높지만, 많은 인디언 학생이 졸업 뒤 취업이 쉬운 미국의 대학교에 진학한다.

미국 정부는 인디언 보호구역 안에서 노름(카지노)을 할 수 있도록 허용해주었다. 하지만 백인 사회에서는 노름을 금지하고 있다. 노름이 백인 사회의 풍기를 문란하게 하는 폐풍이라고 판단했기 때문이다. 따라서 백인은 인디언 보호구역에 들러 심심풀이로 노름을 하곤 한다. 백인이 뿌리고 간 돈은 인디언의 중요한 수입원 중 하나다.

내가 미국의 군사주의를 고찰하면서 특별히 주목하는 부분 중 하나는 개인의 총기 휴대를 헌법으로 보장했다는 사실이다. 1791년 제정한 연방헌법 '수정조항 2조'에 그것이 명시되어 있다. 물론 연방헌법 제정 때 국가의 치안 능력이 충분히 갖춰지지 못했다는 사정을 고려하면 수정조항 2조를 신설한 까닭을 이해할 여지가 없지는 않다. 그러나 2백 년이 훨씬 지난 지금까지 바뀌지 않는 이유는 이해하기 어렵다.

현재 미국은 세계에서 총기 사고가 가장 많이 나는 나라다. 총기 사고가 날 때마다 개인의 총기 휴대를 금지해야 한다는 여론이 비등하지만 수정조항 2조를 폐기하지는 못하고 있다. 이토록 건재한 수정조항 2조는 미국의 무기 시장을 안정적으로 부양하는 제도적 기반이다. 현재 미국총기협회(NRA)는 미국 최대의 이익단체로 군림하고 있다.

어째서 미국은 군사주의를 혁파하지 못하는가? 무엇보다 시선을 미국의 기독교로 돌릴 필요가 있다. 바로 그 기독교가 미국의 군사주의와 인종주의를 강력하게 지지하는 이념적 기반을 제공하기 때문이다. 미국은 지구상에서 기독교의 영향을 가장 많이 받은 나라다. 일찍이 알렉시 드 토크빌은 "미국보다 기독교가 인간의 영혼에 강력한 영향력을 행사한 곳은 이 세상에 존재하지 않는다"라고 말했고, 하버드대학의 페리 밀러는 "청교도주의와 그것의 원천에 대해서 어느 정도 이해를 갖추지 않으면 미국을 이해할 수 없다"라고 단언했다.

미국이 신봉하는 기독교에서 가장 중요한 신조 중 하나는 '언덕 위의 도시(City upon a Hill)'라는 표현으로 상징되는 '선민사상'이라고 할 수 있다. 영국에서 청교도주의를 신봉하는 변호사였던 존 윈스럽은 1630년 3월 21일 매사추세츠만 식민지로 향하는 아르벨라호 선상에서 '기독교적 자비의 한 모범(A Model of Christian Charity)'이란 제목의 설교를 했다. 윈스럽은 그 설교에서 식민지에 도착하면 신의 뜻을 받들어 전 세계를 구원할 수 있는 언덕 위의 도시를 건설하자고 역설했다.

하지만 언덕 위의 도시를 매개로 신의 뜻을 세상에 전파하려는 선한 동기는 실제 현실에서 지옥의 문을 여는 사례가 많았다. 이른바 '선한 동기가 초래하는 지옥(the hell of good intentions)'이 미국의 역사에서 반복적으로 연출되었기 때문이다. 이처럼 불행한 역설을 이해하기 위해서는 언덕 위의 도시로부터 파생된 미국의 지배적 행동양식을 검토해야 한다. 언덕 위의 도시는 오직 백인만이 신의 뜻을 이행할 수 있다는 백인 우월주의를 파생시켰고, 미국적 가치를 선으로 간주하고 비미국적 가치를 악으로 간주하는 흑백논리를 파생시켰으며, 미국적 가치를 세상에 전파하는 과정에서 필요하면 무력을 동원해서라도 지상의 악을 제거해야 한다는 소명의식을 파생시켰다.

그런 소명의식에 따라 지상에서 악을 많이 제거하면 할수록 '신의 뜻에 부응하는 업적(good works)'을 성취한 것으로 믿었다. 아울러 업적 그 자체는 신의 구원을 보증할 수 있는 간접적 증표로 간주되었다. 따라서 신의 구원을 갈구하는 미국은 무자비한 무력을 동원해서 지상의 악을 제거하는 '십자군 전쟁'을 끝없이 수행할 수밖에 없었다. 미국에서 군산복합체가 거대하게 성장하고, 그러한 군산복합체를 중심으로 디프스테이트가 광범위하게 활동하는 궁극적 원인도 여기에 있었다.

내가 미국에 유학 온 이유 중 하나는 미국이 기독교 국가답게 예수의 가르침에 따라 원수를 사랑할 것으로 기대했기 때문이었다. 그것이 환상에 불과했다는 사실을 반복해서 깨달았다. 미국은 자국에 도전하는 세력을 원수가 아니라 악마로 치환해버렸다. 그 악마를 제거하는 '십자군 전쟁'을 기독교 신앙에 입각해 정당화시켰다. 이런 추세는 특히 냉전을 거치면서 심해졌다. 무신론을 신봉하는 공산주의자를 악마로 지목해서 한국전쟁, 베트남전쟁을 자행했고, 9·11 테러 이후에는 이슬람권의 테러 세력을 악마로 지목해서 이른바 '테러와의 전쟁'을 자행하고 있다.

악마와 싸우는 미국의 '십자군 전쟁'에서는 어떤 윤리적 고려도 불필요하게 되었다. 예컨대 선전포고는 전쟁 당사국이 묵시적으로 공유했던 대표적 전쟁 윤리였다. 그러나 미국이 볼 때 그런 윤리는 악마에게 사치에 불과할 뿐이었다. 노벨 평화상을 수상한 버락 오바마가 빈 라덴을 선전포고 없이 암살해버린 것도 우연이 아니었다. 미국의 십자군적 전쟁관은 기존의 전쟁 윤리를 모두 전복해버리는 악마적 습성을 탄생시킨 것이다.

내가 미국의 십자군적 전쟁관을 고찰하면서 심각하게 우려하는 문제가 또 하나 있다. 미국과 마찬가지로 십자군적 전쟁관이 한국전쟁 이후 지금까지 한반도에서도 강력하게 관찰되고 있다는 사실이다. 한국전쟁 이후 '빨갱이 소탕'을 명분으로 무려 1백만여 명의 양민을 학살한 것도 미국의 십자군적 전쟁관에서 파생된 것이었다. 조선을 악의 축의 일원으로 간주하는 미국의 사고방식이 지금도 여전히 한반도 냉전을 강요하고 있다. 그런 사고방식에 따르면 한반도의 분단은 영원히 지속될 수밖에 없다. 조선이라는 악마는 정치적 협력의 대상이 아니라 모든 수단을 동원해서 끝끝내 제거해야 할 악마에 불과하기 때문이다.

　미국의 군사주의는 미국 자체의 건강성 또한 파괴시키는 원천이 되고 있다. 미국이 선도하는 자본주의의 장점으로는 자유로운 경쟁 원칙에 따라 작동하는 시장을 꼽을 수 있다. 그러나 미국의 군사주의가 부양한 군산복합체는 개인이 아니라 국가를 상대로 무기를 판매한다. 국가는 국민의 세금으로 무기를 구입한다. 따라서 그곳에서는 자본주의 시장의 건강한 경쟁이 있을 수 없다. 그러면 부패가 만연할 수밖에 없다. 그런 과정을 거쳐 자본주의의 시장 질서가 무너지게 되면 민주주의의 주역인 중산층 또한 몰락할 수밖에 없다. 이 모든 얘기는 비현실적인 가정이 아니라 지금

조지 부시는 2002년 1월 29일 미국 상하원 합동회의에 참석해 발표한 연두교서에서 적대적인 나라들을 '악의 축(axis of evil)'이라고 지목해 국제적인 파문을 일으켰다. 《한겨레》 자료사진)

'악의 축'으로 지목된 이라크·시리아·조선·이란·쿠바 등의 반응을 묘사한 2003년 시사만평.

의 미국에서 적나라하게 전개되는 현실이다.

미국의 선조는 전 세계를 구원할 수 있는 언덕 위의 도시를 건설하고자 했다. 그러나 미국은 현재 인종주의와 군사주의가 결합된 원죄를 세계에 끊임없이 강제하는 패권국으로 자리 잡았다. 미국은 냉전 종식 직후 세계 최고 수준의 강대국이었다. 그러나 30여 년이 지난 지금의 미국은 쇠퇴하는 모습을 역력하게 보여주고 있다. 쇠퇴의 원인을 찾고자 한다면 군사주의라는 원죄에도 주목해야 한다. 미국은 세계 곳곳에 나가 막대한 비용이 드는 전쟁을 끊임없이 자행하고 있는데 어찌 국력의 소진을 피할 수 있겠는가?

미국은 자국의 미래를 진정 위한다면 원죄인 군사주의와 인종주의를 혁파할 필요가 있다. 나만의 용어로 표현하자면, 미국이 안주하는 '안보 패러다임'을 '평화 패러다임'으로 전환해야 한다는 말이다. 미국은 적대국을 악마로 간주해서 섬멸하는 대신 그들 또한 미국이 신봉하는 '신의 선물(godsends)'이라는 사실을 새롭게 깨닫고, 그들과 평화적으로 공존할 수 있는 삶의 윤리를 창출해야만 할 것이다. 그렇게 한다면 미국의 미래뿐만 아니라 인류의 미래 또한 달라질 것이다. 미국의 선조가 꿈꾼 언덕 위의 도시가 바로 거기에 있지 않을까?

민주주의 이데알튀푸스로 민주주의 이해하기

1960년 4·19 현장에서 민주주의가 유린되는 광경을 적나라하게 목격한 이후 지금까지 계속해서 나 자신에게 던지는 질문이 하나 있다. 민주주의란 무엇인가? 나는 서울대 강의실에서 '미국 민주주의'를 하나의 모범으로 배웠다. 그런 민주주의가 이승만 정부의 폭정으로 유린되는 모습을 보면서 거리로 뛰어나오지 않을 수 없었다. 나와 함께 스크럼을 짜고서 경무대로 향한 친구들도 대부분 같은 생각이었다.

그 뒤 1965년부터 지금까지 반세기 이상 미국에서 살아오면서 나는 선망했던 미국 민주주의를 생생하게 관찰할 수 있었다. 그 기간은 린든 존슨부터 지금의 조 바이든까지 무려 열한 명의 대통령을 겪은 시기이기도 했다. 나는 이방인의 시각에서 미국 민주주의를 거리를 두고서 관찰해왔다. 또한 정치학 교수의 시각에서 미국 민주주의를 학문적으로 이해하고자 했다. 그런데도 나는 여전히 4·19 한복판에서 던졌던 질문을 되묻고 있다. 민주주의란 무엇인가?

내가 관찰해온 민주주의는 미국 특유의 민주주의다. 미국이라는 특수한 환경에서 탄생한 역사적 산물이었기 때문이다. 따라서 그것은 한국에서 선망하고 답습해야 할 민주주의가 결코 아니었다. 한국 민주주의는 한국이 처한 특수한 환경에서 직면한 특수한 문제를 독자적으로 해결할 수 있는 처방책이어야 하기 때문이다.

막스 베버와 만나면서 나는 오랜 학문적 방황을 끝내기 시작했다. 미네소타대학 사회학과 돈 마틴데일 교수의 강의를 들으면서 베버를 본격적으로 공부하기 시작했다. 마틴데일은 베버로부터 직접 사회학을 배운 독일계 미국인 학자였다. 나는 베버를 공부하면서 내가 원하는 거의 모든 것을 탐구할 수 있었다. 내가 정치학 공부를 시작한 까닭은 정치 현실의 문제를 진단하고 가급적 처방책까지 마련하고 싶어서였다. 베버는 이러한 욕구를 충족시키는 데 결정적 계기가 되어주었다. 무엇보다도 베버가 사회과학적 연구 수단으로 제시한 '이데알튀푸스Idealtypus(이념형 또는 이상형)'는 내가 과학철학적 맥락에서 독자적 연구방법론을 개발하는 데 커다란 도움이 되었다.

민주주의를 정확하게 이해할 수 있는 최선의 방법은 민주주의의 이데알튀푸스를 먼저 구성하는 것이다. 이데알튀푸스를 쉽게 이해하기 위해서는 어떤 인물의 캐리커처를 생각해보면 된다. 캐리커처는 그 인물의 특징적 부분을 과장해서 부각시키고 나머지 부분은 거의 생략해버린다. 예를 들어 에이브러햄 링컨의 캐리커처를 보면 구레나룻, 진한 눈썹, 깡마른 얼굴을 유독 크게 강조한다. 따라서 캐리커처는 실제 모습과 동떨어진 추상적 구성물일 수밖에 없지만, 한 인물의 특징적 면모를 선명하게 알려주는 장점이 있다.

이데알튀푸스도 캐리커처와 유사한 방식으로 구성하고 유사한 방식으로 활용할 수 있다. 이데알튀푸스는 역사 현실에서 부각시킨 특징적 부분을 중심으로 구성한 하나의 개념을 의미하기 때문이다. 특히 이데알튀푸스에서 '이데알'이 도덕적 이상을 뜻하는 것이 아니라 '논리적 이상'을 뜻한다는 점에 유의할 필요가 있다.

민주주의의 이데알튀푸스를 구성해보면, 그것을 미국 민주주의와 비교할 수도 있고 한국 민주주의와 비교할 수도 있다. 그래서 미국 민주주의와 한국 민주주의가 각각 민주주의의 이데알튀푸스와 어느 정도 가까운지 아닌지를 분석해서 각국 민주주의의 성취도를 비판적으로 평가할 수 있을 것이다. 아울러 둘을 비교해서 각자가 직면한 문제를 선명하게 파악할 수도 있을 것이다.

민주주의는 계몽주의 시대에 탄생했다. 주지하듯 계몽주의는 17세기 과학혁명을 계기로 창출된 근대 세계관에서 배양되었다. 계몽주의의 요체는 크게 세 가지로 집약할 수 있는데, 이성·과학·개인이 그것이다. 인간의 이성이 주도한 과학혁명은 중세 천년의 기독교적 세계관을 대체하는 데 결정적 역할을 했다. 또한 인간은 자신의 이성적 판단에 따라 운명을 개척하는 독립적 주체로 재탄생했다. 계몽주의 시대 이전의 인간은 자신에게 부과된 의무만을 수행해야 했다. 계몽주의 시대에 재탄생한 인간은 자신의 권리를 주장할 수 있는 주체적 개인이었다. 이러한 속성을 지닌 계몽주의는 다양한 민주주의 사상가가 탄생할 수 있는 토양이 되었다.

계몽주의 시대에 탄생한 민주주의 사상가들을 참조해 민주주의의 이데알튀푸스를 구성할 수 있다. 거기에는 다섯 가지 관점이 중요한데, 자유·평등·권력분립·동의·설득이 그것이다.

일단, 민주주의에서 필수적인 '자유'의 의미는 이른바 사회계약론을 통해서 확정되었다. 그 자유는 크게 두 가지 의미를 갖는데, 하나는 중세 신권으로부터의 자유이고, 다른 하나는 국가의 폭정으로부터의 자유다. 중세는 종교가 정치를 지배하는 시대였다. 그러나 과학적 이성에 기초를 둔 계몽주의는 정치를 종교로부터 분리시켰다. 민주주의에서 향유하는 정치적 자유 역시 종교로부터의 자유를 의미했다. 이 부분에 특별히 주목할 필요가 있다. 정교분리의 원칙이 지켜지지 않는다면 계몽주의를 배경으로 탄생한 민주주의의 존립 기반이 곧바로 붕괴되기 때문이다. 또한 민주주의에서 요청되는 국가는 사회계약론을 통해서 형성되었다. 이제 통치자는 피통치자와 계약을 맺어서 선출되었다. 치자는 일방적으로 통치하는 것이 아니라 피치자와 체결한 계약에 따라 권력을 행사해야 했다. 따라서 피치자는 계약의 조건 내에서 자유를 향유할 수 있게 되었다.

민주주의에서 향유하는 자유를 이해할 때 반드시 유의할 점이 있다. 첫째, 자유는 결코 방종을 의미하지 않는다. 만일 허용된 자유를 방종으로 실천한다면 민주주의는 이내 아나키즘으로 전락할 수밖에 없다. 18세기 자유주의 사상가들은 자유와 방종의 차이를 일관되게 강조했다. 존 로크는 『통치론』에서 그 점을 이렇게 강조했다. "자연상태는 자유의 상태이지 방종의 상태가 아니다. […] 자연상태는 그것을 지배하는 자연법이 있는데, 모든 인간은 바로 그 자연법의 구속을 받는다."

둘째, 민주주의의 자유에는 저항권 내지 혁명권이 내포되어 있다. 치자가 사회계약에 따라 약속한 피치자의 자유를 수호하는 대신 그것을 유린했을 때 피치자는 그에게 저항하거나 교체할 수 있는 권리를 갖는다.

셋째, 민주주의의 자유는 소극적 자유와 적극적 자유를 모두 포괄한다. 소극적 자유는 무엇으로부터 해방되는 자유를 말한다. 종교로부터의 자유, 국가의 폭정으로부터의 자유 등이 여기에 해당한다. 반면 적극적 자유는 선택의 자유를 의미한다. 예컨대 투표에 참여해 정당을 선택할 자유 등을 말한다.

넷째, 내가 민주주의의 자유에서 특히 주목하는 부분은 언론의 자유다. 언론은 민주주의의 호흡에 필요한 산소를 제공하는 구실을 수행하기 때문이다. 언론의 자유가 보장되지 않으면 민주주의는 질식할 수밖에 없다. 존 밀턴도 『아레오파지티카』에서 언론의 자유를 이렇게 강조했다. "그

미국 의회도서관에서 희귀본으로 소장되어 있는 1644년 존 밀턴의 『아레오파지티카』 초판본 표지.

어떤 자유보다도 양심에 따라 자유롭게 이해하고, 말하고, 주장할 수 있는 자유를 나에게 달라." 그러나 언론의 자유가 언론의 방종으로 실천된다면 그 역시 곧바로 아나키즘으로 전락한다는 사실도 잊어서는 안 된다.

다음으로 민주주의가 실현되기 위해서는 반드시 '평등'이 보장되어야 한다. 통상적으로 평등은 사회주의의 원칙으로 이해되지만, 민주주의 역시 평등을 요구한다. 로크 역시 『통치론』에서 "인류는 모두 평등하고 독립된 존재로 태어났다"라고 강조했다. 인간의 평등이 보장될 때에만 민주주의의 요체인 다수결의 원칙이 유지될 수 있다. 또한 다수결은 인간의 평등을 전제했기에 반드시 '승복'을 요구한다. 다수결에 승복하지 않으면 민주주의는 더 이상 유지될 수 없다. 평등한 인간의 다수가 결정한 사안에 승복하지 않는다는 것은 곧 인간의 평등 그 자체를 거부하는 특권을 요구하는 것이다.

또한 민주주의는 '권력의 분립'을 요구한다. 권력은 통치에 필수불가결한 수단이다. 그러나 역사는 권력이 독점되면 거의 예외 없이 남용된다는 사실을 보여준다. 치자의 권력이 남용되면 피치자의 자유는 보장될 수 없다. 통치에 필요한 권력은 인정하면서도 권력의 남용은 방지해야 하는 이율배반적 과제를 해결해야 한다. 그 문제의 고전적 해법은 몽테스키외가 제시한 삼권분립에서 찾아볼 수 있다. 몽테스키외는 『법의 정신』 제11편 '헌법에서 정치적 자유를 보장하는 법'에서 입법·사법·행정을 분리해 상호 견제와 균형을 이루게 하는 방안을 제시했다.

아울러 민주주의는 국민의 '동의'에 의한 정치를 뜻한다. 국민의 현명한 동의가 이뤄지기 위해서는 국민의 활발한 정치적 참여가 필요하다. 따라서 민주주의의 질적 수준은 국민의 정치적 성숙도에 좌우될 수밖에 없다. 정치교육 내지 시민교육이 민주주의의 중요한 테마로 부각되는 이유가 바로 여기에 있다.

민주주의의 정치적 참여를 이해할 때 중산층의 역할이 대단히 중요하다는 사실을 기억해야 한다. 국가의 평화와 번영 등에 진지한 관심을 기울이는 계층은 대체로 중산층이기 때문이다. 상류층의 일차적 관심사는 대체로 기득권을 유지하는 것이다. 반면 하층은 하루하루 먹고살기가 벅차기에 국가의 장래에 대해서 생각할 여유가 부족하다. 따라서 민주주의가 발전하려면 반드시 건강한 중산층의 존재가 필요하다. 중산층이 활동하는 시장의 문화는 민주주의의 문화와 '선택적 친화성'을 지닌다. 중산층이 시장에서 합리적 계산에 따라 상품을 고르는 행위는 선거판에서 합리적 계산에 따라 후보자를 선택하는 행위와 질적으로 유사한 성격을 지녔기 때문이다.

국민의 동의에 의한 정치는 국민의 동의를 얻어 제정된 법에 따라 통치하는 것을 의미하기도 한다. 바로 여기에서 법에 의한 지배, 즉 헌정주의(constitutionalism)가 등장한다. 국민이 동의한 법에 따라 통치가 이뤄질 때 국민의 심정적 지지를 의미하는 정통성을 확보할 수 있다. 민주주의는 정통성을 확보해야만 안정적으로 운영될 수 있다. 정통성을 확보하지 못할 때, 그래서 정통성의 위기에 직면할 때, 그 민주주의는 한순간에 무너질 수밖에 없다. 그뿐만이 아니다. 헌정주의는 국민의 준법 또한 요구한다. 국민이 자신이 동의해서 제정한 법을 준수하지 않는다면 민주주의는 이내 아나키즘으로 전락할 수밖에 없다.

끝으로 민주주의는 이성에 의한 '설득'을 요구한다. 주변의 각종 압력, 말하자면 권력·금력·정당 등의 압력에 밀려서 의사결정을 하는 것이 아니라, 이성을 통한 합리적 설득 과정을 거쳐 의사결정에 도달하는 것을 의미한다.

미국 민주주의의 이상과 현실

내가 겪은 열한 명의 미국 대통령은 미국 민주주의의 다양성을 상징적으로 보여주었다. 그동안 민주당에서 다섯 명의 대통령을, 공화당에서 여섯 명의 대통령을 배출했다. 존슨은 베트남전쟁의 책임을 지고 재선을 포기했고, 닉슨은 워터게이트 사건으로 탄핵 직전 사표를 내고 물러났다. 또한 인종주의를 해소하지 못한 미국에서 오바마가 최초의 흑인 대통령으로 등장하는 기이한 모습도 보았다. 오바마의 당선은 마틴 루서 킹의 흑인인권운동을 통해 미국의 정치문화가 크게 혁신된 덕분이었다. 또한 여성 대통령이 한 명도 나오지 못하는 한계도 보았다.

'평화병'을 앓고 있는 내가 특별히 주목한 대통령은 카터와 아들 부시였다. 미국은 전쟁의 나라다. 카터를 뺀 역대 미국 대통령 모두가 전쟁을 수행했다. 카터 재임 중에는 단 한 명의 전사자도 나오지 않았다. 카터는 독실한 기독교 신앙인이기도 하다. 그러나 자신의 신앙을 정부의 정책에는 결코 반영시키지 않았다. 다시 말해 미국 연방헌법에서 규정한 정교분리의 원칙을 철저하게 준수했다. 중동 평화를 위해서 이스라엘뿐만 아니라 이슬람을 믿는 팔레스타인 자치구도 정치적으로 인정한 것이 대표적이다. 이는 1978년 캠프 데이비드 협정을 탄생시키는 산파 구실을 했다.

아들 부시는 카터와 정반대였다. 그는 2001년 9·11 테러가 발생하자 곧바로 '테러와의 전쟁'을 수행했다. 특히 조선, 이라크, 이란, 시리아 등을

1978년 9월 5일부터 13일간 캠프 데이비드 별장에서 합숙하며 협상을 벌인 사다트 이집트 대통령((왼쪽)과 베긴 이스라엘 총리(오른쪽)는 17일 백악관에서 카터 대통령(가운데)의 주선으로 역사적인 '캠프 데이비드 평화협정'에 서명했다. (사진 제공 지미카터도서관)

'악의 축'으로 선포하면서 지상에서 영원히 제거해야 한다고 역설했다. 그 역시 카터처럼 독실한 기독교 신앙인이지만, 카터와 달리 자신의 기독교 신앙을 정책에 단호하게 반영시켰다. '악의 축'이라는 개념 자체가 기독교의 선악관이 적나라하게 투영된 산물이었다. 조선과 같은 '악의 축'은 정치적 협상 대상이 아니라 군사적으로 철저히 응징해야 할 대상이 될 뿐이었다.

아들 부시가 표방한 '테러와의 전쟁'이란 용어도 논리적으로 성립할 수 없는 개념이다. 테러의 본질은 전쟁이 아니라 일종의 캠페인이기 때문이다. 캠페인을 통해서 국제여론의 지지를 얻고자 하는 것이다. 미국이 아무리 막강한 전쟁 수단을 지녔다 해도 그 캠페인은 결코 끝낼 수 없다. 따라서 '테러와의 전쟁'은 영원히 지속될 수밖에 없다. 그처럼 전쟁이 지속되면 미국이 추구하는 민주주의의 원칙은 지속적으로 침식될 수밖에 없다.

미국의 민주주의에 장점이 없는 것은 아니다. 무엇보다 미국 민주주의는 기존 제도를 답습한 것이 아니라 새롭게 창조한 것이다. 미국이 처한 특수한 환경에서 제기되는 각종 도전에 슬기롭게 응전할 처방책으로서 고안되었다. 그러한 창조 정신은 1787년 6월 28일 연방헌법 제정 회의 때 벤저민 프랭클린의 연설에 여실히 담겨 있다.

우리는 좋은 정부의 모델을 찾기 위해 고대사로 거슬러 올라가 보기도 했습니다. 그곳에서 상이한 형태의 공화국 정부를 검토했지만, 그것은 모두 붕괴의 씨앗을 품고서 수립된 불완전한 정부였기 때문에 지금은 더 이상 존재하지 않습니다. 또 우리는 유럽의 모든 근대 국가를 검토해보기도 했습니다. 하지만 그 어떤 국가도 우리 실정에 맞는 헌법을 갖고 있지 않았습니다. 지금 우리는 어둠 속에서 더듬거리며 진리를 찾고 있습니다.

미국 민주주의를 제대로 이해하기 위해서는 바로 그 환경의 특수성을 중요하게 고려하는 지식사회학적 고찰이 필요하다. 건국 초기 미국이 직면한 도전을 다섯 가지 정도로 정리해볼 수 있다. 첫째, 독립혁명 이후 독립선언서에서 천명한 자유·평등·행복의 추구 등을 보장할 수 있는 정치 체제를 만들어야만 했다. 둘째, 국가의 치안 능력이 취약한 상황에서 개인의 안전을 확실하게 보장할 수 있는 대책을 마련해야 했다. 셋째, 열세 개 주의 권리를 평등하게 보장해야 했다. 넷째, 남북전쟁 이후 해방된 흑인과 인디언 등 소수 인종의 권리를 평등하게 보장할 수 있어야 했다. 그래서 사회정의를 실현하는 정치체제를 만들어야 했다. 다섯째, 미국은 이민사회다. 따라서 다인종이 제기하는 문제를 정치제도를 통해서 해결할 수 있어야 했다.

미국은 이들 도전에 맞서 비교적 효과적인 대책을 강구했다. 민주주의의 이데알튀푸스에서 설정한 자유의 관점에서 평가해보기로 하자. 우선 독립선언서에서 천명한 자유·평등·행복의 추구 등을 제도적으로 보장하기 위해서 연방헌법에 '수정조항'을 추가했다. 권리장전으로 불리는 수정조항에서는 종교·언론·출판·집회 등의 자유를 규정했다. 특히 종교의 자유를 보장하되 계몽주의의 지적 전통에 따라 정치와 종교를 철저히 분리하는 원칙을 천명했다. 또한 국가의 치안 능력이 취약한 상황에서 개인의 안전을 보장하기 위해 수정조항 제2조에서 개인의 총기 휴대 권리를 규정했다. 흑인과 인디언 등 소수 인종의 권리를 보장하는 과제도 어려운 과정을 거쳐 해결했다. 1870년 비준된 수정조항 제15조를 통해서 흑인의 참정권을, 1920년 비준된 수정조항 19조를 통해서 여성의 참정권을, 1924년 통과된 스나이더법을 통해서 인디언의 참정권을 각각 인정한 것이다.

미국의 연방헌법에서 보장한 자유는 현실 정치에서 비교적 잘 이행되고 있다. 미국 사람들에게 자유란 한마디로 '제도 안에서의 자유'를 의미한다. 제도를 벗어난 자유는 철저히 제재를 받아야 한다는 사회적 합의가 탄탄하다. 미국 사회에서 자유가 18세기 자유주의 사상가가 우려한 '방종'으로 전락하지 않는 결정적 이유가 여기에 있었다.

정치와 종교를 철저히 분리하는 원칙 역시 적어도 미국 국내 정치에서는 비교적 잘 지켜지고 있다. 선거판에서 특정 종교세력이 특정 후보를 공개적으로 지지하면 그들 모두 국민들로부터 완전히 외면을 당한다. 따라서 후보가 당선될 가능성이 사라져버린다. 미국의 높은 시민교육 수준이 민주주의를 지키고 있는 것이다.

내가 가장 주목하는 것은 '언론의 자유'다. 언론의 자유가 보장되어야만 민주주의가 호흡할 수 있는 '산소'가 공급된다고 본다. 그 공급 방식은 '객관 보도'라고 할 수 있다. 미국 언론은 '객관 보도'에 충실함으로써 매체에 한정된 역할을 수행한다. 따라서 국민에게 옳고 그른 것을 가르치려고 하지 않고 스스로 판단할 수 있는 자료를 제공하는 데 그친다. 특히 미국 언론은 선거운동을 하지 않는 것을 원칙으로 한다. 미국에서 특정 정치인이나 정당을 노골적으로 옹호하는 언론은 국민들이 외면해버리기에 생존할 수 없다. 언론의 자유 역시 미국의 높은 시민교육 수준이 지켜내고 있는 것이다.

반면 미국 언론의 사설·논설·칼럼 등의 필자는 각자의 식견에 따라 언론의 보도 내용을 해석하고 비평한다. 이는 언론이 정치교육의 기능을 수행하는 것이라고 할 수 있다. 그러나 언론사 간부가 필자로 나서는 사례는 없다.

나 역시 미국 매체나 국제 매체를 통해 내 견해를 적극적으로 밝혀왔다. 나는 미국 ABC 방송에서 1994년부터 2008년까지 14년간 정치평론가로 활동했고, 이후 CNN 등에서 활동을 계속했다. 지금도 영국의 BBC, 중동의 알자지라, 터키의 TRT, 일본의 NHK 등에 출연해서 정치평론을 계속하고 있다.

CNN 방송 중.
《한겨레》 자료사진)

나는 국제 매체의 정치평론을 통해 민주적 토론 규범을 체득할 수 있었다. 예컨대 내가 미국과 정치적 이해를 달리하는 알자지라에 출연해서 조선 문제에 관한 정치평론을 하고 나면 미국의 방송사에서 나에게 유사한 주제로 인터뷰를 요청하는 적이 많았다. 미국 방송사는 대체로 나와 견해를 달리하는 전문가를 섭외해서 나와 논쟁을 붙인다. 나는 나의 연구에 기초를 둔 조선에 대한 견해를 알자지라나 미국 방송에서 일관되게 밝혀왔다. 나와 견해를 달리하는 전문가 역시 자신의 견해를 분명히 밝힌다. 서로 얼굴을 붉히며 논쟁이 파국으로 치닫는 사례는 없다. 나는 상대방에 동조하지 않더라도 그의 견해를 이해하는 태도를 취하고, 상대방 역시 같은 태도를 취한다. 시청자는 우리들의 논쟁을 지켜보면서 이해의 지평을 넓혀간다. 그 과정이 살아 있는 정치교육 과정이다.

내가 미국 언론이나 국제 언론의 인터뷰에 참여하면서 알게 된 또 하나의 중요한 관점은 '전문직주의(professionalism)'가 철저히 지배한다는 것이다. '전문직주의'는 개인의 전문적 능력을 의미하는 '전문가주의(expertism)'와 달리 문화적 현상을 의미한다. 그곳에서는 모든 것을 말할 수 있지만 어떤 것도 제대로 알지 못하는 '잡학다식가(generalist)'가 발을 붙일 수 없다.

그러나 미국 민주주의에서 실천하는 자유가 모두 좋은 것은 아니다. 민주주의의 이데알튀푸스에서 설정한 자유의 관점에서 볼 때 연방헌법의 개인 총기 휴대 권한은 비판을 받아야 마땅하다. 미국은 세계에서 총기 사고가 가장 많은 나라로 꼽힌다. 나의 자유를 지키기 위해서 총기를 휴대한다는 것은 곧 타자의 자유를 말살시키는 것을 의미한다.

미국은 열세 개 주의 평등한 권리를 보장하기 위해서 연방제도를 만들었다. 의회에서도 주의 크기와 상관없이 각 주에 의원 두 명을 일률적으로 배분하는 상원제를 택했다. 대통령 선거에서 각 주의 자율성을 반영하기 위해 선거인단 제도도 만들었다. 그러나 민주주의의 이데알튀푸스에서 설정한 평등의 관점에서 볼 때 이 제도들은 문제가 없지 않다. 계몽주의에서 평등이란 개인의 평등을 의미했지, 집단의 평등을 의미하지 않았다. 미국의 상원제나 선거인단 제도 등은 '주'라는 집단의 평등을 전제로 한다. 그러다 보니 앨 고어나 힐러리 클린턴처럼 미국 국민 다수의 지지를 받고서도 대통령에 당선되지 못하는 비민주적 모순이 반복되고 있다.

물론 미국 민주주의를 평등의 관점에서 평가했을 때 장점이 전혀 없는 것은 아니다. 첫 번째 장점은 '승복의 문화'다. 대통령 후보자들끼리 선거 기간 중 아무리 치열하게 싸웠더라도 선거 결과가 나오면 패자는 지체 없이 승복하고 승자에게 전화를 걸어 축하 인사를 건넨다. 나는 미국에 정착된 승복의 문화가 미국 민주주의의 건강성을 상징하는 지표 중 하나라고 본다. 다수결은 개인의 평등을 전제한 제도다. 다수결에 승복하지 않는다는 것은 개인의 평등을 유린하는 것을 의미하며, 그러면 민주주의 자체가 와해될 수밖에 없다.

미국은 1776년 대륙회의(Continental Congress)에서 준비한 '연합헌장(Articles of Confederation)'을 1781년 3월 모든 식민지의 승인을 거쳐 채택했다. 그러나 연합헌장을 통해서 탄생한 연합국가는 정치적 조정 능력이 취약했다. 연합국가에 부여된 권력이 거의 없었기 때문이다. 이 문제점을 해결하기 위해 1787년 제헌 회의에서 연방정부를 탄생시켰다. 연방정부는 대통령제를 신설해서 정치적 조정이 필요한 권력을 부여했다. 다만, 대통령의 권력 남용으로 국민의 자유가 유린될 것을 우려해서 삼권분립 제도를 채택했다. 입법부·사법부·행정부가 서로 견제와 균형을 유지하면서 권력의 부패를 방지하도록 한 것이다. 그러나 특히 냉전 시기에 대통령의 권한이 크게 강화되었다. 대통령은 의회의 승인을 거치지 않은 행정명령을 통해서 전쟁을 개시할 수 있게 되었다. 또한 대통령은 대법관 아홉 명을 모두 임명할 수 있고, 사면권까지 행사할 수 있게 되었는데, 이런 권력은 모두 삼권분립의 근간을 위협하는 것이다.

미국 민주주의의 또 다른 장점은 '배심원 제도'로, 국민에 의한 동의를 가장 극적으로 구현한 제도라고 본다. 열두 명으로 구성된 배심원은 무작위로 선발된다. 학력이나 사회적 지위 등은 전혀 고려되지 않는다. 선발된 배심원은 민주적 토론을 거쳐 의사결정을 한다. 나 역시 배심원에 여러 차례 선발되어 민주적 토론에 주도적으로 참여한 적이 있다. 그때마다 미국 민주주의가 표방하는 '위 더 피플'의 동의가 실천되는 현장을 생생하게 체험할 수 있었다.

끝으로 미국 민주주의는 합리적 설득에 의해서 운영되는 시스템이라고 할 수 있다. 혈연·학연·지연·돈·권력 등이 연루된 설득은 거의 용납되지 않는다. 민주적 관습이 탄탄하게 뿌리를 내리고 있기 때문이다.

한국 민주주의의 이상과 현실

한국을 방문해서 지인들과 만나 민주주의에 대해 얘기하다 보면 고개를 갸우뚱거릴 때가 많았다. 무심코 듣다 보면 거의 언제나 미국 민주주의가 하나의 표준으로 전제되어 있기 때문이다. 미국의 '선진' 민주주의를 예로 들면서 한국의 '후진' 민주주의를 비판하는 얘기를 듣고 돌아올 때면 늘 마음 한구석이 불편했다.

어찌하여 미국 민주주의를 한국 민주주의가 따라야 할 표준으로 간주할 수 있단 말인가? 미국 민주주의는 미국이라는 나라의 특수한 환경에서 제기된 도전에 응전하기 위해서 고안된 '미국적' 민주주의가 아니었던가? 그런 특징을 제대로 이해했다면 한국 민주주의 역시 한국이 처한 특수한 환경에서 제기된 도전에 효과적으로 응전할 수 있는 '한국적' 민주주의로 만들어야 하는 것이 아닌가?

나는 한국 민주주의에 제기된 역사적 도전을 다섯 가지 범주로 정리해봤다. 첫째, 왕정의 유산이 있다. 삼국시대, 고려시대, 조선시대는 모두 왕정으로 통치되었다. 왕정에서는 개인의 자유와 평등이란 개념 자체가 없었다. 특히 조선시대는 신유학을 국교로 정함으로써 정치문화의 질적 변화를 초래했는데, 그로부터 파생된 가장 대표적인 유산이 당쟁과 사대주의라고 할 수 있다. 한국 역사학계에서는 이른바 '식민사학' 극복의 명분으로 당쟁과 사대주의를 외면하거나 긍정적으로 해석하는 데 주력했다. 그런 시도는 당쟁과 사대주의의 유산을 온존시키는 데 기여했을 뿐이다.

오늘날 한국 정치 현장에서 적나라하게 목격할 수 있는 타협 불가능한 정치적 투쟁, 그리고 성조기를 들고 시위할 정도로 미국에 편향된 사유양식은 조선시대의 당쟁과 사대주의의 유산을 빼놓고는 결코 설명할 수 없는 것이다.

둘째, 일제 식민지배의 유산이 있다. 일제는 창씨개명 등을 통해서 민족 정체성을 말살하고자 했다. 그 와중에 친일파가 득세하고, 독립운동가는 말로 다 못할 고초를 겪었는데, 그처럼 부조리한 유산이 현재에도 여전히 존재한다. '독립운동가 후손은 3대가 망한다'는 말은 그 현실을 숨김없이 드러내는 표현이다.

셋째, 분단의 유산이 있다. 한반도가 외세에 의해 물리적으로 갈라지면서 한민족의 사유양식에도 분단의 골이 깊어졌다. 그래서 한민족 공동의 번영을 기약할 수 있는 독자적인 정치의식을 개발하지 못했다.

넷째, 한국전쟁의 유산이 있다. 전쟁으로 수많은 사람이 희생되었다. 여순사건, 제주 4·3 사건, 국민보도연맹사건, 국민방위군사건……. 구자환 감독이 양민학살 현장을 10년 넘게 답사하면서 제작한 영화 〈레드 툼 Red Tomb〉과 〈해원〉을 보면 한국 전역이 킬링필드였다는 사실을 분명하게 확인할 수 있다. 나의 아버지도 빨갱이로 몰려 평생을 고난 속에서 사셨다. 나 역시 빨갱이의 별칭인 종북학자 내지 친북학자로 간주되어 학문 연구와 사회 활동에 많은 제약을 받으면서 평생을 살았다. 그런데도 빨갱이라는 '주홍글씨'를 본능적으로 저주하는 적대감이 한국인의 정신세계를 여전히 지배한다. 한국에서 빨갱이는 모든 종류의 폭력을 정당화하는 면죄부로 통용된다.

다섯째, 냉전의 유산이 있다. 냉전은 분단과 한국전쟁의 유산 등을 화석화했다. 한반도에서 불신·공포·무력 등을 요체로 삼는 안보 패러다임을 고착시켰고, 남북 간 정통성 전쟁을 가속화했으며, 한반도의 군사적 긴장을 일상화했다. 그런 와중에 한국과 조선은 모두 군사강국이 되었다. 한국은 미국의 군산복합체를 본뜬 군산복합체를 보유하고 있고, 한·미 군사훈련을 연례적으로 하고 있다. 그로부터 위협을 느낀 조선은 핵무장 국가가 되었다.

한국 민주주의는 한국 역사에서 제기된 위와 같은 도전들을 직시할 수 없었다. 한국 민주주의는 한국에서 독자적으로 창조한 것이 아니라 미국이 이식한 것이었기 때문이다. 그러다 보니 한국 민주주의는 민족적 과제를 해결하는 대신, 미국의 세계전략에서 설정한 의제를 해결하는 데 더욱 주력할 수밖에 없었다. 친일파가 친미파로 변신해서 한국 민주주의를 선도할 수 있었던 것도 그런 이유 때문이었다. 현재 한국 민주주의가 미국 민주주의를 성공적으로 수용한 사례로 평가받으면서도 극심한 갈등과 각종 부조리가 끊이지 않는 까닭은 대부분 미국에서 수입한 제도와 한국의 역사적 유산에서 제기된 도전 간의 충돌에서 연유하는 것이다.

이제 앞서 소개한 민주주의의 이데알튀푸스의 다섯 가지를 잣대로 한국 민주주의에 내재된 문제의 실상을 분석해보자. 민주주의에서 가장 중요한 가치는 개인의 자유다. 그러나 한국 민주주의 역사는 개인의 자유가 유린된 사건으로 점철된 역사이기도 하다. 친일 경찰이 주도한 반민특위 사건, 일제 판검사가 주도한 국회프락치사건, 간첩의 누명을 씌워 희생시킨 조봉암 사건, 해방 이후 최대 간첩조작 사건인 동베를린 사건, 인혁당 사건, 5·18 광주민중학살사건, 박종철 고문치사사건……. 지금도 국회에서는 한국전쟁유족회에서 간청하는 과거사법을 통과시켜주지 않고 있다.

18세기 자유주의 사상가들은 자유와 방종이 완전히 다르다는 사실을 일관되게 강조했다. 자유는 반드시 사회 질서의 근간인 법과 규범을 준수하는 절제력(discipline)을 요구한다. 자유가 절제력을 상실하게 되면 이내 방종으로 전락한다. 내가 볼 때 한국 민주주의에서 주장하는 자유는 방종에 가까운 사례가 많다. 예를 들어 박근혜 정부에서는 탈북민이 가세한 인권단체에서 조선으로 '삐라 풍선'을 날려 보내는 행위를 표현의 자유라는 이름으로 옹호했다. 국제정치의 세계는 전쟁의 가능성이 상존한다. 조선에 삐라를 보내는 행위가 빌미가 되어 전쟁이 발생한다면 표현의 자유라는 이름으로 그 전쟁을 방어할 수 있겠는가? 실제로 조선은 한국에서 풍선을 계속 보내면 충격을 가하겠다고 수차례 경고했었다. 자유를 방종으로 이해하는 무지가 한반도의 대재앙을 초래할 수도 있다는 것이다.

민주주의에서 중시하는 자유는 기본적으로 계몽사상에서 탄생한 가치다. 계몽사상은 정치와 종교의 분리를 요체로 삼는다. 민주주의에서 허용하는 정치적 자유와 종교적 자유는 완전히 분리되어야 한다. 그런 분리는 종교의 터전을 개인의 사적 영역으로 한정함으로써 정치의 공적 영역에 침입하는 것을 금지하는 방식으로 이뤄졌다.

그런데도 한국에서는 유력 대권주자와 특정 종교가 긴밀하게 제휴하는 양상을 보인다. 인류 역사에서 체험한 가장 끔찍한 재앙은 대부분 정치와 종교가 결탁한 종교전쟁에서 파생되었다는 사실을 잊어서는 안 된다. 종교전쟁이 끝없이 창궐하는 중동을 보라. 협상과 타협을 요체로 삼는 정치적 투쟁은 협상과 타협이 불가능한 종교적 투쟁과 질적으로 완전히 다른 것이다. 정치와 종교가 결탁하게 되면 협상과 타협이 사실상 불가능하게 됨으로써 정치 그 자체가 실종되어버리고 만다.

다음으로 민주주의에서 중시하는 평등이라는 가치는 다수결의 이론적 기초가 된다. 다수결은 평등을 전제했기 때문에 반드시 승복을 요구한다.

다수결에 승복하지 않는다는 것은 평등을 부정하는 특권적 주장이다. 내가 볼 때 한국 민주주의에서는 승복의 문화가 대단히 취약하다.

그다음으로 권력집중이 아니라 권력분립이 민주주의의 근간이라는 사실은 하나의 상식에 속한다. 그러나 이 상식이 한국 민주주의의 역사에서는 제대로 통용되지 않았다. 주지하듯 군사독재 정권 시절에는 대통령이 막강한 권력을 불법적으로 행사하면서 국민의 인권을 수없이 유린했다. 그처럼 막강한 권력을 휘둘렀던 대통령을 국부나 국모로 이해하는 현상은 한국 사회가 여전히 왕정의 유산을 탈각하지 못했다는 사실을 증명한다.

1987년 6월항쟁 이후 한국 민주화가 진전되자 대통령의 권력을 약화시킬 필요가 있다는 공감대가 형성되었다. 그런 공감대에는 유럽 자유민주주의 사상도 적지 않게 영향을 미쳤다. 자유민주주의에서는 최소정부를 지향하기에 통치자의 권력을 약화시키는 것이 바람직하다고 판단한다. 그러나 현대 민주주의는 통치자의 권력을 약화시킴으로써 실현되는 것이 아니라는 데 유의할 필요가 있다. 통치자의 권력이 약한 정부는 정치적으로 무능한 정부라는 것이다. 정치적으로 무능한 정부는 사회의 혼란을 수습하지 못함으로써 독재정권이 들어설 빌미를 제공하기 쉽다. 정치적으로 무능했던 장면 정부가 박정희 쿠데타의 빌미를 제공했던 것도 우연이 아니었다.

민주주의는 권력의 합법적 행사를 의미한다. 민주주의에서 권력분립을 수단으로 대통령의 권력을 견제하는 목적은 권력의 불법적 행사를 방지하려는 것이다. 하지만 그것이 곧 권력의 약화를 의미하지는 않는다. 통치의 핵심 수단인 권력을 약화시키면 통치 본연의 기능을 수행할 수 없게된다. 특히 국가가 안보, 경제 성장, 분배의 정의, 환경문제 해결 같은 공공이익(public good)을 추구하기 위해서는 많은 권력이 필요하다.

다음으로 짚어본 대로, 민주주의는 기본적으로 국민의 동의를 기초로 운영되는 정치체제다. 앞서 말했듯, 국민의 동의의 요체는 중산층의 지지다. 실질적으로 상층의 관심사는 기득권을 유지하는 데 있고, 하층의 관심사는 경제적 생존에 집중된 반면, 중산층은 어느 정도 경제적 여유를 가지고서 국가의 공적 가치와 장래의 문제에 관심을 기울일 수 있다. 한국은 대기업 중심 경제개발 전략을 채택함으로써 중산층이 육성되기가 쉽지 않았다. 더욱이 한국에서는 세계화가 진전되면서 부의 양극화가 심화되고 있는데, 이는 중산층의 몰락이 가속화되는 것을 의미하기도 한다. 중산층이 몰락하게 되면 민주주의는 필연적으로 위기에 봉착할 수밖에 없다.

민주주의는 합리적 설득에 의해 운영되는 정치체제라는 것이 마지막 민주주의 이데알튀푸스의 관점이었다. 한국 민주주의에서 합리적 설득의 문화는 대단히 취약하다. 민주주의의 전당인 국회에서 폭력적 시위가 연출되는가 하면, 국회의원의 장외투쟁도 빈번하게 목격할 수 있다. 특히 여야 간의 사생결단적 투쟁의 양상을 유심히 관찰하면 조선시대 당쟁의 양상을 쏙 빼닮았다는 것을 인정하지 않을 수 없다. 합리적 설득의 풍토를 만들어가는 노력 없이 한국 민주주의의 미래를 어떻게 기약할 수 있을까?

서양 민주주의의 이데알튀푸스에서는 확인할 수 없지만, 한국의 역사적 유산에서는 선명하게 드러나는 한국 민주주의의 과제가 하나 있다. 한반도의 평화적 통일이 바로 그것이다. 다시 말해서 한반도의 평화적 통일은 오직 한국 민주주의에 부과된 특수한 과제다. 평화적 통일 없이는 한반도의 안정적 평화는 영원히 기약할 수 없다.

그런데도 한국에서 유통되는 한국 민주주의 관련 연구서나 교과서에는 한반도 평화 통일의 과제가 거의 공통적으로 빠져 있다. 이런 현상은 한국 민주주의가 주로 미국에서 발간된 민주주의 책을 답습한 데서 파생된 심각한 한계라고 할 수 있다. 그러다 보니 한국의 '여론의 풍토(climate of opinion)'에서 한반도 평화와 통일의 중요성이 자꾸만 퇴색될 수밖에 없었다. 심지어 한국 지식인들 사이에서 '우리의 소원은 통일이 아니다', '통일 대신 평화를 우선시해야 한다' 식의 견해가 확산되는 추세에 있다. '여론의 풍토'를 선도해야 할 지식인들 사이에서 민족의 실존적 도전을 외면하는 사유가 팽배하는 까닭은 그들의 몰역사적·반지성적·비주체적 사유양식에서 비롯된다. 그들이 숭상하는 미국이라는 나라의 지식인들이 미국이 직면한 도전을 외면한 적이 있었던가?

　한국 민주주의는 한국이 직면한 민족의 실존적 문제를 해결해가는 '한국적' 민주주의여야만 한다. 한국 지식인의 존재 이유는 바로 이 해결에 헌신하는 데서 찾아야 할 것이다.

조선을
이해하는
길

...

처음 조선을 방문했을 때 당혹감을 느낀 적이 많았는데, 그중 하나가 '세상에 부럼 없어라', '내 나라 제일로 좋아', '인민의 지상락원' 같은 구호를 반복적으로 들었을 때였다. […] 언젠가 조선 고위층 인사가 이런 말을 해준 적이 있다. "세상에는 수많은 나라가 있습니다. 그런데 조선은 그런 나라들로부터 멀리 떨어져서 홀로 존재합니다. 마치 독도와 같은 나라라고 할까요?"

...

사회주의 이데알튀푸스로 사회주의 이해하기

『선을 넘어 생각한다』는 우리의 생각을 옥죄는 갖가지 선을 넘어서서 조선에 대한 편견을 극복하자는 제안을 담은 책이다. 그런데 6개월 만에 1만 5천 부가량 판매되었다는 소식을 듣고 놀라지 않을 수 없었다. 평소 안타깝게 생각했던 문제를 인터뷰 형식으로 구술해 정리했을 따름인데, 그토록 큰 호응을 받을 줄은 전혀 예상하지 못했기 때문이다.

그만큼 독자들 사이에 조선에 대한 편견을 극복하고 싶다는 갈증이 심하다는 것이 아닐까? 그런 갈증이 내가 평생 갈구한 한반도 평화와 통일의 길을 여는 원동력이 될 수 있지 않을까?

조선은 사회주의 국가다. 조선을 이해하려면 먼저 사회주의를 이해해야 한다. 그러나 조선은 사회주의라는 추상적 개념을 액면 그대로 실현한 국가가 아니다. 조선의 사회주의는 조선의 역사에서 제기된 도전에 응전하면서 형성된 것이기 때문이다. 따라서 한국의 민주주의를 이해했던 방식과 마찬가지로, 사회주의의 이데알튀푸스를 먼저 설명할 필요가 있다.

사회주의의 이데알튀푸스는 마르크스의 사회주의 이론, 레닌의 소련 사회주의, 마오쩌둥의 중국 사회주의 등을 아우르는 개념으로 구성할 수 있다. 조선의 사회주의는 마르크스, 레닌, 마오쩌둥 각자가 창출한 사회주의를 선별적으로 수용하면서 형성되었기 때문이다.

마르크스는 1818년에 태어나서 1883년에 사망했다. 그가 살았던 19세기는 계몽주의를 배경으로 탄생한 민주주의와 자본주의가 유럽 사회에서 뿌리를 내리는 시기였다. 민주주의는 개인의 자유를, 자본주의는 개인의 소유권을 요체로 삼는다. 그러다 보니 민주주의와 자본주의가 발전할수록 빈부격차가 발생할 수밖에 없었다. 생산수단을 소유한 개인은 부르주아 계급에 편입되고, 생산수단을 소유하지 못한 개인은 프롤레타리아 계급에 편입되면서 계급갈등이 심화되는 불평등 사회가 전개된 것이다.

마르크스는 자본주의의 생래적 모순을 극복할 수 있는 대안을 제시하고자 했다. 그가 볼 때 자본주의 사회의 불평등을 야기하는 원천은 개인의 소유권이었다. 따라서 평등한 사회를 실현하려면 반드시 사유재산을 철폐해야 한다고 판단했다. 개인의 소유권을 집단소유권으로 대체하게 되면 인간의 '욕망'이 아니라 '필요'에 의해 분배가 이뤄짐으로써 이른바 '분배의 정의'가 실현될 수 있다고 생각했다. 다시 말해 필요에 의한 분배가 곧 정의로운 분배라고 확신한 것이다.

그러나 자본주의가 뿌리를 내린 현실에서 사유재산 철폐를 통한 평등사회 실현은 자연스럽게 성취할 수 있는 과제가 아니었다. 이 현실을 직시한 마르크스는 이른바 '프롤레타리아 독재'를 주장했다. '프롤레타리아 독재'란 자본주의 사회에서 파생된 부르주아 계급과의 투쟁에서 프롤레타리아가 승리해서 정치 권력을 획득하는 것을 의미한다. 마르크스는 수적으로 우세한 프롤레타리아가 상대적으로 소수인 부르주아를 반드시 물리적으로 제압할 수 있다고 확신했다. 프롤레타리아의 필연적 승리를 확신한 마르크스는 프롤레타리아 독재를 통해서 사유재산을 철폐할 수 있고, 사유재산을 철폐함으로써 계급이 부재한 사회를 만들 수 있으며, 계급이 부재하기 때문에 계급투쟁이 부재한 사회, 다시 말해 모든 인간이 평등한 유토피아 또한 건설할 수 있다고 확신했다.

마르크스는 자본주의의 대안인 사회주의가 세계적 차원에서 실현되어야 한다고 보았다. 그가 엥겔스와 함께 저술한 『공산당선언』의 말미에서 "전 세계의 노동자여 단결하라!"라고 역설했던 것도 그런 이유 때문이었다. 바로 여기에서 마르크스가 구상한 사회주의 혁명의 국제주의적 성격을 찾아볼 수 있다.

마르크스는 「헤겔 법철학 비판 서문」에서 "종교는 인민의 아편이다"라는 유명한 주장을 했다. 그가 볼 때 종교란 인간이 만드는 것이지, 종교가 인간을 만드는 것이 아니었다. 또한 인간은 이 세상 밖에서 존재하는 추상적 존재가 아니었다. 현세를 중시하는 마르크스에게 종교란 현세를 전도시킨 환상에 불과한 것이었다. 따라서 종교 비판은 모든 비판의 전제가 된다고 역설했다.

마르크스가 종교 비판에 역점을 두었던 까닭은 그의 유물사관에서 연유하는 것이다. 유물사관이란 한마디로 경제결정론이다. 그는 사회의 하부구조를 구성하는 경제가 사회의 상부구조를 구성하는 정치, 법률, 인간의 의식 등을 결정한다고 판단했다. 따라서 하부구조의 경제적 소유관계를 변혁시키면 상부구조 전체의 변혁도 가능하리라고 예측했다. 그런데 종교는 인간의 의식을 마비시킴으로써 상부구조의 변혁을 가장 강력하게 저지시키는 변수가 될 수 있다는 게 마르크스의 생각이었다. 따라서 그는 사회발전의 저해요소로 기능하는 종교를 결코 용납할 수 없었다.

그러나 마르크스의 이론은 대부분 현실에서 실현되지 않았다. 애초에 유럽의 자본주의 사회에서 부르주아 계급과 프롤레타리아 계급 간의 격렬한 투쟁이 발생하지 않았기 때문이다. 유럽 사회에서 계급투쟁이 발생하지 않은 까닭은 '중산층'이 등장했기 때문이었다. 자본주의 사회에서 프롤레타리아는 기술을 습득함으로써 이른바 산업역군으로 자리를 잡았다. 부르주아는 그런 프롤레타리아를 쉽게 해고할 수 없었다. 더욱이 프롤레타리아는 노동조합을 결성해서 부르주아에 집단적으로 저항할 힘을 갖추었다. 부르주아는 프롤레타리아의 임금을 올려주면서 공장의 생산성을 향상시키는 전략을 선택하지 않을 수 없었다. 프롤레타리아는 임금이 향상되자 중산층으로 진입하게 되었다. 소득의 여유가 생긴 중산층은 자연스럽게 시장에서 소비를 할 수 있게 되었다. 중산층이 시장에서 소비하는 상품은 부르주아가 공장에서 생산한 상품이었다. 요컨대 부르주아와 프롤레타리아는 자본주의가 발달할수록 계급투쟁 대신 상호 공생하는 관계로 진화했다.

내가 생각하는 또 하나의 중요한 계기는 '기관총'의 등장이다. 마르크스는 수적으로 우세한 프롤레타리아가 연대해서 부르주아와 싸운다면 반드시 승리할 것으로 예견했다. 그러나 1차 세계대전을 계기로 보급된 기관총은 마르크스의 예견을 빗나가게 했다. 기관총을 소유한 소수의 부르주아가 다수의 프롤레타리아를 쉽게 제압할 수 있게 된 것이다.

마르크스의 이론은 유럽에서 꽃을 피우지 못했지만 러시아의 레닌으로부터 주목받았다. 레닌은 먼저 마르크스의 이론을 러시아에 그대로 적용

1919년 5월 레닌이
모스크바 붉은 광장에서
혁명에 가담한 군인들에게
연설하고 있다.

할 수 없다고 판단했다. 마르크스의 이론은 유럽에서 심화되는 자본주의의 모순을 배경으로 탄생했다. 그러나 러시아는 가난한 농민이 다수인 농촌 사회였다. 따라서 자본주의에서 파생된 부르주아 계급과 프롤레타리아 계급 간의 투쟁이 있을 수 없었고, 그처럼 계급투쟁이 없었기에 프롤레타리아 독재도 기대할 수 없었다. 레닌은 국가가 사회주의 혁명의 주역이 되어야 한다고 판단했다. 그래서 자본주의의 사적 소유권을 국가의 소유권(State ownership)으로 대체하는 혁신을 감행했다. 마르크스가 사적 소유권의 대안으로 제시한 집단소유권이 러시아의 농촌 현실에서 국가소유권으로 변용된 것이다. 레닌 자신은 국가의 수반으로 취임하면서 러시아 전체를 지배했다. 레닌이 문을 연 러시아의 전체주의는 스탈린에게 계승되면서 더욱 확대되고 심화되었다.

중국의 사회주의는 마오쩌둥이 정착시켰다. 마오는 러시아에서 수입한 사회주의를 중국의 현실에 곧이곧대로 이식시킬 수 없다고 판단했다. 러시아에서 수입한 사회주의와 중국의 지배적 현실 사이에서 드러난 커다란 간극을 외면할 수 없었기 때문이다. 그는 먼저 중국의 가난한 농촌의 현실에 주목했다. (그 시절 중국의 찢어지게 가난한 현실은 펄 벅의 소설 『대지』를 통해 적나라하게 확인할 수 있다.) 또한 마오는 이른바 '백년국치', 즉 아편전쟁 이후 무려 1백여 년에 걸쳐 서구 열강에 유린된 중국의 역사 현실에 주목했다.

마오쩌둥은 중국의 역사적 유산에서 제기된 도전에 슬기롭게 응전하기 위해서 중국적 사회주의를 창안했다. 그는 '백년국치'의 유산을 청산하는 '2단계 혁명론'을 제시했다. 첫 번째 단계는 외세를 축출하는 것이고, 두 번째 단계는 중국 내부의 혁명을 단행하는 것이었다. '2단계 혁명론'을 통해 실현되는 마오의 사회주의는 대단히 민족주의적 성격을 지닐 수밖에 없었다. 그러한 민족주의적 성격은 마르크스의 이론에서 찾아볼 수 없는 것이었다.

마오쩌둥은 '인민'이라는 개념도 창안했다. 그는 중국 국적을 지닌 모든 사람들을 인민으로 정의했다. 따라서 자본가, 하층민, 농민, 소수민족 등이 모두 인민에 속했다. 그가 중국의 국호를 '중화인민공화국(People's Republic of China)'으로 설정한 배경이 여기에 있었다. 중화인민공화국이라는 명칭에는 백년국치의 유산을 완전히 청산하고, 중국 내부의 정치혁명을 완수함으로써 인민의 자유로운 삶을 보장하려는 마오의 강한 의지가 담겼다고 할 수 있다.

마오쩌둥 시대의 중국에는 가난한 농민들만 존재했다. 따라서 중국에서는 마르크스가 예견한 계급투쟁이나 프롤레타리아 독재를 기대할 수 없었다. 계급투쟁의 주역인 부르주아와 프롤레타리아는 모두 성숙한 자본주의에서 나오는 존재이기 때문이다. 하지만 마오는 소수의 지주들이 지배하는 농촌의 불평등 구조를 평등한 구조로 재편하고자 했다. 그래야만 빈곤에 허덕이는 대다수 농민의 삶을 구제할 수 있다고 보았다. 그런 마오에게 사유재산 철폐를 통해 평등의 이념을 실현해야 한다는 마르크스의 주장은 대단히 매력적으로 다가왔다. 그러나 마오는 국가소유제를 선택한 레닌과 달리 인민이 주역이 되는 집단소유제를 선택했다. 중국 사회주의가 다양한 규모의 인민공사를 매개로 실현되는 것도 그 때문이었다.

인민공사는 두 단계를 거쳐 발전했다. 처음에는 250여 농가로 구성된 집단농장으로 출발했다. 이후 인민공사는 1958년 시작된 '대약진운동'을 계기로 도시지역까지 망라하는 대규모 공사(코뮌)로 확대되었다. 개별 공사는 보통 수천 가구로 구성되었다. 도시 노동자까지 가세한 공사는 중국의 사회주의 혁명을 실천하는 주역이 되었다.

　공사는 양두체제로 운영되었다. 두 지도자 중 한 명은 공사에서 선출했다. 그는 전문성을 갖춘 실력자였다. 또 한 명은 공산당에서 파견했다. 그는 확고한 당성黨性을 갖춘 인물이었다. 두 지도자 중 정치적 실권은 공산당에서 파견한 인물이 장악했다. 그렇다 하더라도 공산당에서 파견한 인물이 모든 일을 좌지우지할 수는 없었다. 그가 권력을 자의적으로 행사할 경우 공사의 구성원은 자신들의 불만을 자신들이 선출한 리더를 통해 공산당에 전달할 수 있었다. 그런 점을 고려하면 중국 사회주의는 인민 사회주의의 성격을 지녔다고 할 수 있다. 러시아 사회주의 체제에서는 공산당에서 파견한 지도자만 있었을 뿐, 인민이 선출한 지도자는 없었다.

조선 사회주의의 이상과 현실

조선의 사회주의 역시 한국의 민주주의를 고찰했던 것과 같은 방식으로 살펴볼 필요가 있다고 본다. 먼저 사회주의의 이데알튀푸스를 참조하면서 조선의 사회주의에서 실현된 사회주의의 보편성을 고찰할 것이다. 이어 조선이 그 자체에 부과된 역사적 유산을 사회주의 방식으로 해결하는 모습에 주목하면서 오직 조선에서만 성취된 사회주의의 특수성을 살펴볼 것이다. 요컨대 조선의 사회주의에서 실현된 보편성과 특수성을 동시에 고찰함으로써 조선의 사회주의를 입체적으로 이해할 수 있는 하나의 안목을 마련해보고자 한다.

사회주의의 이데알튀푸스에 비춰볼 때, 조선에서 떠안은 역사적 유산은 한국이 떠안은 역사적 유산과 동일한 것이었다. 조선 역시 한국처럼 왕정, 일제 식민지, 분단, 한국전쟁, 냉전 등의 유산을 극복해야만 했다는 것이다. 여기에 조선은 한국과 달리 중국·소련 분쟁이 야기하는 국제정치적 긴장, 주한미군과 한·미 동맹이 강제하는 안보위협, 남북 간 체제 경쟁 등을 추가로 해결해야만 했다. 조선은 이러한 일련의 과제를 해결하는 과정에서 조선 특유의 사회주의를 건설했다. 사회주의의 보편적 이념이 조선이 처한 특수한 여건이라는 '매개변수'를 경과하는 가운데 오직 조선에서만 찾아볼 수 있는 독특한 사회주의를 탄생시켰다.

조선은 마르크스의 이론에 따라 사유재산을 철폐하고 집단소유제를 채택함으로써 평등을 실현하고자 한다. 조선의 집단소유제는 중국의 인민 공사를 참조하면서 창조한 협동농장으로 실천된다.

조선은 소유권이 없기에 부의 축적이 불가능하고, 소득도 비교적 평등하게 분포되어 있다. 내가 조선의 대학, 병원, 정부기관을 방문해 구성원의 소득 차이를 직접 관찰해보니 최상위층과 최하위층 사이의 소득 차이가 두 배를 넘지 않았다. 나는 사회주의 국가를 적잖이 방문하면서도 조선처럼 소득이 평등하게 분포된 사례는 접하지 못했다.

조선에서는 아파트를 분양할 때도 철저하게 '필요에 따라' 분양하게 되어 있다. 식구가 많은 가족에게는 방이 많은 아파트를 분양하고, 식구가 적은 가족에게는 방이 적은 아파트를 분양한다. 사회적 신분은 전혀 고려되지 않는다. 신분이 높은 사람에게 큰 아파트를 분양하고 신분이 낮은 사람에게 작은 아파트를 분양하는 방식이 아니라는 말이다.

마르크스는 사유재산을 철폐하면 부르주아 계급과 프롤레타리아 계급 간의 투쟁이 종식되고, 계급투쟁이 끝나면 평화로운 유토피아가 도래할 것으로 예측했다. 마르크스의 유토피아 사상은 조선에 그대로 전수되었다. 조선의 사회주의가 추구하는 궁극적 목표 역시 계급투쟁이 종식된 '지상낙원'을 건설하는 것이라고 할 수 있다.

조선은 중국의 사회주의로부터 인민 개념을 도입했다고 볼 수 있다. 마오쩌둥이 백년국치를 청산하고 중국의 정치혁명을 완수함으로써 인민의 자유로운 삶을 보장하려 했던 것처럼, 김일성 역시 일제 식민지, 미국 제국주의 등으로부터 해방된 인민의 자유로운 삶을 보장하고자 했다. 김일성의 그러한 의지는 예컨대 '조선민주주의인민공화국(Democratic People's Republic of Korea)'이라는 정식 국호에 뚜렷하게 드러난다.

조선은 특히 중국의 공산당을 참조하면서 노동당을 만들었다. 노동당기를 보면 망치·붓·낫이 그려져 있는데, 이는 인민의 구성원인 노동자·지식인·농민을 각각 상징한다. 노동당기는 조선 정치의 메카인 노동당이 당원의 것이 아니라 인민의 것이라는 점을 강조한다.

한국에 와서 종종 듣는 질문이 있다. "조선의 실세가 누구입니까?" 그럴 때마다 대답하기가 난감하다. 내가 보기에 조선에서는 실세로 간주할 수 있는 특정 개인이 존재하지 않기 때문이다. 조선에서 중요한 의사결정은 노동당에서 집단적 토론을 거쳐 이뤄진다. 많은 이들은 김정은이 독단적으로 결정한다고 얘기하지만 노동당의 성격을 전혀 모르고서 하는 얘기다.

조선의 사회주의는 사회주의의 이데알튀푸스에서 찾아볼 수 없는 독특한 특징들을 포함하는데, 주체사상, 수령론, 강력한 민족주의, 북핵, 통일론 등을 꼽을 수 있다. 이 특징들은 모두 조선이 처한 특수한 여건에서 비롯된 것이었다.

'주체사상'은 조선 사람들의 사회적 행위를 전반적으로 규율하는 '삶의 운영원리(Lebensführung)'라고 할 수 있다. 주체사상은 방대한 내용으로 구성되었고, 조선이 처한 여건에 따라 꾸준히 진화하는 모습을 보인다.

조선의 역사는 한마디로 국제정치적 도전에 응전하는 역사이다. 일제 식민지, 분단, 한국전쟁, 냉전, 중소분쟁, 미국 패권, 남북 간 체제 경쟁 등이 야기하는 생존 위협에 응전하는 역사를 살아야만 했다. 따라서 조선은 가혹한 국제정치적 투쟁의 역사를 걷는 가운데 강력한 민족주의를 탄생시켰다. 조선의 민족주의는 특히 고구려, 고려 등의 상무정신을 계승하고 조선시대 사대주의와 당쟁 등의 유산을 철저하게 타파하는 특징을 보인다. 김일성은 자신의 회고록 『세기와 더불어』에서 이렇게 역설했다.

역대로 사대주의를 일삼아오던 부패무능한 봉건통치배들은 나라의 운명이 경각에 달려 있는 때에조차 큰 나라들의 조종 밑에 당파싸움만 하였다. 그러다 보니 오늘 친일파가 득세하면 일본 군대가 왕궁을 지키고 내일 친러파가 득세하면 러시아 군대가 임금을 호위하고 모레 친청파가 득세하면 청나라 군대가 대궐의 파수를 서는 판이었다. […] 왕궁을 지키는 것도 남의 나라 군대에 맡겼으니 이 나라는 누가 지켜주고 돌보겠는가.

1990년대 중반 평양을 방문했을 때 라디오에서 『세기와 더불어』를 읽어주는 소리를 항시 들을 수 있었다. 텔레비전이 아직 널리 보급되지 않았을 때였다. 라디오에서는 여덟 권으로 구성된 『세기와 더불어』 전권을 일 년 내내 읽어주었다. 조선은 그런 방송교육을 통해 조선 인민의 민족의식을 고취시켰다.

조선의 민족주의는 김일성의 항일 빨치산 운동을 매개로 반일사상의 형태로 잉태되었다. 조선의 영화 〈피바다〉를 보면 조선의 반일사상을 생생하게 느낄 수 있다. 나는 인민무력부장, 당 군사위원회 위원장 등을 지낸 김일성의 '오른팔' 격인 오진우와 만나 조선 사회의 현안을 주제로 얘기를 나눈 적이 있다. 김일성과 함께 항일 빨치산 운동을 벌였던 오진우는 김일성보다 두 살 연상으로 5성 장군이었다.

"제가 조선에 와보니 반일감정이 굉장히 강하다는 것을 느낄 수 있었습니다. 지나친 반일감정은 조선의 실리를 챙기는 데 방해가 될 수도 있지 않을까요?"

나의 질문에 오진우는 이렇게 답변했다.

"박 교수님은 직접 체험하지 못하셨기 때문에 그렇게 말씀하실 수 있을 겁니다. 하지만 저의 누이들은 일본군 위안부로 끌려가서 참혹한 고통을 당했습니다. 저의 누이들뿐만이 아닙니다. 우리나라에는 그런 고통을 체험한 사람들이 아주 많습니다. 저는 일본 놈들을 결코 용서할 수 없습니다.”

나는 훗날, 오진우의 이러한 말이 노동당의 지론과 다르지 않음을 확인했다.

고구려, 고려 등의 민족정신을 계승한 조선 민족주의는 대외정책 분야에서도 그대로 실천되었다. 조선은 중소분쟁의 한가운데에서 등거리 외교를 펼치며 국가이익을 최대한 챙겼다. 조선이 능란하게 구사한 등거리 외교는 고려의 양단외교兩端外交 전통, 즉 고려가 송과 거란 사이에서, 그리고 거란과 여진 사이에서 등거리 외교를 펼치면서 국가이익을 최대한 챙겼던 전통을 계승한 것이었다.

그뿐 아니다. 많은 학자들은 조선의 대미협상 방식을 '벼랑 끝 외교(brinkmanship diplomacy)'라고 부른다. 이 역시 고려가 그 시대 세계 최강대국 원나라를 상대로 펼쳤던 벼랑 끝 외교의 전통을 계승한 것이라고 볼 수 있다. 고려는 팔만대장경을 조성해서 국력을 결집시키는 한편, 원나라를 상대로 협상과 항전을 반복하면서 국가를 끝까지 지켜냈다. 고구려가 역시 최강대국 수나라와 당나라를 상대로 결사항전을 했던 것도 같은 맥락에서 이해할 수 있다. 조선이 강력한 민족주의를 바탕으로 세계 최강대국 미국을 상대로 벼랑 끝 외교를 펼치는 모습에서 어떤 데자뷔가 느껴지지 않는가?

나는 조선의 다양한 유적지에서도 고구려와 고려에서 앙양한 민족정신을 분명히 느낄 수 있었다. 조선의 역사박물관에 가면 주로 고구려와 고려에서 성취한 민족적 긍지를 실증적으로 예증하는 유물들이 전시되어 있다는 사실을 한눈에 알아볼 수 있었다. 고려의 도읍지였던 개성에 가서는 태조 왕건의 거대한 왕릉을 목격했다. 평양 근처에 위치한 고구려 시조 동명성왕의 왕릉은 더 거대하게 조성되어 있었다.

조선의 민족주의를 이해하고자 할 때 반드시 주목해야 할 부분이 또 하나 있다. 조선은 자국의 정통성의 기원을 '단군조선檀君朝鮮'에 둔다. 단군조선은 주나라 무왕이 제후국으로 봉했던 '기자조선箕子朝鮮'과 달리 주나라의 봉건질서 밖에서 독자적으로 성립한 국가다. 조선에서 거대하게 조성한 단군릉은 조선의 자주적 민족정신을 상징한다. 나는 단군릉을 조성하기 이전과 이후 두 차례 그곳을 방문한 적이 있다. 조선을 방문할 때 머물던 초대소의 창문에서 단군릉의 거대한 모습을 조망하기도 했다. 조선이 단군릉을 조성한 뒤 개최한 대규모 학술회의에 초대받은 나는 학술회의 현장에서 조선의 뜨거운 민족의식을 느낄 수 있었다.

개성시 개풍군 해선리 만수산 기슭에 있는 고려 태조 왕건릉은 조선의 국보이며 2004년 유네스코 세계문화유산으로 지정됐다. 2017년 11월께 통일 TV 진천규 대표가 찍은 사진.

핵무기 개발 역시 조선의 민족주의를 빼놓고서 설명할 수 없다. 조선은 한국전쟁 이후 지금까지 약 70년 동안 미국의 핵 폭격 위협에 적나라하게 노출된 지구상의 유일한 국가다. 조선의 강력한 민족주의는 외세의 위협이 강할수록 더욱 강하게 반발하는 특성을 보인다. 이 특성 역시 조선의 민족주의가 계승한 고구려의 상무정신을 상기해보면 쉽게 이해할 수 있다.

김일성은 자신이 결사적으로 항전했던 일본 제국주의 세력이 미국의 핵 폭격을 받고 한순간에 무너지는 것을 보고서 핵무기 개발을 결심했다. 그때 히로시마에서 군수산업에 종사하다가 희생된 노동자의 약 40퍼센트가 조선인 강제징용자였다는 사실을 확인하면서 그런 결심을 더욱 굳혔다. 김일성이 준비한 핵무기 개발은 선군사상을 표방한 김정일이 거의 완성시켰고, 선대의 유업을 이어받은 김정은이 최종적으로 완성시켰다. 조선이 핵무기를 개발한 목적은 한마디로 미국의 핵 폭격 위협을 '억지

조선은 1993년
평양 인근 단군릉을 대대적으로 개건한 뒤
해마다 개천철 기념행사를 통해
대내외에 정통성을 선전해왔다.
사진은 2006년 10월 3일 개천절 기념행사 장면.
《한겨레》 자료사진)

(deterrence)'하기 위한 것이었다. 미국은 조선에 핵무기를 완전히 포기하라고 요구하지만 이는 국제정치적 상식을 벗어난 것이었다. 국제정치의 세계에서 핵무기의 존재 이유는 '상호억지'에 있기 때문이다.

그런데도 트럼프는 '김정은의 핵무기 포기 의지를 믿는다'고 말한 바 있다. 조선이 김정은 1인 독재체제가 아니라 노동당의 집단적 의사결정 체제라는 점을 고려할 때 트럼프의 얘기는 어불성설일 뿐이다. 물론 조선은 핵무기를 포기할 수 있다고 얘기했지만, 지금까지 한 번도 '무조건' 포기하겠다는 얘기를 한 적은 없다. 미국의 대북 적대정책 해소, 평화조약 체결, 북·미 수교 등의 조처를 통해서 조선의 안전보장이 확립되지 않는 한 북핵의 부분적 포기조차도 있을 수 없는 일이다.

조선의 강력한 민족주의는 통일을 선택이 아니라 당위로 인식하게 만들었다. 한국과 달리 조선에서는 학교나 정부 등에서 주요 행사를 할 때, 한국에서 작사하고 작곡한 〈우리의 소원〉을 함께 부른다. 조선에서 이 노래를 모르는 사람은 거의 없다고 봐야 한다. 조선의 공식적 통일방안은 6·15 선언에서 천명했던 연방제 통일이다. 연방은 평화를 전제한 개념이다. 따라서 조선에서 추구하는 연방제 통일은 무력통일을 거부한 개념이다.

그러나 조선은 앞에서 검토한 조선식 사회주의를 건설하는 과정에서 커다란 대가를 치러야만 했는데, 국제적 고립과 경제적 궁핍이 그것이다. 조선은 2019년 12월 28일부터 31일까지 개최한 '조선노동당 중앙위원회 제7기 5차 전원회의'에서 그 두 가지 난관을 정면으로 돌파하겠다는 의지를 천명했다. 나 역시 현재 조선이 선택할 수 있는 길은 그 길밖에 없다고 본다.

여기에도 사람들이 살고 있구나

나는 '평화병'을 치유하기 위해서라도 조선을 정확하게 이해해야만 했다. 그것이 남북 간 평화와 통일의 길을 모색하는 첫걸음이라고 생각했다.

그러나 한국에서는 물론이고 미국에서도 조선을 정확하게 이해할 방법을 찾을 수 없었다. 행태주의가 지배하는 미국의 사회과학이론으로는 조

1981년 7월
조선 해외동포원호회의
초청으로
처음 조선을 방문한
재미 한국인 학자
일행이 평양시
대성구역 용남동에 있는
김일성종합대학을 방문해
교수들과 토론하고
도서관 앞에서 찍은
기념사진.
뒷줄 오른쪽 둘째 양성철,
다섯째 박한식,
여섯째 김종익,
아홉째 길영환,
앞줄 가운데 고병철,
맨 오른쪽 이채진.
(사진 제공 박한식)

선의 현실에 접근하는 것 자체가 불가능했고, 조선을 '악의 축'으로 간주하면서 온갖 편견을 끝없이 양산하는 여론의 풍토에서 조선을 공정하게 이해하는 것도 대단히 어려웠다.

고민 끝에 조선에 가서 그곳의 현실을 직접 관찰할 수밖에 없다는 결론에 도달했다. 조선을 방문해서 여행기를 쓰고 싶은 생각은 전혀 없었다. 조선을 학문적으로 연구해서 조선의 실상을 정확하게 드러내는 학술적인 글을 쓰고 싶었다.

조선을 방문하기란 쉽지 않았다. 미국과 조선이 국교를 수립하지 않았기 때문이다. 난감해하는 상황에서 방문 기회가 전혀 예상하지 못한 곳에서 찾아왔다. 1981년 조선이 문호를 개방해 국외 학자들을 초빙하는 사업을 벌인 것이었다. 조선의 해외동포원호회 허정숙 위원장의 초청으로 미국에서 활동하는 동포 학자들이 그해 7월 방북할 수 있게 되었는데, 나도 거기에 끼는 행운을 잡았다. 일리노이대의 고병철, 아이오와주립대의 길영환, 웨스트미시건대의 김종익, 켄터키대의 양성철, 캘리포니아주립대의 이채진, 그리고 조지아대의 나까지 여섯 명의 학자들이었다.

오랫동안 갈망했던 조선 땅에 발을 디딘 순간의 강렬한 인상은 지금도 생생하게 기억된다. 여기에도 우리와 똑같은 사람이 살고 있구나! 우리처럼 자녀의 학교 성적이 좋으면 마을 사람들을 초빙해서 한턱내고, 결혼식 때는 집에서 잔치를 열고, 밤이 되면 대동강변에서 젊은 남녀 쌍쌍이 데이트를 즐기고 있구나! 나는 한국과 미국에서 살면서 수십 년 동안 조선은 악마들이 사는 곳으로 배웠다. 머리에 뿔이 달린 그 악마들은 우리와 전혀 다른 존재로 주입되었다. 조선의 일상 현실을 목격하는 순간 나를 세뇌해온 허상이 와르르 무너져 내리는 소리가 또렷하게 들려왔다.

해외동포원호회는 우리 일행을 대단히 융숭하게 대접해주었다. 우리 일행에게는 개인별로 벤츠 승용차가 지급되었다. 우리와 같은 시기에 다른 경로로 조선을 방문한 브루스 커밍스에게는 볼보 승용차가 지급되었다. 내가 허정숙에게 그 까닭을 물어보니 이런 답이 돌아왔다.

"우리 민족은 특별히 우수한 민족이기 때문에 다른 민족과 대우를 달리해야 합니다."

허정숙의 답변은 내가 한국에서 접한 답변과 완전히 비교되었다. 조선 방문 일정을 마치고 서울로 건너와 시청 앞 플라자호텔에서 묵게 되었는데, 이왕이면 시내 경치가 보이는 방을 쓰고 싶다 했더니 호텔 안내원의 답은 이러했다.

"시내 경치가 보이는 방은 외국 손님들 몫으로 남겨둡니다. 그냥 이 방을 쓰시지요."

조선의 보통강 호텔에서 체험했던 추억도 잊을 수 없다. 호텔 식당에서는 24시간 전에 요리 주문을 받았다. 무슨 메뉴가 있느냐고 물으니 뭐든지 주문하라고 했다. 나는 장난기가 발동해 이렇게 물었다. "혹시 회가 있습니까?" 곧장 답변이 나왔다. "물론 있습니다!"

이튿날 내 식탁에는 대동강에서 잡은 커다란 잉어가 통째로 접시에 놓여 있었다. 잉어가 입을 뻐끔뻐끔하고 있었다. 나는 깜짝 놀랐다. 나를 놀려주려는 속셈일까? 가만 보니 회를 정교하게 뜬 다음 잉어 껍질을 살짝 덮어둔 것이었다. 다시 한번 놀랐다. 세계의 어떤 식당에서도 그런 식으로 회를 뜬 것을 본 적이 없었다. 최고로 싱싱한 회를 먹는 내내 감탄이 절로 나왔다.

조선 방문 일정을 마치고 서울에 와서 통일원 장관 홍성철의 주선으로 이북5도 도민회에서 강연을 하게 되었다. 3백 명이 넘는 청중 앞에서 조선에서 보고 느낀 것들을 다양하게 소개한 끝에 나는 이렇게 제안했다.

"나쁜 점만 보려고 하지 말고 좋은 점도 보면서 칭찬하는 문화를 만들어나갑시다."

그러자 청중 한 사람이 곧장 손을 들고서 질문했다.

"북한의 좋은 점이 있다고요? 그런 것이 있다면 단 하나라도 꼽아보세요!"

"왜 없겠습니까? 대동강에서는 물고기를 잡아 그 자리에서 회를 떠 먹을 수 있습니다. 저토록 오염된 한강에서 그게 가능하겠습니까?"

조선은 '구호의 나라'라는 인상을 안겨주기도 했다. 조선의 거리를 거닐면 '세상에 부럼 없어라', '지상낙원', '일심단결', '일당백' 등의 구호를 쉽게 접할 수 있었다. 그런데 조선 방문을 마치고 찾은 서울에서도 곳곳에 수많은 구호가 걸린 모습이 새삼 눈에 들어왔다. 무엇 때문일까? 이 질문은 지금까지도 사라지지 않고 있다.

조선을 방문하고 난 우리 일행은 미국에 돌아와 『Journey to North Korea: Personal Perceptions』이라는 책을 1983년에 펴냈다. 이 책은 우리말로도 번역되어 『북한기행』이라는 제목으로 1986년에 출간되었다. 우리 일행의 조선 방문 경험을 살려 각자 논문을 한 편씩 집필하여 모은 것이었다. 나는 여행기를 쓰는 대신, 평소 관심 있던 주체사상을 주제로 논문을 집필해 수록했다.

사실 나는 1981년 조선 방문을 학술여행으로 기대했었다. 그러나 우리를 초청한 해외동포원호회의 '안배'에 따라 행동해야만 했다. 조선에서 '안배'란 초청기관에서 작성한 방문 일정을 말한다. 내가 개인적으로 만나고 싶었던 학자들은 만날 수 없었다. 다만 그 '안배'에 따라 김일성종합대

1983년 방북 학자 여섯 명이 함께 미국에서 펴낸 『Journey to North Korea』 표제. (사진 제공 박한식)

학을 방문했던 것이 나에겐 큰 위안이 되었다. 그곳의 교수들과 학술적인 대화를 좀 나눌 수 있었고, 함께 기념사진도 찍었다. 나는 가보고 싶었던 김일성대 도서관에서 소장된 책들을 유심히 관찰했다. 의외였던 것이, 마르크스의 『자본론』을 발견할 수 없었다는 것, 그리고 주체사상 관련 도서가 그다지 많지 않다는 것이었다.

1948년 조선 건국 이후 30년 이상이 지난 시점에 마르크스의 주저인 『자본론』을 더 이상 읽지 않는다면, 조선의 사회주의를 이해하는 방식을 근본적으로 달리할 필요가 있겠다는 생각이 들었다. 앞서 언급한, 사회주의의 이데알튀푸스로 포착할 수 없는 조선 특유의 역사적 맥락이 '조선식' 사회주의를 형성하는 데 결정적으로 중요함을 암시하는 것이었다.

1981년 김일성대 도서관에 주체사상 관련 도서가 많이 소장되지 않았다는 사실도 내게 뭔가를 암시했다. 주체사상의 연구자료로 활용할 수 있는 '로작(김일성 어록)'은 도서관에 넘쳤지만 그런 자료를 활용해 주체사상을 체계적으로 연구한 서적들은 찾아보기가 쉽지 않았던 것이다. 주체사상 연구서가 많지 않다는 것이 곧 주체의 현실이 빈약함을 의미하지는 않았다. 조선은 이미 주체의 나라였다. 말인즉슨 조선 사회를 전반적으로 규율하는 이념이 주체사상이었다.

조선 정치는 자주를 요체로 삼는 '주체 정치'로 운영되고, 조선 경제는 자립을 요체로 삼는 '주체 경제'로 운영되었다. 옥류관이나 인민대학습당 등에서 전형적으로 확인되는 '주체 건축'도 있다. 주체 건축은 기와지붕에 서양식 내부 시설을 갖춘 특징을 보인다. 외국 악기와 전통악기의 조화로 연주되는 '주체 음악', 몇 가지 유형으로 한정된 '주체 헤어스타일', 하체는 거의 움직이지 않고 상체를 주로 움직이는 '주체 춤'도 있다.

1981년 방북 때 평양 시내 곳곳에서 '주체사상'을 강조하는 선전 구호와 포스터를 볼 수 있었다.

1981년 당시 주체사상의 연구 수준은 아직 초보 단계에 머물렀다. 주체사상이 정치적 이념이나 종교적 신념 등의 요건을 갖추지 못했기 때문이었다. 내가 볼 때 정치적 이념의 요건을 갖추려면 분배의 정의에 관한 체계적 이론이 있어야 하고, 종교적 신념의 요건을 갖추려면 내세관에 관한 체계적 이론이 있어야 하는데, 주체사상에서는 그런 요건들을 발견할 수 없었다. 나는 주체사상의 이론적 연구와 주체적 현실 간의 커다란 간극을 목격하면서 그 간극을 좁히기 위한 주체사상 연구가 조선에서 꾸준히 진행되리라고 전망했다.

미국에 돌아와서도 나는 주체사상을 계속 연구해보고 싶었다. 조선 사회를 지배하는 이념을 개념적으로 포착해야 조선을 정확하게 이해할 수 있으리라 생각되었다. 당시 내가 아는 주체사상의 대표적 연구자는 주체사상연구소 소장이었던 황장엽이었다. 황장엽과 소통해보고 싶었지만 미국에서 직접 연락할 방법은 없었다. 고민에 고민을 거듭하던 어느 날 갑자기 내 머릿속에 중국이 떠올랐다. 만주에서 태어난 덕분에 중국에 거주하는 친구들이 더러 있었다. 만주에는 친척들이 살고 있다. 중국에 있는 친구들을 통하면 조선에 편지를 전할 수 있지 않을까? 중국은 조선과 국교를 수립했으니 서신 왕래가 가능하지 않겠는가?

나는 편지를 써서 중국에 있는 친구에게 부쳤다. 친구가 내 편지를 새 봉투에 담아 다시 황장엽에게 부쳤다. 어렵게 편지를 부치고서 한껏 기대에 부풀어 기다렸으나 답장은 오지 않았다. 나는 다시 편지를 써서 부쳤다. 그래도 답장은 올 기미가 없었다. 그처럼 메아리 없는 편지를 쓰면서 시간은 계속 흘러갔다.

1987년은 내게 특별한 해였다. 두 가지 이유가 있었다. 하나는 조선에서 주체사상연구소 산하에 주체과학원이 건립되었기 때문이고, 다른 하나는 북핵 위기가 시작되었기 때문이다. 나는 주체과학원 건립 소식을 듣고서 마침내 주체사상의 체계적 연구가 진행되기 시작했다고 판단했다. 그러나 북핵 위기가 조성되는 분위기를 관찰한 나의 관심은 주체사상 연구로부터 한반도 전쟁 방지 쪽으로 급격하게 전환되었다. 어린 시절 처절하게 체험한 한국전쟁의 악몽이 떠올랐다. 조바심이 났다. 조선을 방문해야겠다는 생각이 강렬해졌다.

1990년, 내가 그토록 기다리던 소식이 마침내 도착했다. 조선아시아태

1987년
평양시 만경대구역에 건립된 주체사상연구소 산하 주체과학원의 전경. 건립자 황장엽이 1997년 망명한 이후 폐쇄된 것으로 알려졌다.
(사진 제공 평화문제연구소)

평양평화위원회(이하 아태평화위)에서 나를 초청한 것이다. 아태평화위는 조선에서 한국, 미국, 일본 등 국교를 맺지 않은 나라들을 상대하기 위해 설립한 비정부기구(NGO)이다. 그때부터 나는 조선을 자주 방문하게 되었다. 1990년부터 2015년까지 매년 2회꼴로 조선을 방문했다. 아태의 고위 관계자들과 꾸준히 만나면서 주로 전쟁을 방지할 방안을 논의했다.

그 노력의 결실 중 하나가 '트랙 Ⅱ'의 탄생이었다. 나는 조선, 미국, 한국의 오피니언 리더들을 내가 재직 중인 조지아대학에 초빙해서 한반도 평화 방안을 논의하고 정책을 제안하는 협의체를 결성해서 운영했다. 또한 주체과학원을 방문해 그곳의 주체사상 연구에 참여하거나 관찰하면서 나의 주체사상 연구를 심화시켰다.

주체사상을 역지사지의 눈으로 보다

　　많은 이들이 '조선은 핵무기를 포기해야 한다'고 주장하고 있다. 그러나 조선은 그들의 온갖 요구와 협박과 회유에도 불구하고 핵무기를 포기하지 않는다. 그들은 조선을 이해할 수 없다고 말한다. 그러면서 온갖 종류의 비난을 퍼부어대고 각종 제재를 더 강화해야 한다고 주장한다. 조선은 그처럼 혹독한 대가를 치르면서도 핵무기를 포기하려는 모습을 전혀 보여주지 않는다. 왜일까?

박한식(왼쪽) 교수는
조선의 주체사상 이론가였던
황장엽(오른쪽) 전 노동당 비서와
1990년부터 97년
한국 망명 이후까지
오랫동안 교유했다.
사진은 1993년 방북 때
평양 주체과학원의
원장 접견실에서
함께한 모습.
(사진 제공 박한식)

조선이 경제적 난관을 극복하려면 자본주의적 개혁과 개방을 해야 한다고 주장하는 사람들도 많다. 그러나 조선은 그들이 동원한 온갖 종류의 화려한 설득의 논리에도 불구하고 자본주의적 개혁과 개방에 나서지 않는다. 그들은 조선을 이해할 수 없다고 말한다. 그러면서 조선 인민의 경제적 복지를 도외시하는 조선 정권을 강력하게 규탄한다. 조선은 그들의 설득과 규탄에도 자본주의적 개혁과 개방에 나서려는 모습을 전혀 보여주지 않는다. 왜일까?

나는 그처럼 자신에게 친숙한 이론과 개념과 언어로 조선을 연구하거나 재단하는 행위를, 앞서 여러 차례 언급한 대로 '인식론적 제국주의'라고 부른다. 인식론적 제국주의를 통해서는 조선을 영원히 이해할 수 없다. 조선을 정확하게 이해하려면 인식론적 제국주의를 폐기하고 조선이 고수하는 생각 그 자체에 접근해야만 할 것이다. 나는 조선의 시각에서 조선의 행위를 이해하려는 태도를, 역시 앞서 언급한 대로 '역지사지(empathy)'라고 부른다.

역지사지를 역설하는 나를 친북주의자 내지 종북주의자 등으로 지칭하면서 비난하는 이들이 있다. 그러나 조선을 이해하는 것이 곧 조선에 동의하는 것은 아니라는 사실을 명심해야 한다. 그동안 조선을 정확하게 이해하지 않은 상태에서 입안된 모든 대북정책은 결국 실패로 돌아가고 말았다. 그 실패에 따른 부담과 비용은 고스란히 우리가 떠안지 않았던가?

역지사지의 시각에서 조선을 바라보면, 조선의 행동을 지배하는 동기를 서서히 가늠할 수 있게 된다. 그 동기에 주목하면 할수록 '주체사상'이 점차 선명하게 부각될 것이다. 조선이 세상의 온갖 비난에도 불구하고 핵무기를 포기하지 않는 까닭은 '국방에서 자위'라는 주체사상의 지도적 원칙 때문이다. 조선이 경제적 어려움에도 자본주의적 개혁과 개방을 꺼리는 까닭 역시 주체사상에서 찾아볼 수 있다.

한때 중국이 조선에 경제특구를 건설해서 조선 경제를 부양하려는 방안이 논의된 적이 있다. 조선에 경제특구를 건설해서 북·중 간의 경제적 교류가 활성화된다면 조선의 경제가 비약적으로 발전할 수도 있지 않겠는가. 내가 만난 조선의 지도층 인사들도 그 사실을 잘 알고 있었다. 그러나 그들은 조선이 중국의 경제적 식민지로 전락할 가능성을 크게 우려했다. '경제에서 자립'이라는 주체사상의 지도적 원칙을 견지했기 때문이었다.

조선의 통일정책에도 주체사상이 녹아 있다. 6·15 남북공동선언 북측 발표문 제1조는 다음과 같다. "북과 남은 나라의 통일 문제를 그 주인인 우리 민족끼리 서로 힘을 합쳐 자주적으로 해결해나가기로 하였다." 이 문장은 '정치에서 자주'라는 주체사상의 지도적 원칙을 전형적으로 서술한 것이다. 이렇듯 몇몇 사례에서 확인되듯, 주체사상은 조선의 삶의 양식을 전반적으로 규율하는 살아 있는 이념이다. 조선은 한마디로 '주체사상의 나라'라고도 할 수 있다. 주체사상을 모르면 조선을 이해할 수 없다고 단언할 수 있다. 물론 조선은 사회주의 국가다. 그러나 사회주의에 국한된 시각으로 조선에 접근하면 조선의 실상을 정확하게 이해하기 어렵다는 사실을 거듭 강조하고 싶다.

그럼에도 주체사상을 연구하는 학자 중에는 주체사상의 생명이 냉전 종식과 함께 끝났다는 견해를 피력하는 이들이 적지 않다. 조선에서 주체사상에 대한 논의가 예전처럼 활발하게 진행되지 않기 때문이라는 것이다. 그것은 주체사상이 조선 사회의 관습에 온전히 녹아들어갔다는 사실을 간과하는 것이다.

우리는 추석이나 설이 되면 고향에 계신 부모님을 찾아간다. 추석이나 설날 아침에는 조상에게 제사를 지낸다. 귀성이나 제사는 유교에서 중시하는 효 사상과 조상숭배 사상을 실천하는 것이라고 할 수 있다. 그러나 귀성길에 오르거나 제사를 지내는 누구도 유교 경전에 수록된 효 사상과 조상숭배 사상을 미리 섭렵하지 않는다. 귀성과 제사는 우리 사회에서 이미 관습으로 정착되었을 따름이다. 마찬가지로 조선에서 주체사상이 예전처럼 활발하게 논의되지 않는 까닭은 주체사상의 생명이 종식되었기 때문이 아니라 주체사상이 조선 사회의 관습으로 확고하게 정착되었기 때문이다.

주체사상이란 김일성의 생애의 의미를 후대의 연구자가 개념적으로 정리한 것이라고 할 수 있다. 개념화 작업은 김정일의 주도로 이뤄졌다. 따라서 주체사상의 창시자는 김일성이고, 주체사상의 구현자는 김정일이라고 할 수 있다.

그런데 한국에서는 황장엽이 주체사상을 이론적으로 구성했고, 심지어 황장엽이 주체사상의 새로운 버전을 창조했다는 견해가 유통된다. 나는 조선에서 약 8년간 황장엽과 만나 주로 주체사상을 주제로 토론했다. 알다시피 황장엽은 1997년에 서울에 왔다. 나는 서울에서도 황장엽과 몇 차례 만나 많은 대화를 나누었다. 황장엽이 한국에서 출판한 여러 저서의 내용과 강연 내용도 대부분 섭렵했다. 이 시점에서 황장엽과의 만남을 회고하며 한마디 하지 않을 수 없다. 황장엽에게는 미안한 얘기지만, 내가 조선에서 만난 황장엽은 서울에서는 전혀 존재하지 않았다. 조선에서 만난 황장엽과 서울에서 만난 황장엽은 완전히 다른 인물이었기 때문이다.

김일성의 생애의 의미는 그의 회고록 『세기와 더불어』에 정리되어 있다. 따라서 『세기와 더불어』에 주체사상이 녹아 있다고 할 수 있다. 그런데 황장엽은 김일성이 자신의 회고록을 직접 집필하지 않았다는 이유로 이 책이 위작이라고 주장했다. 회고록은 저자 대신 주로 집필자가 대필하는 경우가 많으며, 미국에도 회고록을 전문으로 대필하는 집필자가 수없이 많음에도 불구하고. 『세기와 더불어』가 위작이라는 주장은 내가 조선에서 만난 황장엽이 아니라 서울에서 만난 황장엽의 주장일 뿐이었다.

김일성의 회고록 전체를 관철하는 문제의식은 조선시대의 망국과 독립국가 건설이다. 김일성은 조선시대 망국의 궁극적 원인을 당쟁과 사대주의로 파악했다. 김일성은 독립운동을 하는 사람들 역시 당쟁과 사대주의 유산을 탈각하지 못했다는 사실을 통찰했다. 김일성은 그런 실상을 자신의 아버지 말씀을 빌려서 이렇게 회고했다.

아버지는 이조 시기부터 내려오는 당파싸움에 대해 말씀하시면서 당쟁 때문에 나라가 망했는데 독립운동을 한다는 사람들이 아직도 정신을 차리지 못하고 사분오열되어 파쟁을 일삼고 있으니 야단이라고 개탄하였다. 파쟁을 근절하기 전에는 나라의 독립도 이룩할 수 없고 문명개화도 이룩할 수 없다. 파쟁은 국력을 쇠잔케 하는 근원이고 외세를 끌어들이는 매개자이다. 외세가 들어오면 나라가 망하는 법이다. 너희들 대에는 반드시 파쟁을 뿌리째 뽑아버리고 단결을 이룩해야 하고 민중을 불러일으켜야 한다고 하였다.
_『세기와 더불어』 1권에서

김일성은 항일운동을 전개하는 와중에 독립국가를 건설하기 위해서는 독립국가를 건설할 능력과 자격을 갖춘 인재가 필요하다고 판단했다. 그런 인재는 일차적으로 조선시대 당쟁과 사대주의의 유산을 완전히 탈각한 존재여야 했다. 그리하여 독립국가 건설 과제를 주체적으로 수행할 수 있는 존재여야만 했다. 김일성은 자신의 주변에서 그런 존재를 발견하기 쉽지 않다는 사실을 확인했다. 그는 독립국가 건설을 주체적으로 수행할 인재를 육성해야 한다는 착상을 하게 되었다. 다시 말해 주체사상을 착상하기 시작한 것이다. 김일성은 당시의 상황을 이렇게 회고했다.

> [해방 후] 쏘미 양군의 주둔으로 하여 우리나라는 사회주의와 자본주의의 대결장으로 될 수 있었으며 그 배경 밑에서 우리의 민족 역량은 좌익과 우익으로, 애국과 매국으로 분열될 수 있는 위험성을 안고 있었습니다. 당쟁이 성행하고 당파와 외세가 결탁하면 그 종착점은 망국으로 되는 법입니다. 이런 상황에서 우리 민족의 자주권을 수호하고 새 조국 건설을 다그치기 위해서는 무엇보다도 먼저 우리 혁명의 주체적 역량을 백방으로 강화해야 했습니다. 우리 혁명의 주체는 우리 인민 자신을 말합니다. 우리는 혁명의 길에 나선 첫날부터 항일혁명의 직접적인 담당자인 인민을 교양하고 동원하기 위해 모든 노력을 다해왔습니다.
>
> _『세기와 더불어』 8권에서

김일성이 항일운동 때 착상했던 주체사상은 1950년대에 행한 연설의 형태로 구체화되었다. 예컨대 김일성은 1955년 사대주의와 교조주의를 극복하고 주체를 세울 방법에 관해 연설했다. 이 연설은 '사상사업에서 교조주의와 형식주의를 퇴치하고 주체를 확립할 데 대하여'라는 문건으로 정리되었다.

김정일은 1982년 김일성의 주체사상 구상을 계승하면서 전면적으로 체계화한 논문을 발간했는데 「주체사상에 대하여」가 바로 그것이다. 리

김 정 일

주체사상에 대하여

위대한 수령 김일성동지 탄생 70돐기념 전국
주체사상토론회에 보낸 론문 1982년 3월 31일

조선로동당출판사
1982

조선은 1982년 3월 31일 최고인민회의 대의원인 김정일이 김일성 탄생 70돌을 기념해 발표한 「주체사상에 대하여」(조선로동당출판사)를 주체사상의 첫 체계화 시기로 밝히고 있다. (『조선향토대백과』 자료사진)

상걸은 『친애하는 지도자 김정일 동지의 론문 '주체사상에 대하여'의 해설』을 1983년에 펴냈다. 1985년에는 주체사상을 집성한 『위대한 주체사상 총서』 전 10권이 발간되었다. 「주체사상에 대하여」는 주체사상의 총론에 해당하고 『위대한 주체사상 총서』는 주체사상의 각론에 해당한다고 할 수 있다. 『위대한 주체사상 총서』 각 권의 주제는 다음과 같다. 1권은 '주체사상의 철학적 원리', 2권은 '주체사상의 사회역사 원리', 3권은 '주체사상의 지도적 원리', 4권은 '반제 반봉건 민주주의 혁명과 사회주의 혁명 리론', 5권은 '사회주의·공산주의 건설 리론', 6권은 '인간개조 리론', 7권은 '사회주의 경제건설 리론', 8권은 '사회주의 문화건설 리론', 9권은 '령도체제', 10권은 '령도예술'을 다룬다.

1987년에는 황장엽의 주도로 용악산 근처에 ㄷ자형 건물의 주체과학원이 설립되었다. 황장엽은 주체사상을 세계에 확산시키려는 포부를 갖고 있었다. 주체과학원은 약 3백 명의 주체사상 전문가가 상주하는 대규모 연구기관이었다. 이 전문가들의 전공 분야는 학문의 거의 모든 분야를 망라하고 있었다. 주체과학원에서 추구한 목적은 주체사상의 보편적 응용 가능성을 탐구하는 것이었기 때문이다.

나는 주체과학원에서 주체사상 연구가 활기를 띠는 시기에 방문했기에 연구에 많은 도움을 받았다. 다양한 분야의 전문가들과 만나서 밤낮을 가리지 않고 토론하면서 수많은 질문을 제기했다. 주체사상에 대한 나의 생각을 밝혀달라는 요청을 받아 여러 차례 발표도 하고 그곳의 전문가들 앞에서 강의하기도 했다. 내가 특별히 가까이 지낸 학자들인 리지수, 박승덕, 정기풍 등이 나의 삶에서 잊을 수 없는 추억이 되었다.

왼쪽부터 1990년 당시 주체과학원 원장 리지수, 주체과학원 주체사상연구소 실장 박승덕, 전 조국통일연구원 실장이자 현 김철주사범대 교수 정기풍. (『조선향토대백과』 자료사진)

사회정치적 생명체 김일성

  기존의 조선 연구는 대부분 민주주의, 사회주의, 공산주의처럼 조선 외부에서 동원된 개념을 조선에 강제하는 방식으로 이뤄졌지만 나로서는 그런 방식으로 조선을 합리적으로 이해하는 것이 불가능했다. 10년이 넘도록 진행된 나의 주체사상 연구의 역정은 2002년에 출간된 『North Korea: The Politics of Unconventional Wisdom(통념을 벗어난 지혜로 본 조선 정치)』에 집약되었다.

  이미 설명했듯, 김일성은 1920년대에 전개된 반일민족해방운동과 공산주의운동을 비판적으로 성찰하면서 주체사상을 착상했다. 반일민족해방운동과 공산주의운동은 한마디로 독립운동이라고 할 수 있다. 그는 무엇보다도 사대주의와 파벌싸움을 혁파한 새로운 인간형이 필요하다고 보고 독립국가를 쟁취할 수 있는 주체적 인간의 요건을 구체적으로 제시하기에 이른다.

  김일성은 주체사상이 사람 중심 사상이란 점을 강조하고, 그 사람을 구체적으로 자주성·창의성·의식성을 가진 사회적 존재로 정의했다. 자주성은 세계와 자기 운명의 주인으로서 자주적으로 살며 발전하려는 사회적 인간의 속성을 말한다. 창조성은 목적의식적으로 세계를 개조하고 자기 운명을 개척해나가는 사회적 존재의 속성을 말한다. 의식성은 세계와 자기 자신을 파악하고 개변하기 위한 모든 활동을 규제하는 사회적 인간의 속성을 말한다.

특히 김일성은 사람의 자주성에 주목해서 이른바 '사회정치적 생명체'를 다음과 같이 정의했다.

> 사람에게 있어서 자주성은 생명입니다. 사람이 사회적으로 자주성을 잃어버리면 사람이라고 말할 수 없으며 동물과 다를 바 없습니다. 사회적 존재인 사람에게 있어서 육체적 생명보다도 사회정치적 생명이 더 귀중하다고 말할 수 있습니다. 비록 목숨이 붙어 있어도 사회적으로 버림받고 정치적 자주성을 잃어버린다면 사회적 인간으로서는 죽은 몸이나 다름없습니다.
> _1972년 9월 19일 일본《마이니치신문》대담에서

김일성의 인터뷰 기사가
실린《마이니치신문》
1972년 9월 19일 자 1면.

사회정치적 생명체란 한마디로 사대주의와 파벌싸움을 혁파한 대안의 인간형이라고 할 수 있다. 사대주의와 파벌싸움에 매몰된 인간이 개인의 욕망과 자유와 이익 등을 추구하는 개인주의자라면, 사회정치적 생명체

는 단체에서 추구하는 가치에 헌신하는 공적 존재를 의미한다. 조선에서 사회정치적 생명체는 주체교육을 통해서 육성된다. 사회정치적 생명체가 지배하는 조선에서는 개인주의가 설 땅이 없다. 그래서 개인이 소속된 단체 간의 경쟁은 있을 수 있지만, 개인 간의 경쟁은 존재하지 않는다. 조선에서 가장 완벽한 사회정치적 생명체는 김일성이라고 할 수 있다. 노동당원도 사회정치적 생명체에게만 자격이 주어진다.

김일성의 구상에서 사회정치적 생명체는 독립국가를 건설하는 주역이 된다. 아울러 사회정치적 생명체를 통해서 독립국가를 건설하는 방법으로는 '인민대중에 대한 당과 수령의 령도'로 제시되었다.

김정일의 노작勞作 「주체사상에 대하여」에서 '인민대중에 대한 당과 수령의 령도'는 다음과 같이 설명되고 있다.

> 인민대중이 력사[역사]의 주체로서의 지위를 차지하고 역할을 다하자면 반드시 지도와 대중이 결합되어야 합니다. 인민대중은 력사의 창조자이지만 옳은 지도에 의하여서만 사회력사발전에서 주체로서의 지위를 차지하고 역할을 다할 수 있습니다. […] 혁명운동, 공산주의운동에서 지도문제는 인민대중에 대한 당과 수령의 령도 문제입니다. 로동[노동]계급의 당은 혁명의 참모부이며 로동계급의 수령은 혁명의 최고령도자입니다.

조선에서 인민대중에 대한 당과 수령의 '령도'는 종종 '삼위일체'라는 용어로 설명되기도 한다. 내가 조선에서 만난 황장엽뿐만 아니라 여러 학자들도 삼위일체라는 용어를 사용해서 인민대중에 대한 당과 수령의 '령도'를 설명하곤 했다. 그러나 인민대중에 대한 당과 수령의 '령도'는 김정일의 노작 등에서 명시한 '전문용어(technical term)'인 반면, '삼위일체'는 일반인의 이해를 돕기 위해서 채용한 '비전문용어(non-technical term)'란 점에 유의할 필요가 있다. 따라서 삼위일체는 조선 학자들의 일상적 대화에서 자주 쓰이지만, 주체사상의 핵심을 서술하는 책에서는 거의 쓰이지 않는다.

그런데도 한국에서 주체사상을 연구하는 많은 학자들은 '인민대중에 대한 당과 수령의 령도'라는 명제의 핵심을 삼위일체로 파악하고, 그것을 기독교의 삼위일체와 유비해서 해석하고 있다. 그런 식의 유비를 통해서 이뤄지는 해석은 모두 주체사상에 대한 심각한 오해를 초래할 뿐이다. 주체사상의 삼위일체를 구성하는 인민대중-당-수령은 기독교의 삼위일체를 구성하는 성부-성자-성령과 존재론적으로 완전히 다른 지위를 차지하기 때문이다. 예컨대 기독교의 성부는 세상의 밖에서 존재하는 초월적 존재다. 그러나 주체사상의 수령은 세상 안에서 존재하는 세속적 존재다. 따라서 기독교의 삼위일체는 종교사상에 해당하는 반면, 주체사상의 삼위일체는 정치사상에 해당하는 차이가 있다.

당과 수령의 '령도'는 일종의 정치적 리더십을 의미한다고 할 수 있다. 조선은 건국 이후 지금까지 미국과 한국의 군사적 위협에 적나라하게 노출되는 준전시상태에서 살아왔다. 바로 그러한 준전시상태가 인민대중에 대한 당과 수령의 영도라는 정치적 리더십을 요구했다고도 할 수 있다. 손자, 마오쩌둥, 클라우제비츠, 마키아벨리 같은 정치사상가는 전시상태에서 정치적 리더십의 중요성을 강조했다. 주체사상에서 역설하는 인민대중에 대한 당과 수령의 영도는 조선에 특유한 명제가 아니라 인류의 정치사상에서 보편적으로 요구하는 명제라고 할 수 있다.

나는 1994년 김일성 사후 국제사회의 여러 언론 매체들과 인터뷰할 때

"조선의 실세가 누구입니까?"라는 질문을 받을 때마다 난감해하면서도 "김일성"이라고 답변했다. 그러면 질문자는 고개를 갸우뚱하면서 다시 물었다. 조선의 실세가 누구냐고. 그들은 김일성이 이미 사망했는데 여전히 김일성이 실세라는 나의 답변을 이해하지 못했다. 그러면 나는 조선 특유의 '유훈정치'를 설명했다.

조선이 준전시상태 내지 전시상태에서 생존하기 위해서는 반드시 인민대중에 대한 당과 수령의 영도라는 정치적 리더십이 유지되어야 한다. 김일성 생전에는 김일성의 카리스마를 통해서 그러한 정치적 리더십이 비교적 쉽게 유지될 수 있었다. 그런데 김일성 사후에도 조선이 정치적으로 생존하기 위해서는 김일성이 생전에 발휘했던 정치적 리더십이 계속해서 유지되어야 했다. 조선에서는 그 문제를 유훈정치를 통해서 해결했다. 유훈정치는 김일성 사후에도 김일성이 생전에 발휘했던 카리스마를 보존함으로써 정치적 리더십이 계속해서 유지될 수 있게 해주는 것이다.

주체사상은 단순히 추상적 수준에서 이론적으로 존재하는 것이 아니라 부단한 주체교육을 통해서 조선 사회 전체의 삶의 양식을 지배하는 실천윤리로 자리 잡았다. 조선에서는 그런 실천윤리를 주체사상의 지도적 원칙이라고 부른다. 예컨대 주체사상의 자주성은 네 가지 지도적 원칙을 통해서 구현되는데, 사상에서 주체, 정치에서 자주, 경제에서 자립, 국방에서 자위가 각각 그것이다. 사상에서 주체는 정치, 경제, 국방 각 분야의 주체를 선도하는 구실을 한다.

사상에서 주체는 무엇보다도 정치에서 자주로 실현된다. 정치에서 자주가 실현되는 경우에 한해서만 경제에서 자립과 국방에서 자위도 보장된다. 정치에서 자주는 대외관계에서 완전한 자주권과 평등권을 행사함으로써 실현된다. 20세기 초반의 항일운동, 중·소 분쟁 시기의 자주외교,

미국에 대한 반제국주의 운동 등은 모두 정치에서 자주라는 지도적 원칙을 실천한 것이었다.

경제에서 자립은 자립적 민족경제를 추구하는 지도적 원칙이다. 자립경제에서는 이익 그 자체를 추구하는 자본주의 경제와 달리 나라와 인민의 수요 충족을 목표로 삼는다. 또한 다른 나라의 경제적 지배와 예속을 반대한다.

국방에서 자위는 자기 힘으로 자기 나라를 지켜야 한다는 지도적 원칙이다. 국방에서 자위의 원칙을 관철하기 위해서는 자위적 무장력을 갖춰야 한다. 그래야만 나라의 정치적 독립과 경제적 자립의 군사적 담보가 가능하다고 보기 때문이다. 조선이 전 세계의 비난을 무릅쓰면서 핵무기를 개발한 것도 국방에서의 자위라는 지도적 원칙을 실천한 일환이었다.

주체사상은 조선의 일상생활에서도 광범위하게 구현된다. 앞서 잠시 언급한 주체 음악이 있다. 서양 악기와 우리의 전통악기를 뒤섞어 연주하는 음악을 주체 음악이라고 부른다. 2018년 2월 평창겨울올림픽 때 조선 삼지연관현악단이 강릉과 서울에서 공연한 적이 있다. 공연 실황을 유심히 보면 서양 악기와 우리의 전통악기를 함께 사용해서 연주하는 모습을 확인할 수 있는데, 주체 음악의 대표적 사례라고 할 수 있다.

조선에서 윤이상의 음악은 주체 음악으로 간주해서 대단히 높게 평가한다. 윤이상의 음악은 서양 근대음악에 우리 민족의 정서가 짙게 녹아 있는 형태로 창작되었기 때문이다. 조선에서는 윤이상교향악단을 창단하고, 윤이상음악당을 설립해서 주체음악을 꾸준히 연주한다. 음악을 좋아하는 나는 윤이상과 오랜 교분이 있어 그의 음악을 미국에 널리 소개하고자 했다. 1994년 북미주기독자회의 회장 시절 한국과 조선에 제안해

'윤이상 음악제'를 이듬해 1월 뉴욕에서 열기로 합의하고 발표까지 했었다. 하지만 예기치 않은 방해세력에 의해 무산되고 말았다. 윤이상이 작고한 뒤인 1996년 11월에야 독일 베를린의 국제윤이상협회와 뉴욕 한국인 교향악단을 연결시켜 뉴욕 링컨센터에서 '세계 현대음악의 거장·윤이상 현대음악 연주회'를 열게 되었다. 그때 미국에서 음대 교수이자 피아니스트로 활동 중인 나의 큰딸 박주영이 윤이상의 곡 〈바이올린과 피아노를 위한 소나타〉와 피아노 3중주를 연주하기도 했다.

주체 헤어스타일도 있다. 최근 한국에서 인기리에 방영된 텔레비전 드라마 〈사랑의 불시착〉을 보면 여자 주인공이 조선의 미장원을 방문하는 장면이 나온다. 미장원에 들어서면 벽면 포스터에 전시된 몇 가지 헤어스타일이 눈에 띄는데, 바로 그것이 주체 헤어스타일이다. 미장원의 손님은 그중에서 하나를 골라야 한다.

물론 주체 헤어스타일의 유형은 시간이 흐르면서 변화한다. 주체 춤도 있다. 주체 춤의 특징은 하체의 율동을 자제하고 상체의 율동을 중심으로 춤을 추는 것이다. 하체의 과도한 율동은 상스럽다고 판단하기 때문이다. 주체 건축도 있다. 예컨대 조선 인민대학습당은 지붕을 기와로 장식한 반면, 내부는 현대식 시설로 꾸몄는데, 그런 식의 건축양식을 주체 건축이라고 부른다. 요컨대 주체사상은 조선의 사회적 삶을 끊임없이 견인하는 영혼이라고 할 수 있다.

어버이 수령의 거대한 가족국가

내가 주체사상에 주목한 계기는 아메리칸대학 정치학과 대학원 석사 과정 시기에 마련되었다. 1965년에 입학한 나는 경제적 어려움 때문에 다양한 아르바이트를 하면서 생활해야 했는데, 그중 하나가《로동신문》의 사설을 영어로 번역하는 일이었다. 우연한 기회에 미국 상무부에서 주관하는 번역 작업에 참여할 수 있었다.

상무부는 나에게 '비밀정보 사용허가'를 내주어 아주 낮은 등급의 비밀정보에 한해 열람할 수 있게 해주었다. 나는 국회 도서관 등에 가서《로동신문》을 열람하고, 관련 부분을 복사해서 번역하곤 했다. 석사과정 내

조선은 1998년, 김일성이 태어난 1912년을 원년으로 '주체년호[연호]'를 제정하고 김일성의 생일인 4월 15일을 '민족 최대의 명절 태양절'로 제정했다. 2012년 4월 15일 김일성 탄생 1백 돌 때《로동신문》은 1면에 "위대한 주체의 태양의 력사는 천만 년 흐를 것이다"라는 제목으로 사설을 실었다.

2012년 3월 25일
조선은 김일성 탄생 1백 돌을
앞두고 평양시 중구역 로동신문사
청사 앞에 새로운 영생탑을 세웠다.
기존의 '위대한 김일성 동지는
영원히 우리와 함께 계신다'는
문구를 '위대한 김일성 동지와
김정일 동지는 영원히
우리와 함께 계신다'로 바꿨다.
《연합뉴스》 자료사진)

내 이 일을 했으니 약 2년간《로동신문》을 자세히 읽은 셈이다.

당시 내 인생에서 대단히 중요한 두 가지 문제를 부지불식간 깨닫게 되었다. 하나는 조선을 제대로 알기 위해서는 '주체사상'을 정확하게 이해해야 하겠다고 느낀 것이고, 다른 하나는《로동신문》같은 문헌 자료만으로는 조선을 바르게 이해할 수 없다는 결론적 판단을 내린 것이었다.

무엇보다《로동신문》을 읽으면 읽을수록 '주체', '주체사상' 같은 용어를 끊임없이 만나야만 했다. 조선노동당의 기관지에서 유독 주체와 주체사상이란 용어를 그토록 많이 사용한다면 필경 예사로운 일이 아니라고 보았다. 그러나 그처럼 중요해 보이는 주체와 주체사상의 의미를 명료하게 파악하기는 쉽지 않았다.

1959년 서울대 정치학과에 입학해서 정치사상에 특별한 관심을 기울여 공부했고, 아메리칸대학 석사과정에 입학해서도 정치사상을 전공했으며, 석사학위 논문도 그 분야에 대해 썼다. 그런 나였기에 주체사상을 제대로 이해해야겠다는 열망이 갈수록 타올랐다. 그것이 1970년 조지아대학에 교수로 부임한 뒤부터 조선에서 주체사상 연구를 대표한다고 알려진 황장엽에게 편지를 보내기 시작한 배경이었다.

또한 《로동신문》을 번역하면서 전혀 예상하지 못한 체험을 하게 되었다. 미국 사회에서 내가 점차 조선 전문가로 알려지기 시작한 것이었다. 미국 사회의 이곳저곳에서 나에게 조선에 관련해 질문하는 빈도가 차츰 늘어났다. 심지어 1974년에는 미국 국무부에서 나를 '학자 외교관'으로 임명해주었다. 그러고서 수시로 조선에 관해서 물어봤다. 정작 나는 그런 질문을 받을 때마다 당혹감을 느끼지 않을 수 없었다. 도대체 미국에서 조선을 이해하는 수준이 얼마나 일천하기에 나에게 이토록 질문을 던지는가? 내가 미국 사람의 눈에는 조선 전문가로 보였을지 모르지만, 정작 나 자신은 《로동신문》의 내용에 점차 익숙해질수록 조선을 정확하게 이해하기 어렵다는 생각이 들었다. 그 생각엔 지금도 변함이 없다.

하루는 상무부가 요청한 사설을 번역해서 담당자에게 제출하자 담당자가 내 눈을 빤히 쳐다보면서 물었다. "왜 어제 번역한 사설과 내용이 동일하죠?" 내가 땡땡이를 친 것 아니냐는 물음이었다. 아니었다. 내가 번역한

CNN 화면 갈무리.

두 사설의 내용이 대단히 유사했을 뿐이다. 물론 상무부 담당자뿐 아니라 누구도 상식적으로 이해할 수 없는 일이다. 그러나 조선은 언제나 우리의 상식 밖에서 존재하는 나라다.《로동신문》의 사설은 항시 주체사상의 원칙에 따라 작성된다. 그 원칙에 따라 작성하다 보니 유사한 내용이 반복될 수도 있는 일이었다.

미국에서 더러 발간된 조선 관련 책자들도 조선을 이해하는 데 도움을 주지 못했다. 오히려 이해를 방해했다고 해야 할 것이다. 미국에서 접한 조선 관련 책자들은 거의 공통적으로 조선을 이해할 목적으로 저술된 것이 아니라 비난할 목적으로 저술된 것이었기 때문이다. 더욱이 조선은 외부에 거의 노출되지 않았기에 조선 밖에서 진행되는 조선에 관한 학문적 연구가 아무리 많은 오류를 범하더라도 현실적 검증이 무한히 유예될 수밖에 없었다.

그런 풍토는 지금도 크게 바뀌지 않았다. 현재 미국의 지배적 여론에서는 조선을 '악마의 나라'로 간주하기 때문이다. 아들 부시는 조선을 '악의 축'으로 낙인찍지 않았던가? 조선을 싫어하든 어떻든 조선을 상대하려면 조선을 정확하게 이해해야만 한다. 이해의 지평은 조선을 '탈악마화'할 때에야 가까스로 열릴 수 있다. 조선을 탈악마화할 지적 능력과 학문적 정신을 갖춰야 조선을 제대로 이해할 수 있는 학자의 자격을 갖는다.

내가 우여곡절 끝에 조선 땅을 밟았음에도, 조선을 이해하리라는 기대를 충족시킬 수 없었던 것은, 조선의 학문 세계가 작동하는 시스템이 한국이나 미국과 완전히 다르다는 사실을 생생하게 목격했기 때문이기도 했다. 한국이나 미국에서와 달리 조선에서는 서점을 발견하기가 쉽지 않다. 서울의 교보문고 같은 대형 서점은 상상할 수도 없다. 한국에서 예컨대 한국전쟁을 연구하는 학자는 미국 의회도서관 등을 방문해서 수많은 자료를 열람하고 복사할 수 있다. 그러나 조선에는 그런 서비스를 제공하는 곳이 없다. 한국이나 미국 대학의 도서관에 가면 전 세계에서 유통되는 서적과 논문들을 쉽게 접할 수 있다. 그러나 조선 대학의 도서관에서는 주로 국가에서 공식적으로 발간한 서적들을 비치하고 있다.

조선을 방문해도 조선을 이해할 수 있는 길이 자연스럽게 열리지 않는다면 도대체 어떻게 해야 한단 말인가? 그때야 내가 생각한 조선 방문이 조선 관광과 다를 바 없다는 사실을 깨닫게 되었다. 그것은 마치 의사 면허증 없는 사이비 의사가 청진기만 덜렁 들고 환자를 방문하는 것이나 다를 바 없었다. 허탈하기만 했다.

조선 연구의 여정에서 수많은 시행착오를 거친 나는 마침내 최종 결론에 도달했다. 나 홀로 조선 연구라는 미답의 땅을 개척할 수밖에 없다는, 바로 그것이었다. 우선 내 학문적 역량을 총동원해서 각종 질문을 마련했다. 그리고 그 질문에 따라 다양한 가설을 구성했다. 그때부터 조선 방문은 준비한 질문을 제기하고 가설을 검증하는 일련의 과정이었다. 나는 조선에서 알게 된 정치인들과 정치적 대화를 나누고, 학자들과 학문적 대화를 나누고, 인민들과 일상의 삶에 관한 대화를 나누었다. 내가 준비한 질문의 안내에 따라 조선의 각종 기관, 유적지, 마을, 장터 등을 돌아다니면서 가설을 검증했다. 또 알음알음으로 알게 된 조선 사람들에게 부탁해서 내가 원하는 책들을 입수했다.

이 같은 조선 연구의 어려움을 고려하면 조선에 대한 오해가 광범위하게 유통되는 현실을 이해할 만하다. 그러나 그런 오해가 계속해서 방치되거나 조장되어서는 안 된다고 생각한다. 조선을 외면할 수 없는 우리의 숙명적 삶의 조건이 조선에 대한 올바른 이해와 평화적 공존을 요구하기 때문이다.

지금까지 내가 축적한 조선 연구에 따라 주체사상과 관련된 통념 몇 가지를 다시 살펴보고자 한다. 우선 주체사상과 선군사상의 관계에 대해서 적지 않은 오해가 있는 듯하다. 예컨대 주체사상은 이미 낡은 사상이라는 것, 그래서 선군사상이라는 새로운 사상으로 낡은 주체사상을 대체했다는 것, 선군사상은 그 용어가 함축하는 것처럼 군이 인민의 삶을 선도해야 한다는 뜻이라는 것 등.

그러나 선군사상은 조선 밖에서 쉽게 이해할 수 있는 주제가 아니라는 점을 강조하고 싶다. 조선에서조차 선군사상을 체계적으로 정리한 책자나 논문을 발견할 수 없다. 나는 조선을 방문할 때마다 평소 알고 지내던 정치인, 군인, 학자 등에게 선군사상에 관해 질문했다. 하지만 그들의 얘기를 듣는 것만으로 선군사상을 학술적으로 이해할 수는 없었다. 그들의 얘기는 어디까지나 선군사상을 이해하는 데 필요한 '미가공 데이터'였다.

김일성 사후 김정일 체제에서 강조한 선군사상, 선군정치에 대해 대내외의 오해를 바로잡고자 조선은 2012년 영문판 책을 펴내기도 했다. (《한겨레》 자료사진)

나의 학문적 역량을 총동원해서 그 미가공 데이터를 학문적으로 가공해야만 했다. 나는 그 과정을 거쳐 선군사상 관련 논문 두 편을 집필했다. 2007년의 「Military-First Politics 'Songun': Understanding Kim Jong-il's North Korea(선군정치: 김정일의 조선 이해하기)」, 2010년의 「Military-First 'Songun' Politics: Implications for External Policies(선군정치: 조선 대외정책에 대한 함의)」가 각각 그것이다. 이 두 논문은 선군사상을 영문으로 소개한 최초의 논문으로 국제사회에서 주목받았다.

먼저 선군사상은 주체사상의 연장선상에서 이해해야 한다. 선군사상은 주체사상을 대체한 것이 아니라 오히려 주체사상을 확대시키고 심화시킨 것이기 때문이다. 선군사상은 김일성 시기에도 존재했다. 김일성 시기의 선군사상은 '국방에서 자위'라는 주체사상의 지도적 원칙을 의미했다. 국방에서 자위는 인민이 군에 충실하게 복무할 것을 요구한다.

김정일 시기에 선군사상의 의미가 확대되었다. 김정일은 2006년 핵무기 개발 실험을 성공적으로 완수했다. 그 덕분에 조선은 군사력에서 여유를 확보할 수 있게 되었다. 김정일은 그 군사적 여력을 '경제에서 자립'이라는 주체사상의 지도적 원칙을 실천하는 쪽으로 전용했다. 국방에서 자위의 원칙을 실천하기 위해서는 인민이 군에 충실하게 복무해야 한다. 그런데 경제에서 자립의 원칙은 군이 인민에게 봉사함으로써 실천될 수 있는 것이었다. 농번기에 수많은 군 장병이 농촌에서 농민의 일손을 돕는 장면은 바로 그런 배경에서 나온 것이었다.

또 하나의 잘못된 통념은 주체사상을 조선시대 주자학의 맥락에서 해석할 수 있다는 주장이다. 말하자면 주체사상에서 중시하는 '어버이 수령' 개념을 주자학에서 역설하는 효와 충의 맥락에서 이해할 수 있다는 것이다. 그러나 그런 이해는 주체사상에서 수용할 수 없다. 주체사상은 기본적으로 조선시대 당쟁과 사대주의 유산을 혁파할 수 있는 대안의 사상으로 제시되었다. 조선시대 당쟁의 궁극적 원천은 주자학이었다. 조선시대는 한마디로 주자의 나라였다. 주자를 신봉한 조선시대의 역사가 당쟁과 사대주의로 점철되었다는 사실은 모두가 잘 알고 있지 않은가?

주자는 효를 충보다 우선시했다. 다시 말해서 '수신제가'의 논리를 '치국평천하'의 논리보다 우선시했다. 예컨대 명·청 교체기의 와중에 인조반정이 일어난 것도 효를 충보다 우선시하는 주자학적 신념 때문이었다. 인조반정 세력에게는 광해군이 외교를 잘해서 전쟁의 참화를 방지하는 것보다, 인목대비를 폐하고 영창대군을 죽인 '폐모살제'라는 심각한 죄목을 다루는 게 더 중요했다. 그러나 주체사상에서는 효와 충이 동등한 자격으로 '어버이 수령'에게 수렴된다. 주체사상에서는 효의 논리로 충을 폐기하는 일은 상상할 수 없다.

주체사상의 '어버이 수령'을 이해할 수 있는 레퍼런스를 동양의 전통 사상에서 찾아보고자 한다면 중국 한나라 무제 때 시행된 '효치'에 주목할 필요가 있다. 무제는 효를 제국의 통치술로 활용할 것을 역설한 『효경孝經』을 참조하면서 효치를 실천했기 때문이다. 『효경』에서는 "부자간의 도는 천성이며, 군신의 의리이다"라는 표현에서 확인할 수 있는 것처럼 효와 충의 수렴을 강조한다. 따라서 『효경』은 효를 강조한 유가적 경전이지만, '충경忠經'으로 불러도 손색이 없을 정도로 법가적 성격을 지닌 경전이었다.

조선은 효와 충이 수렴되는 어버이 수령이 지배하는 국가, 즉 2천5백만 식구를 가진 하나의 거대한 가족국가라고 할 수 있다.

조선을 지탱하는 주체사상

조선을 방문할 때 주로 묵는 평양의 호텔 방에 들어서면 익숙한 텔레비전, 라디오, 달력 등이 여느 때처럼 제자리를 지키고 있다. 미국에서 지구를 반 바퀴 돌아 도착한 나에게 밀려오는 피로감도 익숙했다. 침대에 누우면 적막강산이 따로 없었다. 텔레비전 방송은 저녁 6시부터 시작했기 때문에 그때까지 고요한 시간을 견뎌야만 했다.

침대 옆 서랍을 열어보면 일력이 있다. 일력을 넘겨보면 하루도 빠짐없이 적힌 김일성 유훈이 눈에 띈다. 이를테면 농번기 때는 농사일을 지도하는 구절이 적혀 있다. 조선에서 일력은 일종의 경전과 같은 것이었다.

저녁 6시가 되면 나는 기다렸다는 듯이 텔레비전을 켰다. 그러면 역시나 익숙한 노래가 들려오기 시작했다. 어버이 수령을 찬송하고 김일성 유훈을 설명하고 주체사상을 강조하는 노랫말, 애절하면서도 힘이 넘치는 선율, 그 노랫말과 선율을 화려하게 형상화한 화면이 펼쳐졌다. 라디오를 틀어도 유사한 노래가 들렸다.

방송에서 흘러나오는 노래들을 무심코 듣다 보면 마치 교회에 와서 찬송가를 듣는 느낌을 받곤 했다. 텔레비전, 라디오, 일력 등에서 김일성 유훈을 반복적으로 만나다 보면 교회에서 목사의 설교를 듣는 것 같았다. 조선을 간간이 방문하는 내가 이런 느낌을 받을 정도라면 일상적으로 이것들을 듣는 조선 인민에게는 어떤 느낌일까? 이런 식으로 생각하다가 내가 도달한 결론은 '주체사상이 종교적 성격을 지녔다'는 것이었다.

주체사상의 종교성은 1994년 김일성 사후 등장한 '영생론'에서 분명하게 확인해볼 수 있다. 조선에 가면 "위대한 김일성 동지는 영원히 우리와 함께 계신다"는 표어가 적힌 영생탑을 곳곳에서 볼 수 있다. 2011년 김정일 사후에는 이 표어에 김정일의 이름도 추가되었다. 또한 예수 탄생을 기점으로 해서 기원전과 기원후로 나누듯, 김일성이 탄생한 1912년을 주체원년으로 설정했다.

조선은 1997년 김일성 생일인 4월 15일을 '태양절'로, 2012년 김정일 위원장의 생일인 2월 16일을 '광명성절'로 정하고, 전국 각지에 부자 동상과 영생탑, 초상화인 '태양상'을 세웠다. 사진은 2012년 10월 30일 평양의 김일성군사종합대학에서 열린 김일성 주석과 김정일 국방위원장의 동상 제막식 모습.

주체사상의 종교성을 관찰한 학자들이 그 성격을 기독교와 비교해 해석하는 논문이나 책자가 종종 있다. 그러나 반복하건대 주체사상의 종교성은 기독교와 완전히 다른 성격을 지녔다. 기독교는 기본적으로 현세를 부정하고 내세를 지향하는 종교다. 따라서 기독교 특유의 내세관이 존재한다. 그러나 주체사상은 기독교와 달리 현세를 종교적으로 긍정하기 때문에 내세관 자체가 아예 존재하지 않는다. 주체사상에서 강조하는 영생이란 지금 이 세상에서 살아가는 인민이 김일성의 영혼과 함께 영원히 산다는 뜻이다.

반복하건대, 주체사상이 종교성을 담고 있는 궁극적 이유는 김일성 사후에도 김일성 생전의 카리스마를 보존해서 조선의 정치적 리더십을 변함없이 유지하기 위한 것이었다. 만일 주체사상을 기독교와 비교할 수 있다면 미국과 한국의 군사적 위협에 항시적으로 노출된 조선이 정치적 생존을 포기하고 내세에서 영생을 추구해야 한다는 말인데, 어찌 그런 일이 가능할 수 있겠는가?

주체사상의 종교성과 관련해서 결코 외면할 수 없는 쟁점이 또 하나 있다. 현재 많은 학자, 언론인, 정치인 등은 주체사상의 종교성의 요체를 김일성 우상화로 해석하고, 그런 해석에 따라 조선을 '김일성 공화국'으로 이해한다. 다시 말해서 김일성 우상화를 위해서 주체사상이 동원되는 것으로 해석한다. 이런 견해는 조선을 바라보는 거의 모든 사람에게 내면화된 확고한 신념이다. 바로 그런 신념으로부터, 김일성만 제거하면 조선은 곧 붕괴할 것이라는 믿음이 파생되었다.

앞서 짚어보았듯, 김일성은 1994년 7월 8일 사망했고, 뒤이어 1994년 10월 21일 1차 북핵 위기를 종식시킨 북·미 기본합의서(제네바 합의)가 작성되었다. 미국이 김일성 사후 약 3개월 보름 만에 합의서에 전격적으로 서명한 까닭은 역시 앞서 언급했듯, 클린턴 행정부에서 김일성 없는 조선이 3개월을 버티지 못하고 붕괴할 것이라고 확신했기 때문이다. 조선은 어차피 붕괴할 테니 미국으로서는 어떤 내용이 담긴 합의서에 서명해도 추후 책임질 일이 없다고 판단한 것이다.

그러나 조선은 붕괴하지 않았다. 클린턴 행정부에서 확신한 '조선붕괴론'이 오류였다는 사실이 현실적으로 검증된 것이다. 그런데도 조선붕괴론은 폐기되지 않았다. 2015년 10월 오바마와 박근혜는 전시에 조선 김정은과 수뇌부 참수를 골자로 하는 '작전계획 2015'를 작성했다. 이것 역시 조선은 김정은 1인이 독단으로 지배하는 체제라는 신념에 기초를 둔 것이었다. 그러나 미국이 이라크의 후세인을 제거한 뒤에 이라크가 붕괴하였는가? 이제, 조선에 대한 환상이 한반도의 파멸을 초래할 정책을 끊임없이 양산하고 있음을 우리는 깨달아야 한다.

조선을 김일성 공화국으로 이해하는 통념은 정치학 교과서에서 맨 먼저 소개되는 정치의 기본 원리와 정면으로 상충한다. 국가는 기본적으로 인간에 대한 지배관계를 의미한다. 지배자는 권력을 수단으로 지배한다. 국가가 존속하려면 피지배자가 지배자에게 반드시 복종해주어야 한다. 피지배자가 지배자에게 복종하는 까닭은 무엇인가? 피지배자의 마음속에서 지배자의 권력 행사를 정당한 것으로 인정해주기 때문이다. 정치학에서는 그런 인정을 '정당성'이라고 한다. 지배자의 권력 행사가 피지배자의 마음속에서 정당한 것으로 인정받지 못할 때는 '정당성 위기'가 벌어진다. 국가는 정당성이 흔들리게 되면 곧바로 붕괴의 길을 걷는다.

조선이 1948년 건국 이후 2021년 현재까지 무려 70년이 넘도록 존속했다는 사실은 조선의 지배자가 피지배자로부터 정당성을 획득했다는 사실을 명시적으로 말해주는 것이다. 다시 말해서 정치학의 기본적 이론은 조선이 김일성 공화국이 아니라 인민의 지지를 받는 '인민공화국'이라는 사실을 우리에게 강조하고 있다.

조선이 인민공화국이라는 사실을 확인할 수 있는 단초는 많다. 김일성이 만주에서 항일운동을 하던 시기 나는 그곳에서 유년 시절을 보냈다. 내 아버지는 1912년생으로 김일성과 동갑이다. 물론 부친과 김일성은 전혀 모르는 사이였지만, 아버지의 친구들 중에는 김일성과 알고 지내는 분이 적지 않았다. 나는 그분들에게 김일성이 어떤 사람이냐고 물어보곤 했다. 그분들은 김일성이 "백 명의 군인보다 한 명의 인민을 친구로 두는 것이 훨씬 중요하다"는 말을 입버릇처럼 했다고 그랬다.

1930년대 김일성은 김책, 최용건, 최현 등과 함께 동북항일연군에 참여해서 게릴라전을 전개했다. 동북항일연군에서 펼친 게릴라전은 마오쩌둥의 독특한 '인민' 개념에 기초를 둔 전략이었다. 마오쩌둥은 '인민을 물

1930년대 후반 김일성은 만주 지역에서 한인과 중국인의 연합부대인 동북항일연군으로 활동했다. 사진은 1949년 조선 최초 개발 기관단총 생산 기념식 때 군 수뇌부들로, 동북항일연군교도려 출신들이다. 왼쪽부터 최용건·김책·김일·김일성·강건. 《한겨레》 자료사진)

에 비유할 수 있다면 게릴라는 그 물에서 사는 물고기에 비유할 수 있다', '인민이 바다라면 혁명가는 그 바다에서 헤엄치는 존재다' 등의 얘기를 하곤 했다. 마오쩌둥은 바로 그 인민 개념에 기초해 계급투쟁이 아닌 인민전쟁(People's War)을 전개함으로써 장제스를 물리치고 중화인민공화국을 건설할 수 있었다.

김일성은 마오쩌둥의 인민 개념을 창조적으로 수용했다고 할 수 있다. 김정일의 「주체사상에 대하여」에서는 김일성의 인민 개념을 이렇게 설명했다.

1920년대에 우리나라에서 민족해방운동을 한다고 하던 공산주의자들과 민족주의자들은 인민대중 속에 들어가 그들을 교양하고 조직화하며 혁명투쟁에 불러일으킬 생각은 하지 않고 대중과 리탈되어 령도권 싸움과 말공부만 하고 있었으며 대중을 단결시킨 것이 아니라 파벌싸움으로 분렬시켰습니다. 수령님께서는 혁명투쟁에 나서신 첫 시기부터 이들의 잘못을 꿰뚫어보시고 이들과는 다른 길, 인민대중 속에 들어가 대중에게 의거하여 투쟁하는 참다운

한국전쟁 말기 중국군들이 조선 주민의 농사를 돕는 모습. (1959년 중국 인민지원군 화보사가 펴낸 『영광스러운 중국 인민지원군』에서)

혁명의 길을 걸으시었으며 혁명의 주인은 인민대중이며 인민대중 속에 들어가 그들을 교양하고 조직동원하여야 혁명에서 승리할 수 있다는 진리를 밝히시었습니다. 이것이 주체사상의 출발점의 하나입니다.

조선에서 인민을 중시하는 정신은 역사의 주역을 인민으로 파악하는 주체사관에서도 확인할 수 있다. 『조선통사』의 머리말을 보면, 김일성의 다음과 같은 교시에 따라 역사를 서술했다고 밝혔다.

우리가 력사를 학습하자는 것은 왕이나 봉건통치배들의 력사를 알자는 것이 아니라 우리 인민의 투쟁의 력사, 창조의 력사를 알자는 것입니다. 우리는 인민의 투쟁과 창조의 력사를 잘 알아야만 조국에 대한 열렬한 사랑의 감정을 소유할 수 있으며 민족적 긍지와 혁명적 자존심을 가질 수 있습니다.

실제로 『조선통사』 목차를 보면 모든 전쟁의 주역을 인민으로 파악하고 있음을 확인할 수 있다. 이를테면 "수, 당 침략자들을 반대한 고구려 인민들의 투쟁", "거란 침략군을 물리친 고려 인민들의 투쟁", "13세기 몽골 침략군을 물리친 인민들의 투쟁" 등이 눈에 들어온다. 을지문덕이 수나라 침략을 물리친 부분은 다음과 같이 서술되어 있다.

료하류역과 료동성을 방어하던 고구려의 애국적인 군인들과 인민들은 을지문덕의 지휘 밑에 수십 배에 달하는 침략군을 상대하여 결사적인 방어전과 유인 및 기습전을 벌여 큰 승리를 쟁취함으로써 이 전쟁의 최후승리를 앞당기는 데서 중요한 역할을 수행하였다.

내가 볼 때 조선에서 주체사상이 존재하지 않았다면 조선의 정치적 생존은 불가능했다. 조선이 건국 이후 온갖 형태의 국제정치적 도전과 경제적 난관 등을 극복하면서 지금까지 정치적으로 존속할 수 있었던 비결은 주체사상 때문이었다. 주지하듯 미국을 이해하기 위해서는 기독교를 이해해야 한다. 마찬가지 논리로 얘기한다면, 조선을 이해하기 위해서는 주체사상을 이해해야 한다.

이 시점에서 내가 조선에서 황장엽과 보낸 시간을 돌아보려 한다. 8년간 조선에서 여러 차례 대화를 나눌 때마다 황장엽은 루드비히 포이어바흐를 자주 언급했다. 포이어바흐는 인간의 이성을 신뢰하는 유물론자였다. 포이어바흐가 볼 때 기독교에는 이성적으로 설명할 수 없는 교리가 적지 않은데, 대표적 사례로 부활·구원·성령 등을 꼽을 수 있다고 주장했다. 포이어바흐는 기독교에서 그런 교리를 합리적으로 설명하지 못한다면 기독교 그 자체의 존속이 어렵다고 판단했다. 그래서 그 자신이 합리적 설명을 시도했지만 성공하지 못했다.

황장엽은 포이어바흐가 해결하지 못한 문제를 주체사상을 통해서 해결할 수 있다고 주장했다. 나는 황장엽의 주장을 이해하기 위해서 그와 장시간 토론했다. 그러나 황장엽과 나는 서로 생각의 간격을 끝내 좁히지 못했다. 내가 볼 때 황장엽은 포이어바흐처럼 이성으로 무장한 합리주의자였다. 반면 나는 종교적 교리를 이해하기 위해서 이성의 한계를 넘어서는 형이상학적 사유가 필요하다고 보았다.

황장엽은 1997년 한국으로 건너온 뒤 여러 권의 책을 펴냈다. 1999년 그의 첫 회고록 『나는 역사의 진리를 보았다』가 내 눈에 먼저 들어왔다. 그 제목을 보는 순간 포이어바흐가 해결하지 못한 문제를 황장엽이 해결한 줄로 짐작했기 때문이다. 그러나 책 안에는 전혀 다른 내용이 담겨 있었다.

조선과 중국의 특수관계

"주체사상은 마오쩌둥사상을 표절한 것이다." 미국에서 유통되는 주체사상 연구 문헌을 검토하다 보면 종종 마주치게 되는 '주장'이다. 심지어 이 주장을 주제로 쓴 박사학위 논문도 있다. 나는 그때마다 당혹감을 느끼면서 깊은 상념에 빠지지 않을 수 없었다.

나는 개인적으로 마오쩌둥을 인류 역사상 가장 위대한 정치가로 평가한다. 마오쩌둥은 굶주림에서 허덕이는 6천만 중국 인민을 먹여 살렸기 때문이다. 마오쩌둥은 이렇게 말했다. "이 세상에 큰 문제가 세 가지 있다. 첫째 문제는 인민을 먹여 살리는 것이고, 둘째 문제도 인민을 먹여 살리는 것이며, 셋째 문제도 인민을 먹여 살리는 것이다." 또한 마오쩌둥은 아편에 중독된 2천만 중국 인민을 구제했다.

내가 보기에 마오쩌둥은 네 개의 모자를 쓰고 있었는데 혁명 지도자의 모자, 정치가의 모자, 학자의 모자, 유격대장의 모자가 각각 그것이다. 마오쩌둥은 그처럼 다양한 모자를 쓰고서 중국 인민의 물질적 조건과 정신적 자유를 보장하는 독립국가를 건설했다. 그래서 조지아대의 내 연구실에는 항시 마오쩌둥 사진이 걸려 있었다. 대학원에서도 수년 동안 마오쩌둥사상을 연구하는 세미나를 개설해서 운영했다.

나로서는 강단에서 내내 연구한 마오쩌둥사상과 직접 조선을 오가며 확인한 주체사상을 비교할 때, 후자가 전자를 표절했다는 주장은 결코 수용할 수 없다. 물론 나 역시 두 사상 사이에 유사성이 존재한다는 사실

김일성(왼쪽)과
마오쩌둥(오른쪽)이
1954년 10월 1일
중화인민공화국 수립 5돌에
베이징광장에서 열린 열병식을
나란히 참관하고 있다.
(사진 제공《경화시보》)

을 인정한다. 그러나 그런 유사성은 대부분 마오쩌둥과 김일성 각자의 실존적 삶의 조건이 상당 부분 유사한 데서 비롯된 것이었다. 두 사람 모두 외세와 싸우면서 독립국가를 건설하려는 삶에 헌신했기 때문이다.

그래도 중국과 조선의 정치사회적 현실은 완전히 다르지 않은가? 주체사상이 마오쩌둥사상을 표절했다면 중국의 정치사회적 현실과 전혀 다른 성격을 지닌 조선의 정치사회적 현실에서 성공적으로 실행될 수 없는 일이었다. 마오쩌둥사상은 중국의 정치사회적 현실에서 검증된 사상이고, 주체사상은 조선의 정치사회적 현실에서 검증된 사상일 수밖에 없다. 실제로 주체사상을 체제 이념으로 선택한 조선이 70년 넘게 존속했다는 사실은 주체사상이 조선 특유의 정치사회적 현실에서 성공적으로 검증되었다는 사실을 의미한다.

주지하듯 마오쩌둥은 마르크스 혁명 이론을 중국 현실에 맞게 수정한 리다자오(이대소)의 사상을 계승해서 인민혁명을 전개했다. 리다자오는 마르크스가 산업사회에서 파생된 부르주아 계급과 프롤레타리아 계급 간의 계급투쟁에 기초를 두어 제시한 혁명이론을 중국의 현실에 액면 그대로 적용할 수 없었다. 아직 농촌 사회에 머물러 있는 중국에서는 부르주아 계급과 프롤레타리아 계급 간의 분화가 발생하지 않았기 때문이다. 리다자오가 볼 때 중국의 현실에서는 제국주의 열강의 침탈을 받는 중국의 농민이 마르크스가 주목한 프롤레타리아 계급과 비슷한 처지에 놓여 있었다. 따라서 리다자오는 중국의 농민이 주역이 되는 인민혁명의 노선을 역설했다. 그 노선은 마오쩌둥을 통해서 실현되면서 현대 중국이 탄생했다. 1982년 베이징대 졸업생들이 성금을 모아 교정에 리다자오의 동상을 세운 까닭이 여기에 있었다.

김일성 역시 리다자오나 마오쩌둥처럼 현실과 유리된 사상의 위험성을 정확하게 간파하고 있었다. 김일성의 그런 사고방식은 주체사상 전체를 일관하는 정신으로 구현되었다. 예컨대 김정일의 「주체사상에 대하여」에서는 이렇게 강조한다. "혁명과 건설에서 어느 시대, 어느 나라에나 다 들어맞는 처방이란 있을 수 없습니다. 그러므로 언제나 현실로부터 출발하여 모든 문제를 실정에 맞게 창조적으로 풀어나가야 합니다."

마오쩌둥과 김일성, 각자가 처한 삶의 조건에서 확인할 수 있는 유사성을 좀 더 구체적으로 검토해본 다음, 마오쩌둥사상과 주체사상 간의 차이점을 고찰해보기로 한다. 1893년에 태어난 마오쩌둥은 1840년 아편전쟁 이래 시작된 백년국치의 한가운데서 살아야만 했다. 중국 군부는 각종 군벌이 난립하는 상태에 있었고 백성은 도탄에 빠져 있었다.

마오쩌둥은 자신이 처한 중국의 현실에서 두 가지 모순을 간파했다. 하나는 외세의 침략이 야기하는 대외모순이고, 다른 하나는 빈부격차 문제, 지역감정 문제, 소수민족 문제 등이 야기하는 대내모순이었다. 마오

1943년 10월 5일
제88독립저격여단(국제여단)
대원 시절의 김일성은
조선군 제1영장으로
활동했다.
사진 앞줄 왼쪽부터
바탈린(소련),
정치 부여단장 이조린(중국),
왕일지(주보중의 부인),
여단장 주보중(중국), 김일성.
(중국 길림성 도서관 자료사진)

쩌둥은 두 가지 모순을 극복하기 위한 수단으로 2단계 혁명론을 채택했다. 마오쩌둥이 볼 때 대외모순은 평화적으로 해결할 수 없고 오직 전쟁을 통해서만 해결할 수 있었다. 아울러 외세에 영합하는 중국의 친미파나 친일파 같은 매국노를 철저히 척결했다. 반면 대내모순은 평화적으로 해결할 수 있다고 판단했다. 마오쩌둥은 혁명의 전위대가 인민을 교육해서 이끌어나가는 정책, 토지개혁 정책, 소수민족을 우대하는 정책 등을 채택했다.

김일성 역시 외세를 물리치고 빈부격차 문제 등을 해결해야 하는 이중의 과제에 직면했다. 김일성은 사대주의와 당파주의를 뿌리 뽑을 수 있는 주체교육을 통해서 혁명의 주체인 인민을 양성하고, 그들을 중심으로 만주항일전쟁, 한국전쟁(조국해방전쟁) 등을 전개했으며, 국내의 친일파 및 친미파를 철저히 척결했다. 또한 토지개혁 등을 실시해서 빈부격차 문제를 해결하고자 했다.

마오쩌둥과 김일성의 유사한 체험은 특히 유격대 활동에서 찾아볼 수 있다. 마오쩌둥과 김일성은 전쟁을 수행하는 데 필요한 장비와 인력이 턱없이 부족한 상황에서 유격전을 전개할 수밖에 없었다. 마오쩌둥의 국공내전, 대장정 등과 김일성의 만주 유격대 활동 등이 좋은 사례라고 할 수 있다.

　마오쩌둥과 김일성의 유격대 활동은 정치적으로 대단히 중요한 의미를 지닌다. 마오쩌둥이나 김일성과 함께 유격대 활동을 전개한 동료들은 생사고락을 함께하는 가운데 끈끈한 전우애를 공유하게 되었다. 그들의 유대는 그 어떤 상황에서도 배반하지 않을 정도로 강인한 것이었다. 이렇게 형성된 유격대 정신은 추후 마오쩌둥의 중국과 김일성의 조선을 건설하는 건국 정신이 되었다. 주지하듯 스탈린 사후 소련 공산당 서기장으로 등극한 흐루쇼프는 스탈린 격하 운동을 전개했다. 그러나 1981년 중국 중앙군사위원회 주석으로 선출된 덩샤오핑은 마오쩌둥 격하 운동을 전

조선과 중국의
특수한 동맹 관계는
1976년 마오쩌둥 사후
덩샤오핑 시대에도 이어졌다.
1981년 실권을 장악한
덩샤오핑(왼쪽)이 이듬해 4월
평양을 방문해 김일성(오른쪽)과
함께 환영행사를
참관하고 있다.
《한겨레》 자료사진)

개한 적이 없다. 덩샤오핑 역시 마오쩌둥과 함께 대장정에 참여한 인물이었기 때문이다. 덩샤오핑 이후에도 천안문광장에 걸려 있는 마오쩌둥 사진은 지금까지 내려진 적이 없다.

조선에서도 김일성과 함께 유격대 활동을 전개한 동료들이 건국의 주역이 되었다. 조선을 '유격대 국가'로 부를 수 있는 것도 그런 이유 때문이었다. 나는 아내와 함께 2012년 김일성광장에서 진행된 김일성 탄생 1백 주년 기념행사를 관람한 적이 있다. 대규모 군인들이 행진을 하는데, 맨 앞줄에서 유격대 복장을 차려입은 군인들이 걷고 있었다. 나는 조선에서 유격대 정신이 여전히 건국 정신으로 살아 있다고 느꼈다.

마오쩌둥은 중국의 극심한 빈곤 문제를 해결하기 위해서는 부족한 식

2012년 4월 15일 평양의 김일성 탄생 1백 주년 기념 열병식 현장 관람석. (넷째 줄 중간쯤에 박한식 부부) (사진 제공 박한식)

량을 골고루 나눠 먹어야 한다고 판단했다. 그래서 인간의 '욕망'을 경쟁적으로 추구하는 자본주의 대신 인간의 생존에 필수적으로 요청되는 '필요'를 평등하게 분배하는 사회주의를 대안으로 채택했다. 김일성이 사회주의를 채택한 것도 마오쩌둥이 사회주의를 채택한 것과 동일한 이유 때문이었다. 현재 조선은 자본주의적 시장경제를 채택한 중국보다 사회주의의 평등의 원칙을 훨씬 철저하게 구현하고 있다. 내가 볼 때 조선은 지구상에서 가장 평등한 나라다.

　조선이 경제적으로 어려운 것은 사실이지만, 그렇다고 사회주의의 평등의 원칙이 훼손되는 것은 아니다. 앞서 언급한 대로 조선의 임금체계는 최상위직과 최하위직 간에 두 배 이상의 차이가 나지 않았다. 또한 조선에서는 경제적 평등뿐만 아니라 사회적 평등도 실현되었다. 조선 사회를 지배하는 중요한 규범 중 하나는 '하나는 전체를 위하고, 전체는 하나를 위한다'는 집단주의 정신이다. 따라서 '왕따' 같은 것은 존재할 수 없다.

조선은 2012년 4월 15일 태양절 열병식 이래 국가 기념행사 때마다 항일 유격대를 재연한 부대를 등장시켜 건국 정신의 상징으로 삼고 있다.
2017년 태양절 열병식 때 유격대 모습.
(사진 제공 텅쉰망)

또한 생산수단의 공유를 추구하는 사회주의를 채택했기 때문에 생산수단의 소유 여부에 따라 결정되는 계급 자체가 존재할 수 없고, 계급이 존재하지 않기 때문에 계급의식이 생겨날 수 없다. 따라서 '갑질' 같은 것은 상상할 수 없다. 조선에서는 이른바 '고난의 행군 시절'에 사회적 지위 고하를 막론하고 모두가 굶었다. 오히려 당 간부 같은 지도층 인사들이 더 많이 희생되었다.

마오쩌둥사상과 주체사상 간의 차이점을 확인하고자 할 때, 우리가 제일 먼저 주목할 개념은 '인민'이다. 중국의 정식 국호는 '중화인민공화국'이고, 조선의 정식 국호는 '조선민주주의인민공화국'이다. 인민은 두 나라의 국호에서 키워드로 사용할 정도로 중요한 개념이다. 그러나 두 나라에서 인민이 의미하는 내용을 살펴보면 큰 차이점이 드러난다.

중국에서 인민은 한족과 54개 소수민족을 모두 포괄하는 '국민' 개념이다. 반면 조선에서 인민은 동일한 혈연에 기초를 둔 '민족' 개념이다. 따라서 중국의 민족주의는 포용적 성격(inclusive nationalism)을 지닌 반면, 조선의 민족주의는 배타적 성격(exclusive nationalism)을 지닌다. 또한 마오쩌둥사상은 철저히 정치적 성격을 지녔지만, 주체사상은 정치적 성격뿐만 아니라 종교적 성격까지 지녔다는 점에서 큰 차이가 있다.

마오쩌둥사상과 주체사상 간의 유사성과 차이성은 중국과 조선 간의 '특수한 관계'를 형성하는 데 결정적으로 기여했다. 국제정치학에서 '특수한 관계'란 영국과 미국처럼 정치적·외교적·군사적·경제적·역사적·문화적 차원 등에서 유지되는 특별한 유대를 의미한다. 우리는 중국과 조선의 관계 역시 영국과 미국의 관계 못지않은 '특수한 관계'를 형성하고 있다는 사실을 잊어서는 안 된다.

마오쩌둥과 김일성이 만주에서 공유한 항일유격대 경험을 살펴보면 중국과 조선의 '특수한 관계'를 쉽게 이해할 수 있다. 김일성은 1936년 2월 27일 남호두회의南湖頭會議에서 이렇게 보고했다.

다 알다시피 현재 만주 일대에서 활동하고 있는 조중항일무장부대 내에서 주력을 이루고 있는 것은 조선인민혁명군 부대들입니다. 그뿐 아니라 중국인 부대 내에서도 적지 않은 조선 공산주의자들이 정치군사 간부로서 핵심적 역할을 하고 있습니다. 이러한 형편에서 조중항일무장부대를 조선인 부대와 중국인 부대로 갈라 편성한다면 형제적 중국인민의 항일무장역량을 약화시키게 되며 결국 조중인민의 항일무장투쟁 발전에 손실을 가져오게 될 것입니다. [...] 우리가 앞으로 국내에서 무장투쟁을 전개할 수 있는 튼튼한 기반을 닦을 때까지는 계속 동남만의 대산림지대의 유리한 지형을 이용하여 군사정치활동을 전개해야 합니다. 이러한 조건에서는 조선인민부대와 중국인민부대를 따로 편성하여 제각기 활동할

1936년 2월
만주 영안현 남호두에서 열린
회의에서 김일성이 조선인 부대와
중국인 부대의 항일연합군 결성을
제안하는 모습을 재현한 그림.
《《우리민족끼리》 자료사진)

것이 아니라 항일연합군의 이름으로 반일무장투쟁을 공동으로 조
직전개해야 합니다.

마오쩌둥은 만주에서 거둔 군사적 승리를 발판으로 중국 전역을 군사
적으로 장악할 수 있었다. 조중항일무장부대는 마오쩌둥에게 그 발판을
제공한 주역이었다. 하얼빈의 동북열사기념관에 가면 만주 지역의 전투에
서 희생된 사람들의 사진과 이름이 전시되어 있다. 나는 그곳을 방문해서
조선인의 수를 일일이 헤아려 기록한 적이 있다. 기념관에는 230명 정도
가 전시되어 있는데 그중 조선인이 무려 1백여 명에 이르렀다.

저우언라이(주은래)와 김일성은 1962년 10월 12일 평양에서 '조중변계
조약'을 체결했다. 백두산 일대 '북·중 국경조약'이라고 할 수 있다. 저우언
라이는 조선에 대단히 유리한 조건으로 조약을 체결해주었다. 조선은 백
두산 천지의 54.5퍼센트, 압록강과 두만강의 섬과 모래톱 중 264개를 차

1961년 7월
중국 베이징에서
김일성 주석(왼쪽)과
저우언라이 총리(오른쪽)가
'북·중 우호조약'을 맺고 있다.
저우언라이 오른쪽 바로 뒤로
덩샤오핑.

지하고, 중국은 천지의 45.5퍼센트, 187개의 섬과 모래톱만을 차지했다.

저우언라이는 1976년 사망했다. 1975년 4월 중국을 공식 방문한 김일성은 저우언라이가 입원한 병원을 방문했다. 저우언라이는 병석에서 일어나 정장을 하고서 김일성을 맞이했다. 그 자리에 덩샤오핑도 있었다. 저우언라이는 김일성에게 "앞으로 조선에 무슨 일이 있으면 덩샤오핑을 찾으시오"라고 말했다. 1979년 5월, 김일성은 흥남비료공장 안에 저우언라이의 동상을 세웠다. 그리고 제막식에 직접 참여했다.

부럼 없는 조선 사람들의 행복지수

영어에 '사과와 오렌지'라는 숙어가 있다. 사과와 오렌지는 질적으로 다른 존재이기 때문에 일대일로 비교하지 말라는 뜻이다. "They are apples and oranges"라는 말은, 그들이 하늘과 땅만큼 다르다는 뜻이다.

조선 경제를 말하는 사람들의 얘기를 들을 때면 늘 '사과와 오렌지' 숙어를 떠올리곤 한다. 그들은 한국의 경제를 크고 싱싱한 사과로 간주한다. 그 사과를 기준으로 조선 경제를 비교하고 평가한다. 그러면 조선 경제는 언제나 작고 벌레 먹은 사과로 드러날 수밖에 없다. 우리의 상식에 자리 잡은 조선 경제의 모습은 대체로 그런 과정을 거쳐 형성된 것이다.

그러나 조선은 지구상에서 가장 독특한 사회주의 경제를 운영하는 나라다. 따라서 조선 밖의 나라에서 운영하는 경제와 조선에서 운영하는 경제를 일대일로 비교하게 되면 '사과와 오렌지'를 비교하는 오류를 범할 수

2018년 2월
평양 시민들이
'세상에 부럼 없어라'라는
구호를 내걸고
설맞이 놀이를 하고 있다.

밖에 없다.

처음 조선을 방문했을 때 당혹감을 느낀 적이 많았는데, 그중 하나가 '세상에 부럼 없어라', '내 나라 제일로 좋아', '인민의 지상락원' 같은 구호를 반복적으로 들었을 때였다. 내가 조선을 한창 방문하던 2012년 당시 조선의 국내총생산은 한국의 30분의 1 수준에 머물렀다. 그런데 도대체 어떻게 저런 구호를 역설할 수 있단 말인가?

나의 의문은 조선을 이해해가면서 점차 해소되었다. 조선에서 추구하는 행복의 기준은 우리가 이해하는 기준과 전혀 달랐다. 조선 사람들은 이렇게 말했다. "우리 조상은 이밥(쌀밥) 먹고, 기와집에서 살며, 자식 교육을 잘 시키면 행복하다고 그랬습니다. 현재 우리는 그런 목표를 다 이루었습니다." 이런 기준을 놓고서 조선에서 표방하는 구호를 다시 살펴보니 어느 정도는 납득이 되었다.

조선 경제를 평가할 수 있는 기준은 여러 가지가 있다. 국내총생산처럼 양적인 평가 기준이 있는가 하면, '삶의 질 지수'처럼 질적인 평가 기준도 있다. 국내총생산을 따져보면 조선 경제는 낮은 평가를 받을 수밖에 없다. 그러나 기대수명, 경제적 분배의 평등, 교육환경 등 삶의 질 지수를 기준으로 분석해보면 전혀 다른 평가가 나온다. 조선은 고난의 행군 이전에

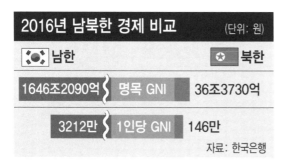

2016년 남북한 경제 비교 (단위: 원)

🇰🇷 남한		☀ 북한
1646조2090억	명목 GNI	36조3730억
3212만	1인당 GNI	146만

자료: 한국은행

2016년 기준
한국은행 자료로 비교한
남북 간 경제력 비교 그래프.
조선은 세계은행이나
국제통화기금(IMF)에 보고하는
자료가 없어 추정치일 뿐이다.
《한겨레》 자료사진

는 기대수명이 비교적 높은 나라였다. 경제적 분배도 평등하게 실행되고, 교육은 12년간 무상으로 이뤄진다. 조선에는 문맹자가 없다. 학교에서 폭력이나 '왕따'도 없다. 또한 집단으로 운영되는 사회이므로 자살률이 제로에 가깝다.

언젠가 조선 고위층 인사가 이런 말을 해준 적이 있다. "세상에는 수많은 나라가 있습니다. 그런데 조선은 그런 나라들로부터 멀리 떨어져서 홀로 존재합니다. 마치 독도와 같은 나라라고 할까요?" 조선을 방문하는 빈도가 늘어나고, 그에 따라 조선을 이해하는 수준이 점차 깊어지면서 나는 그 말의 의미를 실감하게 되었다.

조선이 지구상에서 대단히 독특한 나라라면, 세상에서 널리 유통되는 경제학 이론을 잣대로 조선 경제를 이해해선 안 되었다. 나는 직접 경제현장을 관찰하고, 그곳에서 활동하는 사람들에게 물어보고, 이 경험들을 내가 사전에 준비한 사회과학적 개념에 비추어 정리하면서 조선 경제를 이해하고자 했다. 어느 경제학 박사교수 집을 방문해서 조선 경제에 관한 이론적 토론을 하기도 했다. (조선에서는 박사학위가 없더라도 학문적 능력과 업적이 최고 수준에 이른 학자를 '박사교수'로 임명한다.)

조선 경제를 바라볼 때 가장 먼저 주목할 부분은 조선의 대내경제와 대외경제가 질적으로 다른 방식으로 운영된다는 사실이다. 대내경제는 사회주의 이념에 따라 분배의 정의에 초점을 맞춰 운영된다. 자유 대신 평등을, 소비경제 대신 생활경제를, 사유재산 대신 공유재산 등을 중심으로 운영된다는 것이다.

반면 대외경제는 세계의 자본주의 질서에 부응하는 방식으로 운영된다. 예컨대 조선은 풍부한 지하자원을 자본주의 논리에 따라 수출한다. 조선의 아연(징크), 마그네슘, 우라늄 등은 국제시장에서 품질이 우수한 것으로 정평이 나 있다. 조선에서 풍부하게 보유한 석탄도 중요한 수출 품목이다.

또한 조선은 서해와 동해에 매장된 풍부한 원유를 개발해서 경제를 발전시킬 계획을 가지고 있다. 조선은 현재 원유를 한 방울도 생산하지 않고 있지만, 정부 부서에 '원유(공업)부'를 두고 있다. 조선은 이미 영국, 프랑스, 이탈리아 등 유럽 5개국의 석유회사를 통해 서해와 동해 여덟 곳을 시추해서 원유 샘플을 검사한 적이 있다. 검사 결과 서해에는 품질이 보통 수준인 원유가 매장되어 있고, 동해에는 품질이 대단히 좋은 원유가 대량 매장되어 있는 것으로 확인됐다. 그 결과가 세상에 발표되자 아들 부시 대통령 밑에서 부통령으로 재직하던 딕 체니가 자신의 변호사를 통해서 나에게 연락을 취해왔다. 주지하듯 딕 체니는 세계에서 가장 큰 석유채굴기업 중 하나인 핼리버튼에서 1995년부터 2000년까지 최고경영자를 지낸 인물이다. 그 변호사는 나에게 조선의 원유 개발 사업에 참여하고 싶은데 방법이 없겠느냐고 물었다. 조선은 미국 기업을 환영할 생각이 전혀 없었기에 나는 조선의 뜻을 그대로 전달했다. 이처럼 조선은 풍부한 경제적 잠재력을 갖고 있지만 현재 그것을 활용하지 못하고 있다. 미국과 유엔이 가혹한 경제제재를 가하고 있기 때문이다.

조선에서는 개인의 노동의 대가에 따라 지급되는 월급 개념이 없는 대신 '생활비'가 존재한다. 생활비는 크게 두 가지 방식으로 분배되는데, 하나는 인민의 생활을 영위하는 데 필수적으로 요청되는 '필요'에 따른 분배이고, 다른 하나는 '사회적 공헌도'에 따른 분배이다. 생활비는 필요에 따른 분배를 하다 보니 집집마다 큰 차이가 없다. 또한 대학교수의 생활비보다 유치원 교사의 생활비가 더 많을 수도 있다. 대학교수보다 유치원 교사의 사회적 공헌도가 더욱 크다고 판단하기 때문이다. 조선은 미국과 준전시 상태에 있기에 군인의 사회적 공헌도를 높게 평가한다. 따라서 군인은 경제적으로 우대받는다. 특히 군 복무 중 부상당한 사람은 사회적 영웅으로 평가하여 그 사람의 후대까지 우대한다. 젊은 여성들이 군에서 부상당한 남성과 결혼하는 것을 영광으로 생각할 정도이다.

나는 개성공단에 특별한 관심을 가졌다. 조선은 2013년 5월부터 9월까지 개성공단을 폐쇄한 적이 있다. 당시 국방부 장관으로 있던 김관진의 '과격 발언' 때문이었다. 나는 리종혁, 원동연 등 조선의 고위 정책결정자를 여러 차례 만나서 개성공단을 재개할 방안을 다각도로 논의했다. 다행히 논의는 결실을 거두어 조선은 개성공단 재개를 결정했다.

나는 개성공단 재개를 위해 남북의 책임자들과 만나서 많은 대화를 나누었다. 그 과정에서 남북의 경제 질서가 많이 다르다는 사실도 구체적으로 확인할 수 있었다. 예컨대 한국 사람들은 개성공단에서 일하는 조선 노동자의 임금이 얼마나 되느냐고 묻는다. 한국의 경제 질서를 생각하면 그런 질문을 제기하는 것은 너무도 당연하다. 그러나 개성공단에 진출한 한국의 기업주는 자신의 기업에서 일하는 조선 노동자에게 개별적으로 임금을 지급하지 않는다. 한국의 기업주는 임금 총액을 조선의 정부에서 파견한 개성공단 책임자에게 지급한다. 그러면 그 책임자가 자체 기준에 따라 조선 노동자에게 분배한다.

개성공단에서 일하는 조선 노동자는 자신을 고용한 한국 기업주가 아니라 조선 정부의 지시를 따른다. 그들은 조선 정부에서 필요로 하는 일을 하는 것이다. 하지만 생산성은 대단히 높고 상품의 품질도 아주 좋아 한국 기업주는 대부분 크게 만족했다.

개성공단의 독특한 임금 지급 방식의 중요한 의미는 중국의 경제특구를 참조하면 더 선명하게 이해할 수 있다. 중국의 경제특구에서 일하는 현지 노동자는 외국 기업주한테서 직접 임금을 받는다. 그들은 경제특구 밖에서 일하는 노동자보다 훨씬 많은 임금을 받는다. 그러자 경제특구 안과 밖에서 커다란 임금 격차가 발생하게 되었다. 경제특구가 사회적 문제가 되는 빈부격차를 조장한 것이다. 그것뿐만이 아니다. 경제특구의 노동자들은 중국 정부보다 직접 임금을 주는 외국 기업주에게 더욱 충성하게 되었다. 이는 중국 정부에 대단히 심각한 문제가 아닐 수 없다.

조선은 그런 중국의 경제특구 사례를 반면교사로 삼아서 개성공단의 임금 지급 방식을 채택했다. 이로써 조선 사회에 빈부격차가 발생하는 것을 막을 수 있었고, 개성공단에서 일하는 조선 노동자의 충성심이 조선 정부에서 한국 기업주로 이전하는 것 또한 방지할 수 있었다.

조선에서는 직장도 개인이 선택하지 않고 국가가 배정해준다. 개인이 회사에 입사지원서를 제출하고, 면접 보고, 채용하는 일련의 절차가 아예 존재하지 않는다. 조선에서 최고 명문대로 꼽히는 김일성대학 졸업생도 국가에서 직장을 배정해준다. 따라서 취업률이 1백 퍼센트에 이른다.

나는 김일성대학을 졸업하고 직장에서 일하는 한 청년에게 이렇게 물은 적이 있다. 고향에서 멀리 떨어진 곳에서 직장생활을 하니 좀 서운하지 않은가? 그러자 그는 전혀 그렇지 않다고 대답했다. 오히려 국가에서 지금까지 자신을 먹여주고, 키워주고, 교육까지 시켜주었으니 자신이 국가를 위해 일하는 것이 지극히 당연하다고 대답했다. 그렇게 일하는 것이 영광이라는 것이다. 나는 그의 답변을 들으면서 '하나는 전체를 위하고 전체는 하나를 위한다'는 주체사상의 원칙이 개인의 직장 선택에서도 구현되고 있다는 사실을 확인할 수 있었다.

조선은 지구상에서 돈 없이 살 수 있는 유일한 곳일지도 모른다. 사유재산이 없기 때문이다. 부동산도 사유재산이 될 수 없다. 부동산 투기 같은 것도 있을 수 없다. 또한 은행에 저축해서 이자 수익으로 사유재산을 축적하는 일도 없다. 생활비를 벌면 생활하는 데 대부분 사용한다.

조선의 군대는 독립채산제로 운영되기 때문에 경제적으로 비교적 여유가 있다. 조선 군대의 가장 큰 외화벌이 수단은 무기 수출이다. 무기는 현금을 받고 판다. 조선의 단거리 유도탄, 총, 탱크 등은 국제무기시장에서 품질이 우수한 것으로 유명하다. 이란은 이란·이라크 전쟁 때 사용했던 스커드 미사일의 40퍼센트를 조선으로부터 수입했다.

앞서 밝혔듯이, 조선에 식량을 지원하면 군대에서 모두 갈취해 간다는 의심은 크나큰 오해다. 조선 군대의 트럭이 국제사회에서 지원한 식량을 싣고서 이동하는 것은, 개인 소유 자동차가 없는 조선에서 군용 트럭이 가장 일반적인 운반수단이기 때문이다. 더욱이 경제적으로 여유 있는 군대에서 인민의 식량을 갈취한다면 '선군사상'을 정면으로 부정하는 것이다. 조선은 핵 개발 이후 군사력에 여유가 생기게 되었는데, 그 여력으로 인민에게 봉사하는 것이 선군사상의 요체이다.

많은 사람들이 조선의 장마당이 활성화되는 것을 보고서 조선이 자본주의적 시장경제로 이행한다고 판단한다. 주지하듯 자본주의는 개인의 소유권에 기초해서 운영된다. 그러나 조선에서 '단위(work unit)'에 소속되지 않은 개인은 존재하지 않는다. 장마당에서 물건을 파는 사람들도 모두 단위에 소속된 존재다. 더욱이 장마당에서 판매하는 품목은 주로 생필품이며 사치품은 거의 없다. 장마당을 사례로 조선 경제의 자본주의화를 말하는 것은 우리에게 익숙한 자본주의 시각을 조선에 강제하는 오류를 범하는 것이다.

35년 만에 다시 만난 중국의 가족

나는 이산가족이다. 우리 집안이 이산가족의 삶을 살게 된 배경을 되짚어보면 1906년으로 거슬러 올라간다. 나의 할아버지와 할머니는 그해 조선 망국의 설움을 안고 북만주의 흑룡강성으로 이민 갔다. 흑룡강성에 정착한 이민자의 약 90퍼센트가 경상도 사람이었다. 압록강 주변에는 평안도 사람이 먼저 정착하고, 두만강과 연변 주변은 함경도 사람이 먼저 차지했다. 경상도 사람은 더 북쪽으로 올라가야 했고 마침내 흑룡강성에 정착했다. 아버지는 흑룡강성에서 1912년에 태어났고, 나 역시 그곳에서 1939년에 태어났다.

만주에 이민 간 조선 사람들은 거의 대부분 쌀농사를 지었다. 전통적

덩샤오핑(맨 오른쪽)이
1979년 1월 29일 백악관에서 열린
환영연회에서 카터 대통령(맨 왼쪽),
'핑퐁외교'로 중국을
맨 처음 방문했던
닉슨 전 대통령(왼쪽 두 번째)과
지차오주(오른쪽 두 번째)의
통역으로 환담을 나누고 있다.
(위키미디어 자료사진)

인 방식의 논농사를 했다. 만주에서는 논을 '수전水田'이라고 불렀다. 그 시절 중국 사람들은 수전에서 거둔 쌀을 먹지 않아, 만주에는 조선 사람들이 수전에서 거둔 쌀이 넘쳐났다. 조선 사람들은 대부분 그 쌀을 고향으로 보냈다.

흑룡강성에 정착한 할아버지는 논농사를 지으면서 정미소를 개업했고 아버지가 그 정미소를 물려받았다. 우리 집에는 항상 쌀이 비축되어 있었다. 1945년 해방 직후 어느 날 장제스의 국민군이 우리 정미소를 습격할 것이라는 첩보가 들어왔다. 국공내전의 틈바구니에서 쌀이 비축된 정미소가 약탈 대상이 되어버린 것이다. 생명의 위협을 느낀 우리 가족은 급히 야반도주해야 했다. 할아버지와 할머니는 물론 수많은 친인척을 흑룡강성에 남겨두고서 탈출했다. 이산가족의 삶이 시작되는 순간이었다.

해방과 한국전쟁을 거쳐 냉전이 시작되자 중국은 '죽의 장막'에 가려졌다. 이제 흑룡강성에서 헤어진 할아버지와 할머니를 만날 수 없게 되었을 뿐만 아니라 심지어 생사조차 알 수 없게 되었다. 아버지는 내가 서울대에 입학한 1959년부터 할아버지와 할머니의 제사를 지내기 시작했다.

앞서 이야기한 대로 1975년 어느 날, 병상에 누운 아버지는 내 눈을 바라보면서 두 가지를 당부하셨다. '귀국하지 마라. 미국에 남아서 통일운동에 전념하라. 한국에서는 통일운동을 하기가 쉽지 않다.' '흑룡강성에서 헤어진 할아버지와 할머니 그리고 친인척분들을 꼭 찾아라.' 나는 꼭 그렇게 하겠다고 약속했다. 그 약속은 내 인생에서 반드시 해결해야 할 실존적 과제가 되었다.

아버지와 약속을 지킬 길은 막막했다. 장막에 가려진 중국의 그 넓고도 넓은 땅 어디에서 30년 전에 헤어진 할아버지와 할머니, 친인척을 찾는단 말인가? 하지만 하늘이 무너져도 솟아날 구멍이 있다더니, 1976년 미국 대통령에 당선된 지미 카터는 '앞으로 미국인은 세계 어느 곳이나 갈 수 있다'고 천명했다. 그동안 미국인이 갈 수 없었던 쿠바, 베트남, 조선, 알바니아를 방문할 수 있게 된 것이다. 또한 카터는 1979년 1월 중국과 국교를 수립함으로써 미국인이 중국을 방문할 수 있는 길까지 열었다.

나 역시 미국 시민권자였기에 설레지 않을 수 없었다. 밤잠을 이루지 못할 정도였다. 나는 워싱턴에 있는 중국대사관을 방문해 부대사 지차오주에게 흑룡강성의 조부모와 친척들을 찾을 방법을 알아봐달라고 부탁했다. 그는 자신의 업무 분야가 외교 쪽이라 중국 국내 문제는 잘 모르지만 한번 알아보겠다고 그랬다. 나는 기대에 부풀어 기다렸다. 그러나 한참이 지나도록 아무 연락도 오지 않았다.

실망의 나날을 보내던 나에게 또다시 천금 같은 낭보가 들려왔다. 덩샤오핑이 1979년 1월 28일부터 2월 6일까지 미국을 방문해 카터 대통령과 회담을 한다는 소식이었다. 더욱이 카터는 덩샤오핑이 조지아주의 주도 애틀랜타를 방문할 기회까지 마련했다. 애틀랜타는 내가 재직 중이던 조지아대학에서 아주 가까웠다. 가슴이 두근거렸다. 어떻게든 이 기회를 잡겠다고 결심한 나는 먼저 카터 쪽에 간곡히 사정해서 덩샤오핑의 애틀랜타 방문 행사에 참석할 수 있는 초청장을 얻어냈다.

지금도 덩샤오핑을 처음 본 순간을 잊을 수 없다. 카터의 소개를 받은 덩이 연설을 시작했다.

"제 이름은 덩샤오핑입니다. 저는 중국에서 왔습니다. 중국은 너무 가난합니다. 중국은 미국으로부터 경제, 과학, 기술 등을 많이 배우고 싶습니다. 제가 이번에 미국을 방문한 목적도 미국에서 많이 배우기 위한 것입니다. 앞으로 많이 도와주십시오."

놀라웠다. 그의 발언을 듣는 순간 그토록 작은 체구의 덩샤오핑이 갑

1979년 1월 29일
중국 지도자로는 처음 미국을 방문한
덩샤오핑 부주석이
백악관에 도착해
지미 카터의 안내를 받으며
미 의장대의 환영 사열을 받고 있다.
(사진 제공 지미카터도서관)

애틀랜타를 방문한
덩샤오핑이
중국계미국인협회(NACA)
회원들과 찍은 단체 기념사진.
(NACA 누리집 갈무리)

자기 거인처럼 느껴졌기 때문이다. 아마도 덩샤오핑의 그 연설은 오늘의
중국 경제발전을 잉태하고 있었을 것이다. 덩샤오핑은 '밖으로의 대약진
운동(Great Leap Outward)'을 구호로 개혁과 개방 정책을 적극 추진하
고, 중국 22개 성과 5개 자치구 등의 경제적 자율권을 대폭 허용하는
지방분권 정책을 채택함으로써 중국 경제발전의 탄탄한 토대를 마련한
것이다.

덩샤오핑 연설이 끝나자마자 나는 그의 통역을 담당했던 지차오주에게

다가갔다. 나를 본 지차오주는 미안해하는 표정을 지었다. 친인척을 찾아봐달라는 예전의 내 부탁을 들어주지 못했기 때문이었을 것이다. 나는 지차오주에게 내 사정을 덩샤오핑에게 전해달라고 부탁했다. 그러자 옆에서 우리의 대화 소리를 들은 덩샤오핑이 고개를 돌려 무슨 일이냐고 물었다. 지차오주가 바로 내 얘기를 덩샤오핑에게 전했다. 덩샤오핑은 나에게 친인척이 어디에 사느냐고 물었다. 흑룡강성에 살 것이라고 답하자 그들의 이름을 아느냐고 재차 물었다. 나는 테이블의 냅킨에 내가 기억해둔 친인척 일곱 명의 이름을 한자로 적었다. 찾고 싶은 친인척은 30명이 넘었지만 짧은 시간 안에 다 적을 수 없었다. 덩샤오핑은 내가 한자를 아주 잘 쓴다면서 매우 반가워했다. 그는 고개를 끄덕이며 알아보겠다고 말했다. 나는

1979년 1월
워싱턴을 방문한 덩샤오핑(왼쪽)과
카터(오른쪽)가 통역관인
지차오주를 사이에 두고 걷고 있다.
주미 중국 부대사를 지낸
외교관이자 전 유엔 사무차장인
지차오주는
2020년 4월 29일에 91세의
나이로 세상을 떠났다.
(사진 제공 지미카터도서관)

고마운 마음에 덩샤오핑에게 악수를 청했다. 그는 자리에서 벌떡 일어나 대단히 정중하게 내 손을 잡아주었다.

덩샤오핑을 만나고 2주쯤 뒤에 지차오주로부터 연락이 왔다. 나의 친인척을 모두 찾았으니 가서 만나보라는 것이었다. 눈물이 앞을 가렸다.

1980년 여름방학에 나는 큰 가방 두 개를 메고서 베이징행 비행기에 올랐다. 베이징에 도착하자 덩샤오핑의 사무실에서 사람들이 나와 나를 환영해주고 또 친절하게 길을 안내해주기까지 했다. 나는 기차를 타고 약 20시간을 달려 흑룡강성의 성도인 하얼빈의 기차역에 도착했다. 군인 둘이 기차에 올라와 내 짐가방을 들어주었다. 기차에서 내리자 군악대가 팡파르를 우렁차게 울리면서 환영해주었다. 바로 그 옆에서 30명쯤 되는 나의 친인척이 손을 흔들며 열렬히 반기고 있었다. '박한식 교수 고향 방문을 환영합니다'라고 적힌 펼침막까지 내걸려 있었다. '금의환향'이란 이 순간을 두고 말하는 듯했다. 정말 꿈만 같았다.

내가 마중 나온 고모님 댁을 숙소로 정해 막 이동하려는데 중국 관리가 다가왔다. 그냥 가지 말고 하얼빈의 국제호텔에서 쉬었다 가라는 것이었다. 며칠간 묵어도 좋다고 그랬다. 지차오주도 국제전화로 친인척들을 잘 찾았느냐고 확인했다. 나는 그들의 배려를 물리칠 수 없어 호텔에서 하룻밤 묵기로 했다. 내 친인척들 30여 명도 함께 호텔로 향했다. 호텔방에 들어서자 그야말로 북새통을 이루었다. 중국에서 가난한 삶을 살던 그들에게 호텔방은 대단한 구경거리였다.

이튿날 우리는 곧바로 고모님 댁으로 향했다. 가는 도중 나는 또다시 놀라지 않을 수 없었다. 호텔에서 고모님 댁으로 가는 장거리 도로가 최근에 깔끔하게 정비되었다는 소식을 들은 것이다. 덩샤오핑이 다시 떠올

35년 만의
금의환향.
1981년 7월
방문 때
고모(오른쪽)와
고향마을 인근
송화강변에서
함께한 모습.
(사진 제공 박한식)

랐다. 이 모든 일이 그의 배려로 가능했을 것이다. 차를 타고 가는 내내 깊은 감사를 느꼈다.

나는 흑룡강성에 살고 있던 친인척을 모두 만날 수 있었다. 마침내 아버지와 한 약속을 지킨 것이다. 나는 친인척들과 밤새도록 얘기를 나누면서 한 많은 사연을 수없이 들었다. 할아버지와 할머니가 아버지보다 더 오래 사셨다는 사실도 알았다. 할머니는 1976년에 돌아가셨다. 아버지가 1959년부터 두 분의 제사를 지내기 시작했으니 무려 17년 동안이나 살아 계신 할머니의 제사를 지낸 셈이었다.

나는 이산가족의 한은 오직 직접 만나야만 풀 수 있다는 사실을 체감했다. 흑룡강성에 거주하는 조선족을 만나보니 거의 모두가 나와 같은 이산가족이었다. 그들은 모두 피맺힌 한과 처참한 가난 속에서 살아가고 있었다. 나를 바라보는 그들의 시선을 외면할 수 없었다. 나 역시 그들과 마찬가지의 삶을 살아왔기 때문이다.

1970년부터
조지아대학 법학과
교수로 있던
딘 러스크(가운데)는
'이산가족협회' 결성을
도와주었다.
그는 1945년 8월
정보장교 시절
'한반도 38선'을
가장 먼저 제안했던
인물이다.
(사진 제공 박한식)

나는 미국으로 돌아오자마자 동료 교수로 친하게 지내던 딘 러스크를 찾아갔다. 앞서 밝힌 대로 그는 존 F. 케네디 행정부와 린든 존슨 행정부에서 무려 9년 동안 국무장관을 지낸 뒤 조지아대학 법학과 교수로 재직하고 있었다. 또한 1945년 8월 미국 전쟁부 작전국 산하 전략정책단 실무자로서 한반도의 38선을 맨 처음 획정한 인물 가운데 한 명이었다.

러스크는 나로부터 이산가족의 현실을 전해 들으면서 자책감을 느꼈다. 자신이 한반도 통일을 위해 할 수 있는 일이 무엇이냐고 물었다. 나는 이산가족협회 같은 것을 만들면 좋겠다고 답변했다. 내가 만들고 싶은데 조교수의 박봉으로는 쉽지 않다고 덧붙였다. 러스크는 곧장 발 벗고 나서서 미국 연방정부로부터 면세 혜택을 받는 비정부기구(NGO)를 만들어주었다. 미국에서 면세 혜택을 받는 단체를 만든다는 것은 쉽지 않은 일임에도 그는 자신의 인맥을 총동원해서 도와주었다. 그리고 '이산가족협회(Uniting Families Inc.)'라는 이름도 손수 지어주었다.

나는 그 뒤 방학 때마다 UFI의 도움을 받아 흑룡강성을 방문했다. 내가 가면 수많은 이산가족들이 모여서 기다리고 있었다. 나는 그들을 일일이 인터뷰했다. '찾고자 하는 가족의 이름은 어떻게 됩니까?', '고향이 어디입니까?', '어떻게 헤어졌습니까?' 이런 질문들을 던지면 그들은 찾는 사람의 이름, 고향 주소 등을 기록한 큰 종이를 보여주면서 인터뷰에 응했다. 인터뷰 장면은 모두 비디오카메라로 녹화했다.

직접 나를 찾아오기 힘든 고령의 어르신들도 많았기에 나는 흑룡강성 전역을 누비며 어디든 찾아갔다. 키가 작은 내가 무거운 장비를 메고서 비포장도로를 오랫동안 걷는 일은 쉽지 않았다. 어떤 때는 '똥 구루마(분뇨수거 수레)' 뒤에 타고 똥 냄새를 맡으면서 시골길을 이동하기도 했다.

어느 날 인터뷰를 하다가 눈에 쏙 들어오는 똑똑한 청년을 발견해, 내가 작업의 어려움을 얘기하면서 도와줄 수 있겠냐고 묻자 그는 두말없이 도와주겠다고 나섰다. 나는 그와 함께 먼 길을 돌아다니면서 수많은 동포들을 만났다. 나중에 그 청년이 일본으로 유학을 가서 교수가 되었다는 말을 전해 들었다.

나는 비디오로 녹화한 영상을 공영방송사 KBS에 보냈다. KBS에서는 내가 보낸 영상을 이산가족 찾기 프로그램인 〈중공서 만납시다〉, 〈이산가족을 찾습니다〉 등에서 방영했다. 이런 식으로 2백여 명의 이산가족을 찾을 수 있었다. 1989년 6월 19일에는 김동건 아나운서가 사회를 보는 〈11시에 만납시다〉에 출연해서 중국 이산가족의 아픈 사연을 전하기도 했다. 나의 이산가족 찾기를 위한 노력을 높이 산 KBS 이기홍 사장에게서 감사패를 받았다.

한, 그리고 사랑

우리 민족만큼 이산가족의 사무친 한을 가슴에 묻고 사는 민족이 이 지구상에 또 있을까? 우리 민족의 특성을 이야기할 때, 한이 많다, 또는 한의 정서가 내재되어 있다고 흔히 말한다. 한의 의미를 정의하기란 쉽지 않지만, 이산가족의 애달픈 삶을 보면 한이 무엇인지 어렴풋이 헤아릴 수 있을 듯하다. 50년 넘게 미국에서 살고 있지만 영어에는 우리말의 '한'이라는 정서를 표현하는 단어는 없는 것 같다.

조선 망국과 미·소 냉전 그리고 분단으로 점철된 우리 민족의 아픈 역사는 셀 수 없이 많은 가족을 이산의 고통으로 내몰았다. 물보다 진한 핏줄을 보고 싶어도 볼 수 없는 한은 인간 존엄과 인권을 건드리는 문제다. 인간이 생물학적인 존재를 넘어서 사회적 존재로서 살아가기 위해서는 그 무엇보다도 사랑을 주고 사랑을 받을 권리가 보장되어야 한다. 나는 이것을 사람의 가장 기본적인 권리인 '사랑권'이라 말하고 싶다. 사랑하는 가족과 따뜻한 밥 한 끼 함께하면서 시시콜콜한 얘기를 주고받으며 같이 울고 웃을 수 있는 사소한 권리와 행복을 송두리째 빼앗긴 이산가족들의 한을 생각하면 마음이 미어진다.

이산가족의 내력은 크게 두 가지 역사적 배경을 갖는다. 하나는 19세기 말과 20세기 초에 있었던 우리 민족의 디아스포라(유민)이고 다른 하나는 분단과 한국전쟁으로 인한 강제 이산이다. 많은 조선인들이 나라 잃은 설움에 더해 생존을 위해 간도를 비롯한 지금의 중국 동북3성과 러시아의 연해주 지방으로 이주했다. 먹고살기 위해 이주했던 농민들도 많았고 항일운동에 투신했던 독립투사들도 상당수였다. 또 일제의 강제징용으로 끌려갔던 많은 조선인들도 해방 이후 고향으로 돌아오지 못했다. 사할린에 버려졌던 우리 동포들이 대표적인 예라 할 것이다.

일제의 패망과 해방 소식은 국경 넘어 살던 조선인들에게는 기쁨과 환희, 그리고 고향으로 돌아갈 수 있다는 희망이었다. 그러나 고향으로 돌아가는 길도, 힘겨웠던 그들의 삶만큼이나 녹록지 않았다. 귀향을 결심한 대부분의 조선인들은 가족 전체가 한꺼번에 돌아가기보다는 주로 가장이 먼저 귀국해서 호구지책을 마련한 뒤에 가족들을 데려오곤 했다. 혼란스러웠던 해방정국에서 가족의 생계와 보금자리를 마련하는 일은 결코 쉽지 않았고 어영부영하는 사이 38선이 그어지고 냉전이 본격적으로 시작되면서 죽의 장막과 철의 장막이 드리워졌다.

조선 땅에 돌아와 있던 사람들도 국경 밖에 있던 가족들도 오도 가도 못 하는 신세가 되어 기나긴 이산가족의 삶이 시작되었다. 우리 집안의 경우도 할아버지, 할머니 그리고 친지들을 모두 중국에 남겨두고 나의 가족만 조선 땅으로 나왔다. 그토록 오래 이산가족의 삶을 살게 될 줄 알았더라면 무슨 수를 써서라도 온 가족이 다 조선 땅으로 돌아왔을 것이다.

1980년부터 거의 해마다 여름방학을 이용해 중국 흑룡강성, 장춘, 연변 일대를 방문해, 그 무거운 '베타맥스' 카메라를 메고 산 넘고 물 건너 오지까지 우리 동포들이 거주하는 전역을 누비면서 이산가족을 인터뷰했던 이유는 단 한 가지였다. 가족을 찾을 수 있도록 도와줌으로써 그들의 가슴에 사무쳐 있는 이산의 한을 조금이나마 풀어주고 싶었다. 한은 맺히기도 하지만 당연히 풀리기도 한다고 믿기 때문이다. 이산가족의 한은 그저 세월이 흐른다고 해서 풀어지지 않는다. 오직 서로 만날 때에만 풀어질 수 있다. 이산가족들을 만나고 인터뷰하는 내내 나는 한 번도 제정신으로 촬영해본 적이 없다. 동병상련의 처지를 느끼며 항상 눈물을 줄줄 흘렸기 때문이다.

40년 세월이 지났지만 지금도 생생히 기억나는 이산가족의 사례를 두 가지만 소개하고자 한다. 첫 번째는 하얼빈에서 수십 리 떨어진 곳에 홀로 거주하던 어르신의 이야기이다. 다른 가족들은 다 저세상으로 간 이 어르신은 남쪽에 흩어져 있는 가족을 찾고 싶어 했다. 카메라를 메고 찾아갔더니 아흔이 넘은 백발의 노인이 오두막집 지하실 같은 컴컴한 방에 거동도 잘 못 하는 상태로 누워 있었다.

부축을 받아 일어나 벽에 기대어 앉은 어르신에게 나는 "누구를 찾습니까?"라고 여쭈었다. "저의 아버지를 찾습니다"라는 어르신의 말에 나는 바로 입에서 말이 나와버렸다.

"어르신께서 아버지를 찾는다고 말씀하셨는데 아버님께서 연로하셔서 지금까지 생존해 계실지……."

"생사에 관계없이 돌아가셨으면 무덤이라도 가서 보고, 돌아가신 거라도 확인을 해야 내 맺힌 한을 풀 수 있겠습니다."

나는 어르신의 말에 큰 감동과 울림을 받았다. 촬영한 영상을 사연과 함께 KBS에 보낸 뒤에 어찌 되었는지 나로서는 알 길이 없지만, 어르신이 아버님 무덤 앞에 술 한잔 부어드리고 절 올리고 목 놓아 울면서 조금이나마 한을 풀 수 있었기를 진심으로 바란다.

두 번째는 내가 이산가족을 위해 사진과 비디오를 촬영한다는 소식을 듣고, 내가 머물던 고모님 댁으로 직접 찾아오신 할머니의 사연이다. 할머니는 40년 넘게 헤어진 남편을 찾고 있다면서, 마흔 살이 넘은 딸과 사위와 같이 왔다. 딸이 태중에 있을 때 한국으로 떠났던 남편은 38선이 생기면서 서로의 생사를 궁금해하는 처지가 되었다고 했다. 할머니는 매일매일 하루도 빠짐없이 정화수 한 그릇 떠놓고 남편의 건강과 가족의 재회를 빌고 있었다. 할머니의 사연이 하도 기구하여 나는 더 공들여 사진과 동영상을 찍어 KBS에 보냈다.

할머니의 사연이 방영되고 미국으로 돌아왔을 때 캐나다에서 뜻밖의 전화 한 통을 받았다. 전화를 걸어온 사람은 할머니가 그렇게 애타게 찾고 있던 바로 그 남편이었다. 그는 한국에서 대학교수로 재직하다 은퇴하고 캐나다로 이민 왔다는 얘기와 함께 그동안의 사정을 내게 들려주었다. 얘기인즉, 20대 시절 한국에 오고서 흑룡강성에 두고 온 부인과 배 속의 아이를 만날 기약이 없어 자포자기한 심정으로 지내다가 뒤늦게 좋은 사람을 만나 가정을 꾸리게 됐다는 것이었다. 두어 번의 전화 통화 끝에 "어떻게 하면 좋겠습니까?"라고 조언을 구하자 나는 "선생님께서 결정하십시오"라고 답하면서 내가 가지고 있던 할머니의 주소와 연락처를 그에게 보내주었다.

그 이듬해 내가 다시 흑룡강성을 방문했을 때, 할머니와 딸과 사위가 나를 만나러 왔다. 남편 소식을 아직 듣지 못한 듯했다. 차마 할머니와 딸에게는 남편 소식을 직접 전하지 못하고 사위를 밖으로 따로 불러 남편에 관한 이야기를 사실대로 전해주었다. 사위는 어떻게 할지 고민해보겠다고 하였고 우리는 그렇게 헤어졌다. 다음 해에 내가 다시 고모님 댁을 방문했을 때 딸과 사위가 나를 보러 왔는데 할머니의 모습은 보이지 않았다. 사위로부터 남편 소식을 전해 듣고 상심하여 결국 식음을 전폐하고 몸져누워 지내다가 돌아가셨다는 것이었다. 평생 남편을 그리워하며 다시 상봉할 날만을 손꼽아 학수고대하다 한 맺힌 생을 마감한 할머니를 생각하면 지금도 눈물이 앞을 가린다.

이산가족의 삶에 관해 한 가지 더 보태고 싶은 것은, 헤어져 사는 것도 한스럽고 슬픈데 심지어 남쪽에 정착한 뒤에 엄청난 정치적 고통에 시달리기까지 했다는 점이다. 공산권 국가에서 왔다는 이유로 또는 공산권 국가나 조선에 가족이 있다는 이유로 '빨갱이'라는 주홍글씨가 평생 이들에게 새겨져 있었다. 비교적 젊은 나이에 한국에 정착한 내 아버지 역시 빨갱이라는 족쇄로 늘 신원조회에 걸려 평생 변변한 직장 한번 가지지 못한 채 살다가 돌아가셨다. 이 문제에 있어 조선도 한국보다 더하면 더했지 덜하지 않다. 출신 성분을 특히 중시하는 조선에서, 한국에서 왔다거나 한국에 가족이 살고 있다는 것은 살아가는 데 큰 걸림돌이다. 이렇듯

광복 40돌을 맞아 남북 고향방문단 각 50명이 동시에 판문점을 통과해 서울과 평양을 교차 방문했다. 서울 워커힐호텔의 한 모자 상봉 장면. (국가기록원 자료사진)

이산가족들은 남북 모두에서 이산의 고통과 정치적 박해를 동시에 안고 살아왔다.

1990년 한·소 수교, 그리고 1992년 한·중 수교 이후로 한국과 옛 공산권에 흩어져 살던 이산가족들(1930년대 중앙아시아로 강제이주된 고려인을 포함하여)의 상황은 많이 좋아졌다. 왕래도 비교적 자유로워졌고 예전과 달리 마음만 먹으면 그리운 가족들을 상봉할 수 있다. 그러나 남북 사이의 이산가족 문제는 여전히 해결되지 못한 채 남아 있다. 지금 남북 정부 모두에게 최우선시되어야 하는 지상과제는 분단과 한국전쟁을 겪으면서 남에서 북으로, 북에서 남으로 자의로 또는 타의로 헤어지고 뿔뿔이 흩어졌던 남북 이산가족의 슬픔과 고통 그리고 그들의 한을 풀어주는 것이다.

이산가족의 인간적 아픔을 공감하고 해소하려는 노력이 없었던 것은 아니다. 1971년 남북 적십자 회담에서 남과 북 모두 "남북 이산가족들의 비극은 금세기 인류의 상징적 비극"이라는 데 공감하고 빠른 시일 안에 이산가족 상봉을 성사시키자는 데 합의하였다. 그러나 최초의 남북 이산가족 상봉은 1985년 9월이 되어서야 '이산가족 고향방문단'이라는 이름으로 성사되었다. 한동안 뜸했던 남북 이산가족 상봉은 최초의 남북정상회담 직후인 2000년 8월에야 재개되었다. 이후 지금까지 총 스물한 차례의 이산가족 상봉과 일곱 차례의 화상 상봉이 진행되었다.

내 눈에 지금까지 진행됐던 이산가족 상봉 행사는 정치적인 쇼로밖에는 보이지 않는다. 남북 위정자들이 이산가족의 한에 진정 공감하고 그들을 배려하는지 의심스럽다. 작금의 이산가족 만남의 제도는 이산가족의 한을 더 키우는 제도다. 나는 이산가족 상봉에 관해 세 가지 문제점을 지적하고 한 가지 정책을 제안하고자 한다.

첫째, 가장 최근에 있었던 2018년 8월 이산가족 상봉의 예를 보자. 약

5만 7천 명의 상봉 신청자 가운데 100명을 컴퓨터 추첨을 통해서 선정했다. 자그마치 570 대 1의 경쟁률이다. 이산가족 상봉은 로또도 아니고 대학입시도 아니다. 70년 넘게 그리워한 가족을 만나는데 경쟁률이 웬 말인가. 언론 기사를 통해 접한 한 어르신의 이야기는 슬픔을 넘어 분노를 자아낸다. 95세의 이 어르신은 "북에 형과 동생을 두고 왔다"며 "살아 있다면 아흔세 살이 됐을 여동생에게 부모님의 마지막 모습을 전해 듣는 게 소원"이라고 말했지만, 추첨에서 탈락했다. "저는 이제 끝났어요"라는 말과 함께 그는 눈물을 흘리며 돌아섰다.

둘째, 2000년 이후 가물에 콩 나듯 했던 남북 이산가족 상봉은 모두 짧게는 3일, 길어야 5일 동안 진행되었다. 특정 장소에서 가족이 만나 그것도 남북 당국자들의 '감시'하에 하루에 서너 시간 같이 보내는 게 고작이었다. 안 그래도 꿈같은 시간이 얼마나 빠르게 흘러갔을까? 그런 식의 만남으로 70년 넘게 떨어져 살아온 이산의 아픔과 한이 달래질 수 있을까? 언제 다시 볼 수 있을지, 아니, 살아서 다시 만날 수 있을지 기약 없는 또 한 번의 생이별을 해야 하는 이산가족의 한을 어찌 그런 식으로 헤아릴 수 있을까?

셋째, 이산가족의 상봉은 절대 정치적인 이슈가 되어서는 안 된다. 남북 간 또는 북·미 간에 정치적 현안이 있을 때마다 이산가족 상봉이 취소된 경우가 심심찮게 있었다. 이산가족 문제는 인도주의적 사안이며 인류 보편적 가치인 인권의 영역이다. 더욱이 일회성 정치적 행사로 이용되어서도 안 된다. 무엇보다도 이산가족 상봉은 구걸의 대상도 아니고 남북 정부가 이산가족들에게 선심 쓰듯 적선하듯 베푸는 정책이 되어서는 더더욱 안 된다.

보다 근원적인 해결을 위해서는, 선택적이고 일회적이고 정치 상황에 좌우되던 지금까지의 상봉 방식을 지양하고 언제든 아무 조건 없이 자유로이 이산가족들이 만날 수 있는 정책이 필요하다. 이제 시간이 더 없다. 이산가족 1세대는 모두 80살 이상의 고령이다. 이산가족 정책은 통일정책의 하나로 진행해야 한다고 본다.

나는 개성에 이산가족 상봉지구를 설립할 것을 제안한다. 개성에 아파트 수백 채를 지어 이산가족이 상시적으로 만나 함께 지낼 수 있게 해야 한다. 일주일도 좋고 한 달도 좋고 원한다면 거기서 이산가족이 평생 같이 살면서 한을 풀 수 있도록 해주어야 한다. 이 개성 이산가족 상봉지구는 통일문화를 조성하는 데 중요한 몫을 할 것이며 우리가 꿈꾸는 통일의 첩경이자 시금석이 될 것이라고 믿어 의심치 않는다.

우리의 평화,
우리의 통일

...

분단 이전의 고향을 떠난 이산 1세대는 모두 독립운동가라고 할 수 있다. 그때의 시대정신이 그랬다. 적극적으로 독립활동에 참여한 독립투사도 필부도 모두 조국의 독립을 소원하고 그 염원을 실현하기 위해 애썼다. […] 이름 한 자 남기지 못하고 떠난 수많은 독립운동가의 헌신으로 해방은 찾아왔다.

이 시대를 살고 있는 우리 모두에게 주어진 시대정신은 통일이다.

...

미국의 조선 악마화 바로 보기

정전협정 체결 직전인 1953년 7월 22일 미군들이 휴전선에 비무장지대 표지판을 세우고 있다. (남북회담본부 자료사진)

작금의 한반도 돌아가는 상황을 보면 1950년대의 그것과 별반 다르지 않다. 남북 대치 상황도 여전하고, 조선은 이미 실질적인 핵 국가가 되었으며, 한국에는 미군이 주둔하고 있고, 북·미 간에는 변함없이 험악한 말들이 오간다. 문재인 대통령의 노력과 두 차례 북·미 정상회담에도 불구하고, 정전협정은 여전히 유효하고 평화협정은 고사하고 종전선언조차도 요원한 게 현실이다. 왜 지난 70년 동안 남북관계 그리고 북·미 관계는 제자리걸음만 반복하고 있는 것인가?

문제는 미국에 있다. 미국이 집요하게 추진해온 조선에 대한 악마화가 그 근원이다. 기독교 이념에 바탕을 둔 선민사상과 미국의 가치로 선과 악을 재단하는 이분법적인 행동양식은 조선을 악마로 규정하고 따라서 악마는 이 지구상에서 제거되어야 한다는 논리를 정당화한다. 악마는 없애버려야 하는 대상이지 대화와 타협을 위해 같은 테이블에 앉을 수 있는 대상이 아니라는 게 미국의 사고방식이다. 악마를 죽이는 일에는 어떠한 수단과 방법도 정당화될 수 있으며 전쟁 윤리나 도덕적 규범도 필요하지 않다는 것이다.

조선을 악마로 인식하는 풍조는 실제로 미국 사회 저변에 깊숙이 뿌리박혀 있다. 배운 사람이든 못 배운 사람이든 조선에 대한 혐오감을 스스럼없이 드러내는 데는 별반 차이가 없다. 나는 조선을 오가며 북·미 대화와 관계 개선을 위해 많은 노력을 했다. 그로 인해 미국 언론의 조명을 받는 일도 많았다. 미국 전역에 송출되는 ABC와 CNN은 물론 지역 언론들과도 수없이 인터뷰를 해왔다. 방송으로 유명해지면서 뜻하지 않은 고통도 감내해야 했다. 해마다 몇 차례씩 일면식도 없는 사람들로부터 비난과 협박에 시달렸다. 내가 악마인 조선을 편들고 찬양하며 미국의 국익에 반하는 활동을 한다는 것이었다. 특히 밤길을 조심하라는 협박이 많았는데 그런 협박을 받는 날이면 우리 가족은 며칠 동안 저녁 외출을 삼가야 했다. 누구나 총을 지닐 수 있는 미국 사회를 생각하면 나와 가족의 안위가 늘 걱정이었다.

조지아대학 교수로 재직하던 시절 한번은 총장에게서 연락이 왔다. 애틀랜타에서 제일 큰 로펌의 대표 변호사에게 정식 항의 서한을 받았는데 그 내용인즉, 박한식 교수를 즉각 파면하고 다시는 강단에 서지 못하도록 하라는 압력이었다. 그 변호사는 편지에서 내가 악마 정권인 조선을 대변하고 옹호하는 사람이기에 자기 아이들을 그런 사람 밑에서 공부하도록 놔둘 수 없다고 했단다. 한발 더 나아가 자신의 요구가 관철되지 않으면 그 로펌에서 조지아대학에 매년 해오던 기부를 중단하겠다는 협박까지 했다고 한다. 다행히 총장은 학문의 다양성을 존중하는 사람이었고 나의 학문적 노력과 평화를 위한 열정을 잘 알고 있었기에 내 신상에 큰 영향은 없었다. 한반도 평화를 위해 평생을 일해왔지만, 미국에서도 한국에서도 늘 빨갱이 또는 친북 종북이라는 딱지가 붙어 다녔던 내 삶을 생각하면 지금도 마음이 착잡하다.

미국은 무력을 통한 조선 붕괴가 사실상 불가능하다는 것을 인식하고 경제제재와 정치적 고립을 이용한 조선 붕괴 전략으로 선회했다. 물론 이 전략도 조선을 붕괴시키지는 못할 것이 자명하다. 1990년대 이후 미국은 조선에 대한 악마화를 본격적으로 가동하기 시작했고 조선을 군사적 위협을 넘어서 같은 하늘 아래 공존할 수 없는 악마로 규정했다. 미국의 잣대에서 보면 조선은 악마가 되기 위한 조건을 모두 갖추고 있다. 미국과 다른 정치체제, 비민주주의 국가, 종교의 자유가 없는 인권 유린의 사회, 국민 탄압과 정치범 수용이 일상인 나라, 그리고 미국의 젊은이 오토 웜비어를 죽인 나라까지…… 조선, 중국, 이란, 이라크 등 미국이 악마화한 국가들을 보면 악마화는 다분히 인종적인 우월감에서 비롯된 측면도 있다.

조선 악마화는 또한 미국의 현실적인 정치적, 경제적 목적을 달성하기 위한 세 가지 동기에서 비롯되었다고 볼 수 있다. 첫째는 중국의 팽창과 관련이 있다. 중국의 도전을 효과적으로 억제하는 데 주한미군의 역할은 그 어느 때보다 중요해졌다. 미국은 조선을 악마화함으로써 주한미군 주둔의 명분을 강화하면서 실제적으로는 중국의 군사력 증대와 팽창을 견제하려는 의도를 가지고 있다. 고고도미사일방어체계 사드THAAD 배치 논란을 보면 이 점은 명백하다. 미국은 사드가 대북 억제를 위한 것이라고 주장하지만 대중국 견제 목적을 가지고 있다는 사실은 모두가 아는 바이다. 둘째는, 한국에 주둔하는 미군의 정당성 강화이다. 조선이라는 악으로부터 한국의 안위를 지켜준다는 명분은 미군의 존재를 신성하게 만들어놓았다. 셋째는, 경제적인 동기에서 비롯되었다는 것이 나의 생각이다. 악마로 규정된 조선은 한국의 주적이 되기에 충분했고 미국이 한국에 무기 구매를 종용하고 강요하는 빌미가 되었다. 매년 실행되는 한·미 연합훈련은 미국의 첨단무기를 선보이는 무기 박람회장으로 변질되었다.

무기 판매를 위해서 군산복합체는 지구촌 구석구석에서 군사적 갈등과 긴장을 부추기며 종종 의도적으로 악마를 만들어낸다. 그러나 정보가 없으면 어디서 군사적 갈등을 조장할지 누구를 악마로 만들지 결정하는 게 쉽지 않다. 즉 정보는 군산복합체의 활동을 정당화하는 구실을 한다. 이런 이유에서 보면, 조선과 관련해 쏟아져 나오는 정보는 대부분 거짓이거나 아니면 조작 왜곡되었다고 볼 수 있다. 시답잖은 사실을 침소봉대하는 사례도 심심찮게 있다. 군산복합체의 입맛에 맞는 가짜정보를 정보기관이 생성해내고 언론은 그것을 검증 없이 선전해대는 나팔수 노릇을 수행한다. 조선이 미국을 공격하기 위해 핵탄두를 장착할 수 있는 대륙간탄도미사일을 만든다는 미국 언론의 보도를 보면 참으로 답답함을 느낀다. 내가 아는 한 조선은 미국을 공격할 생각도 없고 계획도 없다. 조선도 미국을 공격하는 것은 자살행위라는 것을 잘 알고 있다.

미국은 조선 정권뿐만 아니라 선량한 주민들까지도 악마로 여겨왔다. 한국전쟁 때 황해도 신천 양민학살 사건이 대표적인 예이다. 신천에는 이들의 혼을 달래고 반미 성토장으로 활용되는 신천박물관이 세워져 있다. 나는 1990년대 조선을 자주 오가는 동안 여러 차례 신천박물관을 둘러보면서, 악마로 둔갑되어 희생당한 순박하고 무고한 사람들의 명복을 빌었다. 추모관이라는 말이 더 적절하다는 생각이 들지만, 조선은 이 박물관을 미국의 야수성과 잔인성을 선전하고 교육하는 장으로 이용하고 있다. 1950년 10월 17일부터 52일 동안 어린아이, 부녀자, 노인을 포함하여

35,383명의 선량한 사람들이 미군에 의해 무참히 학살되었다. 무고한 주민들을 악마로 보지 않았다면 과연 이런 학살이 가능했을까?

나는 매번 박물관 안내원의 해설과 설명을 한 자도 빠짐없이 받아 적었다. 조선의 설명을 보면, 학살은 미제 침략군 장교인 육군 소장 해리슨 디 매든의 진두지휘하에 자행되었다. 박물관은 또한 해리슨의 사진과 함께 그의 신분을 확증하는 여러 자료를 전시하고 있다. 나중에 미국으로 돌아와서, 내게 조선 관련 자문을 하고 있던 방송국 ABC에 의뢰하여 해리슨 디 매든의 존재를 확인하고자 했으나 미 국방부는 그런 사람의 군 복무 기록은 존재하지 않는다는 간단한 답변만 보내왔다. 미국으로서는 해리슨 디 매든의 존재를 감추고 싶어 하는 것이 분명해 보였다.

박물관에는 1950년 학살 현장의 사진 자료는 남아 있지 않지만 생생한 증언을 토대로 그려진 걸개그림들이 가득 차 있었다. 걸개그림들이 하도 생생하고 끔찍하여 차마 눈 뜨고 볼 수 없을 지경이었다. 희생당한 양민들이 사용하던 가재도구며 신발, 안경 등 개인 소장품들도 전시되어 있었다. 특히 희생자들의 유골과 머리카락이 그대로 전시된 것이 눈길을 끌었다.

신천박물관을 방문할 때마다 독일 뮌헨에 위치한 다하우 강제수용소 추모지를 떠올리곤 했다. 유대인들을 학살한 나치의 만행과 신천 양민학살이 많이 닮았다는 생각이 머릿속을 떠나지 않았다.

미군에 의한 양민학살이 북에서만 있었던 건 아니다. 이제는 많은 이들에게 알려졌듯 1950년 7월 충청도 노근리에서도 미군에 의한 끔찍한 양민학살의 만행이 자행되었다. 피난민 행렬에 조선군이 한두 명 섞여 있다는, 말도 안 되는 이유로 무고한 양민을 학살한 범죄였다. 우리 민족을 하찮고 열등한 존재로 보고 아무 죄 없는 양민들을 악마로 보지 않았다면,

과연 이런 만행이 가능했을까?

조선 관련 가짜뉴스는 악의적으로 만들어진 시나리오지만 다른 측면에서 보면 조선에 대한 우리의 무지의 소산이기도 하다. 내가 보기에 우리는 조선을 수박 겉핥기만큼도 모른다. 조선의 행동과 정책을 결정하는 근본적인 동력과 요인이 무엇인가를 아는 사람이 미국과 한국을 통틀어 과연 몇 명이나 있는가? 한 가지 예를 들어보자. 조선에 부과된 무지막지한 경제제재는 한 가지 가설에서 비롯되었다. 조선 주민들이 경제제재로 고통받아 더 이상 견디기 힘든 상황이 되면 그 불만이 정권에 대한 저항으로 발전하여 아랍혁명 같은 바람이 불 것이라는 가설이다. 조선에서 그런 일이 과연 일어날 수 있을까? 그렇다고 믿는다면 그것은 무지의 소산이다. 그런 일은 절대 일어나지 않는다고 나는 확신한다.

민주주의 국가든 공산주의 국가든 체제를 유지하는 근본은 국가의 정통성이다. 정통성의 원천은 단 한 가지, 즉 인민의 동의와 지지이다. 정치체제가 인민의 지지를 잃으면 정통성을 상실하게 되고 그 체제는 붕괴한다. 조선 체제는 인민들의 호주머니에 돈을 채워줌으로써 인민들의 경제적 욕구를 만족시키는 데서 정통성을 찾는 체제가 아니다. 조선의 통치이념인 주체사상을 바로 보지 않고서는 조선을 이해하고 설명하는 것이 불가능하다. 조선 인민의 삶을 옥죄는 경제제재는 오히려 조선을 똘똘 뭉치게 만들고 단결시키는 요인으로 작용하고 있으며 조선을 더 민족주의적으로 변화시키고 있다.

이는 수십 차례 조선을 방문하면서 조선 관리들뿐만 아니라 일반 주민들과의 대화를 통해 직접 내 눈으로 확인한 것이다. 이를테면 대미 승리의 상징이자 전리품으로 여겨지는 푸에블로호가 보통강에 전시되어 있다. 1968년 동해상에서 비밀 정찰 중 조선에 나포된 미군 정보함 푸에블로호는 원산에서 대동강으로 옮겨져 전시되다가 김정은 집권 이후 지금의 전시 장소인 보통강으로 다시 자리를 옮겨왔다.

조선 사람이면 누구나 한번은 방문하는 장소이며 특히 학생들의 견학이 빈번한 곳이다. 나도 평양을 방문할 때마다 빼놓지 않고 찾는 곳이다. 내부에 들어서면 미군 승조원 82명을 조사했던 전 과정과 그들이 죄를 인정하고 뉘우치는 장면들이 비디오로 상영되고 있다. 내가 푸에블로호에서 만나 이야기를 나눈 조선 주민들 대부분은 푸에블로호를 미국과 싸워 이겨서 항복을 받아낸 영광의 상징물이라고 생각하고 있었다. 푸에블로호는 항미 교육의 장이자 조선의 민족주의를 고취하는 역사적 장소이다. 특히 미국과 외교 설전이 오가는 때면 푸에블로호는 방문객들로 인산인해를 이룬다.

무력을 포함한 가능한 모든 수단을 동원하여 조선이라는 악마를 제거

1968년 초 조선 원산 앞바다에서 나포된 미 해군의 정보수집함 푸에블로호는 '북·미 군사 대치'의 상징이다. 그해 말 미 해군 승조원 82명은 사과문을 쓰고 석방됐다. (《연합뉴스》 자료사진)

하는 것이 미국의 도덕적 책무이며 신에게 부여받은 소명을 이루는 신성한 미션이라는 환상은 미국의 조선 정책을 지배해온 지침이다. 또한 조선이라는 악마를 제거하는 것은 인류의 공공선을 추구하는 일이므로 다른 나라들도 미국에 협력하고 공조해야 한다는 논리도 더해졌다. 한국 또한 남북관계를 북·미 관계에 맹목적으로 종속시킴으로써 미국의 대북 악마화에 동조해온 것이 현실이다.

악마화를 통한 조선 붕괴는 절대 가능하지 않지만 그렇다고 미국이 조선에 대한 악마화를 멈추지는 않을 것이다. 그렇다면 작금의 한반도 상황을 변화시킬 돌파구는 없는 것인가? 해답은 지난 세 차례 있었던 남북정상회담 선언문에 잘 나와 있다. 2000년 6·15 남북공동선언, 2007년 10·4 남북정상회담 합의서, 그리고 2018년 4·27 판문점선언을 보면 세 선언문 모두 1조에 공통된 표현이 등장한다. 그것은 바로 '민족 자주의 원칙'이다.

한국이 좀 더 유연한 자주성을 가지고 독자적인 주권국가로서 국익에 부합하는 정책을 만들고 추진할 필요가 있다. 아울러 미국과 국제사회에 남북관계의 특수성을 설명하고, 남북교류와 협력, 그리고 통일이 미국의 국익에 해가 아니라 득이 될 것이라는 외교적 설득이 절실히 필요하다.

두 기자의 석방을 위해 두 나라를 연결하다

2009년 3월 17일 미국의 케이블 방송 커런트 TV 소속의 기자 로라 링과 유나 리가 조선 당국에 체포됐다. 그들은 두만강 부근 북·중 접경 지역에서 탈북자 문제를 취재하던 중 느닷없이 나타난 조선군 초병들에 의해 체포되었다고 주장했다. 어떠한 범법 행위도 없었고 정당한 취재 활동을 하던 중이라고 항변했다.

그러나 조선 당국의 조사와 발표는 달랐다. 두 기자가 두만강을 건너 조선 국경을 침범해 들어왔고 조선군 시설과 초소, 그리고 초병들의 움직임까지 촬영한 정황이 포착되어 적법한 절차에 따라 그들을 체포했다는 것이었다. 또한 같이 있던 카메라 기자가 체포 과정에서 촬영한 사진과 동영상을 가지고 중국 쪽으로 도주했는데 조선의 국가 안보에 심각한 해를 끼칠 수 있는 민감한 군사정보가 포함되어 있다고 주장했다. 국경 침입죄와 반국가 간첩 행위라는 무거운 혐의가 있기에 적법한 절차에 의거해 조사와 재판이 진행될 것이라고 공표했다. 이어 6월 8일 두 기자는 '조선민족적대죄'와 '비법국경출입죄' 명목으로 12년의 노동교화형을 선고받았다.

비록 죄를 저지르고 유죄 판결을 받았지만 미국 국적의 두 기자가 조선에서 12년의 수감 생활을 한다는 것은 인도주의적인 관점에서 바람직하지 않다고 나는 생각했다. 갓 출범한 오바마 행정부도 조선과의 관계 개선을 모색하고 있었고 조선 또한 오바마 정부에 대해 대북정책의 변화를 기대하고 있던 터라, 이 사안이 북·미 관계에 악영향을 미치는 돌발

변수가 되어서는 안 된다는 생각도 들었다. 북·미 관계의 악화는 한반도 평화와도 직결되는 문제이기 때문이었다.

조선과 미국을 잘 알고, 두 나라 모두의 행동 양식을 이해하고 있는 만큼, 나는 특히 '평화 중재자'로서 두 기자의 석방을 위해 내가 할 일이 있음을 직감했다. 두 기자가 조선에 구금되어 있던 140여 일은 내게도 긴장되고 숨 가쁜 시간이었다. 어느새 10년도 넘는 세월이 흘렀지만 지금도 어제 일처럼 생생하다.

나는 그해 3월과 7월, 두 번 미국과 조선을 오가며 그들의 석방을 위해 북·미 간 중재에 안간힘을 썼다. 조선 고위 관리들과 면담하면서 석방을 위한 협상안을 마련했고 그 협상안을 미국 쪽에 전달했다. 두 기자의 가족은 물론 미 국무부와 정보부 관리들과도 수시로 접촉하면서 그들의 근황을 전하고 석방 협상에 대한 조언도 내내 해줬다. 북·미 간 대화를 촉진하고 상호이해를 증진하기 위해 내 역할을 다하려 했다.

그들의 체포 소식을 접했을 때, 나는 사안이 심각하고 분초를 다투는 일이라는 생각에 바로 길을 나서 3월 24일부터 28일까지 평양을 방문했다. 지금껏 50여 차례 다녀왔음에도 조선 방문은 매번 쉽지 않았다. 우선 조선 당국의 초청장을 받아야 하고, 베이징의 조선대사관에 초청장을 제시해 비자를 받아야 비로소 항공권을 예약할 수 있다. 미국 애틀랜타에서 베이징을 거쳐 평양으로 가는 항공 노선을 주로 이용했는데, 항공편이 매일 있는 것도 아니어서 날짜를 잘못 맞추면 베이징에서 하루 이틀을 허비하기도 다반사였다. 비용도 만만치 않았다. 한 번 여정에 미화 1만 달러는 족히 들었는데 미국 대학교수의 박봉으로는 버거운 액수였다. 또한 자주 다니다 보니 이리저리 친분 있는 사람들도 늘어났다. 빈손으로 갈

수도 없는 노릇이어서 소박한 선물을 곧잘 챙겨가곤 했다.

2009년 3월 24일 평양에 도착하자마자 나는 우선 두 기자가 어디서 어떻게 지내고 있으며 그들의 신변과 안전에는 별 이상이 없는지를 파악하기 위해 동분서주했다. 평양 모처에서 '범죄 혐의'에 대한 조사가 진행되고 있으며, 대우를 잘 받고 있다는 사실을 전해 들을 수 있었다. 그날 저녁 좀 더 구체적인 상황을 알아보기 위해 조선 당국자들과 만났다. 평소 친분이 있는 사람들이었고 김정일 국방위원장에게 직보까지도 가능한 고위급 인사들이었다. 주로 통일전선부와 아태평화위에 직책을 가진 인사들이었다.

저녁 식사 뒤 술자리에서 분위기가 조금씩 부드러워졌다. 사람 사는 얘기도 했고 북·미 그리고 남북관계 현안에 대한 의견도 나누었다. 허물없

2011년 10월 조지아대학에서 주최한 '트랙II' 세미나 때 북쪽 대표단을 이끌고 참가한 리종혁(오른쪽) 아태평화위 부위원장과 담소 중. (사진 제공 박한식)

이 속 깊은 이야기를 나눌 때 술 한잔이 들어가는 건 남이나 북이나 똑같다. 나는 자연스럽게 두 기자에 관한 이야기를 꺼냈다. 조선 인사들도 내가 당연히 그 얘기를 꺼내리라고 예상하고 있었다. 대화가 무르익으면서 조선 당국이 두 기자의 신병을 어떻게 처리할 생각인지가 조금씩 보이는 듯했다.

조선 당국이 두 기자를 조선에 오래 붙들어놓을 생각은 없는 것처럼 보였고 조선의 체면이 서는 모양새로 석방시켜주리라는 인상을 강하게 받았다. 2009년 3월의 북·미 관계와 미국 내 정치 상황을 보면 조선의 이런 속내는 쉽게 이해할 수 있었다. 조선을 악의 축으로 규정했던 부시 행정부가 퇴임하고 오바마 정부가 취임한 지 불과 두 달쯤 된 시점이었다. 미국과의 관계 개선을 모색하고 있던 조선으로서는 젊고 신선하며 진취적으로 보였던 오바마 행정부에게 '올리브 가지'를 내밀고 싶었던 것이다. 두 기자 석방 문제를 미국과의 관계 개선을 위한 하나의 매개체로 보는 것 같았다. 그러나 그들은 미국이 원하는 대로 즉각적인 석방은 힘들다고 했다. 조선의 실정법을 위반했고, 현장에서 체포된 두 기자를 조사와 재판 없이 석방할 수는 없다는 설명이었다. 즉 조선 당국의 조사가 마무리되고 재판에서 유죄가 확정되면 그 뒤에 외국인 추방형식으로 석방할 수 있으리라는 이야기를 들려주었다.

미국으로 돌아온 나는 두 기자의 가족과 미국 정부에, 그들이 구치소나 감옥이 아닌 초대소에서 잘 대우받으면서 안전하게 지내고 있다고 안심시켜주었다. 하지만 재판에서 유죄가 확정되기 전까지는 석방이 어려우니 좀 더 시간을 가지고 차분하게 접근하는 것이 좋겠다고 조언했다. 그리고 4월 하순, 조선이 두 기자에 대한 정식 재판을 시작한다는 뉴스가 나왔다. 채 두 달이 지나기도 전인 6월 8일 조선 중앙재판소는 두 기자에 대해, 통상 조선의 국경을 넘어 침투하여 적대적 행위를 한 사람들에게 적용되는 조선민족적대죄과 비법국경출입죄의 죄목으로 각각 12년의 노동교화형을 선고했다. 선고 직후 미국 정부와 국무장관 힐러리 클린턴의 반응은 내가 예상했던 대로였다. 조선의 유죄 판결은 근거 없는 것이며 두 기자를 조건 없이 인도주의적 차원에서 즉시 석방할 것을 촉구했다.

사안의 심각성과 미국 정부의 태도를 볼 때 두 기자의 석방이 쉽지 않겠다는 생각이 머릿속을 떠나지 않았다. 7월 4일 다시 한번 방북해 본격적으로 석방을 위해 교섭하기로 마음먹었다. 앞서 3월 방문 때 면담했던 조선 고위 관료들과 다시 만나 닷새 동안 허심탄회한 대화를 나누었다.

나는 두 기자의 신병처리에 관해 조선 당국이 원하는 것이 무엇인지 파악하고자 시도했고 그들의 답은 의외로 간단했고 명확했다. 미국 정부가, 두 기자가 조선의 국경을 불법적으로 침범하였고 조선에 적대적 행위를 했다는 점을 인정하고(Admit), 공식 사과(Apology)한 다음, 사면(Amnesty)을 부탁하면 기자들이 석방될 수 있을 것이라는 소위 '3A 조건'을 제시했다. 조선 고위 인사들은 이 세 단어를 직접 지목하며 미국에 전해줄 것을 내게 요청했다. 특히 '사과'에 방점을 찍어 강조했다. 즉 미 정부에서 '유감(Regret)'이라는 단어를 사용해서는 안 되고 반드시 '사과'로 표현해야 한다는 조건이었다. 협상 과정에서 한 단어 한 단어가 결정적인 중요성을 갖는 경우였다. 또한 조선에서 이미 유죄 판결을 받은 피고인을 석방할 수 있는 유일한 방법은 최고 지도자의 사면밖에 없으니 미 정부가 정중히 사면을 청해야 풀어주리라는 설명을 더했다.

사면과 관련한 또 하나의 조건은 미국 쪽에서 격과 급이 맞는 인사가 조선에 와서 직접 김정일 위원장에게 사면을 요청하라는 것이었다. 초등학생이 학교에서 잘못했을 때 부모가 학교에 가서 사과와 재발 방지를 약속하고 아이를 집으로 데려오는 것과 흡사한 발상이다. 그러면 과연 누가 특사로 와야 격과 체급이 맞는단 말인가? 조선 관리들은 어떤 인사가 적합한지 내게 조언을 구했고 나는 엘 고어의 이름이 언뜻 떠올랐다. 8년간 부통령도 지냈고 민주당 대선 후보로도 출마했으며, 두 기자가 속한 커런트 TV의 창업자이자 회장이니 가장 적합한 인물이 아닐까 싶었다. 그러나 그들은 내 제안에 화들짝 놀라면서 엘 고어는 절대 불가라고 외쳤다. 한 걸음 더 나아가, 엘 고어가 오면 그도 체포되어 조사받게 될 것이라고 했다. 두 기자의 대북 적대 행위를 사주하고 뒤에서 조종한 혐의가 있다는 이유였다.

조선 인사들과 나는 힐러리 클린턴 국무장관이 오면 가장 좋겠다고 생각했지만 현직인 그가 직접 오기에는 현실적으로 정치적 부담이 상당할 것이라는 데 의견을 같이했다. 나는 몇몇 전직 국무장관들의 이름을 거론했지만 조선 인사들은 격이 맞지 않는다고 이들을 후보군에 넣지 않았다. 1994년 방북해 북핵 문제를 해결하고 남북정상회담 개최라는 합의문을 이끌어냈던 지미 카터 전 대통령의 이름도 오갔지만 조선 인사들은 너무 옛날 사람이라는 이유로 탐탁해하지 않았다. 훗날에야 깨달았지만, 조선은 처음부터 단 한 사람을 염두에 두고 있었던 듯하다. 바로 빌 클린턴 전 대통령이었다. 8년간 미국 대통령을 지냈고 민주당의 어른으로서 오바마 행정부에서 여전히 정치적 영향력이 있고 또한 현직 국무장관인 힐러리 클린턴의 남편이기도 했다. 격과 중량감, 그리고 상징성 면에서 이만한 인사가 또 어디 있겠는가?

사실 2000년 10월에도 현직 대통령인 빌 클린턴의 방북을 위한 북·미 간 조율이 진행된 적이 있었다. 그해 10월 23일 국무장관 올브라이트가 조선을 방문해 클린턴 대통령의 방북을 위한 일정을 조선 측과 논의했다. 나도 그때 조선에 머물고 있었는데 조선 고위 관계자들은 클린턴 대통령의 방북을 이미 기정사실로 받아들이고 있었다. 하지만 미국 국내 정치 상황과 방북이 민주당 대통령 후보인 엘 고어에게 불리하게 작용할 수도 있다는 판단에 클린턴의 방북은 끝내 무산되었다.

그로부터 9년이나 흘렀지만, 조선은 여전히 클린턴 전 대통령의 방북을 원하고 있었다. 조선 측 인사들은 집요하리만큼 빌 클린턴의 방북 희망을

2000년 10월
매들린 올브라이트(왼쪽)
미국 국무장관이
평양을 처음 방문해
김정일 국방위원장(오른쪽)과
빌 클린턴 대통령의
상호 방문을 조율했으나
무산됐다.

강조했고 미국을 꼭 설득해달라고 요청했다. 나는 미국에 잘 전달하겠다는 약속을 전제로, 조선 당국에 한 가지 역제안을 했다. 두 기자를 절대, 단 하루라도 감옥이나 노동교화소로 보내지 말라는 것이었다. 대신 초대소에 머물게 하도록 요청했는데 그것은 조선이 두 기자를 석방할 용의가 있고 석방 준비가 이미 끝났다는 신호를 미국에 보내는 것이 되리라고 설득했다.

한편으로, 70년을 이어온 적대 관계 속에서 조선을 정상국가로 인정하

지 않는 미국으로서는 선뜻 수용하기 힘든 조건일 수 있겠다는 생각이 내 머리를 스쳤다. 미국은 조선이 두 기자를 불법으로 납치·감금하고 있다고 여기고 있을뿐더러, 사과하고 사면을 청하는 것은 조선의 실정법과 체제를 인정하는 셈이 될 것이기 때문이었다. 반면 석방만 가능하다면 아주 받아들이기 터무니없는 조건도 아니라고 생각했다. 조선은 이미 두 기자를 석방시킬 준비를 하고 있었고 내가 그것을 얼마나 설득력 있게 미국 쪽에 전달하느냐가 무엇보다 중요했다.

나는 평양을 떠나 베이징에 도착하자마자 북쪽이 요구한 석방 조건들을 미 정부에 전화로 알렸다. 한시가 급하다는 판단에 미국에 도착할 때까지 기다릴 수가 없었다. 미국에 도착한 뒤 협상 조건들을 더 상세하게 행정부 쪽에 전달했고 공식 사과와 클린턴 전 대통령의 방북이 중요하다는 것도 강조했다. 어떻게 어떤 방식으로 조선과 소통할지에 대해서도 자세하게 일러주었다.

그 뒤 하루가 채 지나지 않은 7월 10일, 힐러리 클린턴 국무장관이 국무부 미팅에서 '두 기자와 가족들은 이번 사건에 대해 크게 후회하고 있으며 모든 이들이 이런 일이 일어난 것에 대해 매우 유감스럽게 여기고 있다고 생각한다'면서 지난 6월 조선을 비난하던 것과는 사뭇 다른 태도를 보였다. 또한 조선이 요구한 '사과'라는 단어를 쓰지는 않았지만 후회와 유감이라는 표현으로 두 기자의 범법 행위가 있었다는 점을 시사했다. 그리고 조선 체제에 따라 적법한 사면이 이루어졌으면 한다는 희망을 언급함으로써 북쪽의 요구에 화답했다.

열흘 뒤인 7월 20일에는 힐러리 클린턴 장관이 두 기자의 석방 협상이 잘 진행되고 있다는 메시지를 표명하였다. 나는 석방이 임박했다는 희망적인 예감에 그동안 미루어왔던 여름 가족 여행을 떠났다.

사우스캐롤라이나의 머틀 비치에서 가족들과 오랜만에 즐거운 시간을 보내고 있는 중에 갑자기 ABC와 CNN을 비롯한 공중파 방송뿐 아니라 애틀랜타의 지역 방송국들까지 뉴스 중계차를 몰고 나를 찾아왔다. 빌 클린턴 전 대통령을 태운 비행기가 지금 조선으로 향하고 있는데 어찌 된 일인지 나를 인터뷰하러 온 것이었다. 나는 해변에서 수영복 반바지 차림이라 급하게 동네 옷가게에서 양복과 넥타이를 구입해 입었다. 갑작스럽게 몸에 꼭 맞는 옷을 찾기 쉽지 않아서 꽤나 큰 사이즈의 양복을 대충 걸쳐 입고 어정쩡한 모습으로 인터뷰를 마쳤다.

마침내 8월 5일 클린턴 전 대통령이 방북해 조선 정부에 '사과'라는 단어를 사용해 사과했고, 두 기자는 사면을 받고 풀려나 건강한 모습으로

2009년 8월 5일 조선의 특별사면을 받아 석방된 유나 리와 로라 링 기자가 빌 클린턴(왼쪽) 전 대통령과 함께 미국 로스앤젤레스 부근 버뱅크의 밥호프공항에 도착해 커런트 TV 회장 앨 고어(가운데) 등의 환영을 받고 있다. 《연합뉴스》 자료사진)

가족의 품으로 돌아왔다. 석방 직후 로라 링 기자로부터 전화가 왔다. "교수님께 깊은 감사를 드립니다."

조선도 미국도 두 기자의 석방 협상을 핵 문제와 연계시키지 않았고 또 북·미 관계 개선을 위한 정치적 수단으로 이용하지도 않았다. 나는 내심 이 석방 협상이 북·미 관계 개선의 마중물이 되기를 바랐지만. 두 기자가 석방된 뒤, 힐러리 클린턴 국무장관은 기자회견에서 조지아대학의 박한식 교수가 미국 정부를 대신해 협상 과정에서 역할을 담당했느냐는 기자의 질문에 긍정도 부정도 하지 않았다. '노코멘트', 나에 대한 배려였을 것이다.

조선 농업대표단과
조지아대 농대의 왕래 시작

내가 조선을 가장 빈번하게 방문했던 시기는 1990년대 중후반이다. 그럴 만한 이유가 있었다. 지미 카터 전 대통령의 중재로 성사됐던 1994년 제네바 합의가 합의문에 잉크도 마르기 전에 미국의 약속 불이행으로 파국을 맞으면서 북·미 간에 긴장이 다시 고조되고 있던 상황이었다. 또한 김일성 주석 사후 조선 체제와 사회에 어떤 변화가 감지되는지, 김정일 위원장의 권력 공고화 작업은 어떻게 진행되고 있는지 등 궁금한 게 한둘이 아니었다. 이러한 현안들에 대해 나름대로 관찰과 이해를 모색하고 싶었다.

1997년 9월 미국 정부 초청으로 방문한 조선 농업과학원 대표단 여섯 명을 이끌고 미주리주 세인트 루이스에 있던 세계적인 동물사료 전문업체 랠스턴 퓨리나(2001년 네슬레로 합병)의 본사를 견학했다.

그러나 내 눈에 들어온 현실은 초근목피로 연명하는 조선 주민들의 실상이었다. 인민들에게 이밥에 고깃국 실컷 먹고 살게 해주겠다던 김일성 주석의 약속은 온데간데없고 굶주림에 신음하는 인민들로 나라 전체가 아우성이었다. 김일성 사후 식량 사정은 그야말로 최악이었다. 소련의 해체로 인한 공산권의 붕괴가 조선의 경제적 고립을 가속화했고 엎친 데 덮친 격으로 가뭄과 홍수 같은 자연재해가 더해지면서 식량 생산에 갑작스러운 차질이 생겼다. 1990년대 중후반에 일어난 대기근을 일컫는 '고난의 행군' 기간에 최소 2백만 명의 조선 주민이 굶어 죽는 참상이 발생했다.

부모가 굶어 죽어 탁아소에 맡겨진 아이들이 역시나 먹을 것이 없어 굶어 죽는 광경을 직접 눈으로 목격했다. 내가 소학교 1년을 보냈던 평양의 한 마을에 가봤더니 먹을 것이 없어 소나무 껍질을 벗겨 겨우 목숨만 부지하는 사람들로 넘쳐났다. 비통한 심정으로 그들을 바라보며 미안해했고 분노했다. 나만 미국에서 호의호식하고 있다는 죄책감이 마음을 무겁게 짓눌렀다.

그 비참한 광경은 내게 낯선 것이 아니었다. 나도 쌀밥 한번 구경해봤으면 하는 소원으로 하루하루를 버티던 적이 있었다. 1946~47년 평양 보통소학교 1학년 때 경마장에 가서 말의 사료로 쓰는 콩비지를 구해 먹고 살았다. 그 지독한 가난의 기억이 지금껏 생생히 남아 있기에 조선 주민들에게 동병상련의 연민을 느끼지 않을 수 없었다.

'굶주리는 그들을 위해서 내가 무엇을 할 수 있을까?' 이 생각이 머릿속을 떠나지 않았다. 옛말에 가난은 나라님도 구제하지 못한다고 했다. 내가 정부 관리도 아니고 빌 게이츠처럼 재산이 많아서 도와줄 수 있는 형편도 아니었다. 나는 조선의 식량 증산에 기여할 수 있는 일이 무엇인지 곰곰이 생각해보았다. 마침 내가 근무하고 있던 조지아대학은 미국에서 농업과 축산 분야에서 타의 추종을 불허하는 명성을 가지고 있었다. 조지아대 농대의 장점을 살려 조선의 식량난 개선과 농업 분야의 생산성 향상을 위한 다양한 사업들을 주선해보면 좋겠다는 생각이 들었다.

나는 조선 관리들에게 조지아대학에 와서 농업과 축산에 대한 선진 기술을 배우고 습득해서 조선 농업에 활용해보면 어떻겠는가 제안했다. 내 제안에 조선 농업과학원 관리들과 연구원들은 떨 듯이 기뻐하며 기회가 주어진다면 꼭 미국을 방문해 선진 기술을 배우고 싶다고 화답했다. 비록 미국이 조선의 적대국이기는 하지만 조선 사람들도 미국의 과학과 선진 기술을 부러워하고 동경했다. 정치적 부담이 있는 정부 간 교류도 아니고 민간 차원인 대학과 대학, 그리고 학자들 간의 교류 형식이라면 그들이 반기지 않을 이유가 없었다.

미국으로 돌아온 나는 서둘러 조선 농업방문단의 조지아대학 방문을 추진했다. 하지만 두 가지 큰 난관에 부닥치고 말았다. 첫째는 비용이었다. 나라 전체가 굶고 있는 조선 쪽에서 적지 않은 인원의 미국 왕복 경비를 충당하기는 매우 버거워 보였다. 어떻게 그 많은 여행 경비와 체재 비용을 마련할 것인가? 또 다른 문제는 비자였다. 비용이야 어떻게든 마련한다 치더라도 과연 미국 정부가 외교 관계도 없는 적성국인 조선 관리들에게 방문 비자를 내줄지가 큰 복병이었다.

나는 우선 미 국무부의 친분 있는 동아시아 담당자에게 전화했다. 자초지종과 조선 방문단의 취지를 설명하고 그를 설득했다. 그는 부인이 한국인이었고 우리말도 곧잘 하는 편이었다. 늘 한반도 문제에 관심을 가지고 있었고 나와 많은 견해를 공유하고 있었다. 그는 전례가 없던 일이라 선뜻 비자를 발급해주겠다고 장담하지는 못했지만, 긍정적으로 검토해보겠다고 나를 안심시켰다.

국무부로부터 연락이 오기를 기다리면서, 나는 본격적으로 조선 방문단의 여행과 체재 경비 마련을 위한 기금 모금에 나섰다. 평소 나와 뜻을 같이하던 지인들은 물론 그들을 통해 조지아의 농업과 축산 관련 기업들에게 도움을 청한 결과 상당한 경비를 후원받을 수 있었다. 특히 조지아에 본부를 두고 있던 닭고기 가공업체 골드 키스트가 적극 후원해주었다. 회사의 창업자인 브룩스 회장은 조지아대 농대 동문이었고 조선에도 상당한 관심을 가지고 있던 터라 흔쾌히 재정적 후원에 나섰다.

후원금이 어느 정도 채워질 즈음, 반가운 연락이 왔다. 미국 정부가 조선 방문단의 입국을 허용하기로 결정했고 그들의 방문을 위해 최대한 협조하겠다는 내용이었다. 드디어 조선 농업성과 농업과학원 관리들의 미국 방문이 성사되는 순간이었다. 지금 와서 돌이켜보면 고마운 사람들이 많았다. 내게 좋은 사람들을 깊이 사귀고 교류할 수 있는 행운이 주어졌다는 것에 감사할 뿐이다. 어찌 보면 사는 것 자체가 많은 사람들에게 빚을 지는 일인지도 모른다.

조선 농업과학원 대표단이 미국 조지아주를 방문한 것은 1997년 9월이었다. 여섯 명으로 구성된 방문단이었다. 방문단의 목적은 식량난 개선을 위해 필요한 종자 개발과 개량을 비롯해 선진 농업기술의 습득과 이전에 초점이 맞추어져 있었다. 이들의 최대 관심은 양계산업 육성이었다. 이들은 조지아대학이 양계 분야 연구에 있어서 최고라는 것을 알고 있었고, 조지아주가 미국에서 가금류를 가장 많이 생산·공급하는 지역이라는 것도 잘 알고 있었다. (조지아주는 미국 전체 닭고기 소비량의 28퍼센트를 생산·공급하고 있었다.)

조지아대학의 농축산학과 교수인 닉 데일 박사는 갓 부화한 병아리를

조선 농업성과
농업과학원의 대표단이
미국의 대표적인 농축산업
지역인 미주리주
세인트루이스 일대를
견학했다.
(사진 제공 박한식)

한 달이 지나기도 전에 식용 가능한 닭으로 키워내는 기술 개발에 성공한 바 있었다. 조선 방문단은 데일 박사의 연구에 큰 관심을 보였고 속성으로 닭을 사육해서 인민의 먹거리로 공급할 수 있으리라는 기대에 잔뜩 부풀었다. 방문단은 조지아대 농대에서 주최하는 여러 차례의 양계 관련 세미나에 참석했고 특히 재정적 후원을 아끼지 않았던 골드 키스트의 공장도 견학했다. 닭이 자동화된 컨베이어벨트를 지나 단 몇 분 만에 바로 요리할 수 있는 상태로 가공되어 나오는 현대식 공정을 보고는 신기해하며 놀라운 표정을 감추지 못했다. 조선 방문단은 또한 데일 박사의 가금류 사료 연구에도 관심이 많았다. 조선에서는 동물 사료가 절대적으로 부족해 사료의 개발과 공급이 절실했다. 나는 조선 방문단을 인솔해 미주리주 세인트루이스에 있는 퓨리나의 동물 사료 공장도 견학했다. 퓨리나 쪽에서는 방문단을 대대적으로 환영했고 조선의 사료 생산과 가공을 도와주겠다는 약속도 했다.

조선 농업과학원 방문단은 귀국길에 내게 특별한 부탁을 해왔다. 생닭을 몇 마리 조선으로 가져가 교배시키고 사육해서 인민들에게 먹거리를 공급하고 싶다는 것이었다. 하지만 국경을 넘나드는 농축산물의 반입과 반출은 검역이 엄격해서 불가능한 일이었다. 조선 대표단도 그것을 모르는 바는 아니었지만 그만큼 그들의 심정은 절박했다. 나는 조금 꾀를 내어 살아 있는 닭 대신 달걀을 가져가면 어떻겠냐고 제안했고 방문단도 좋은 생각이라고 맞장구쳤다. 나는 생계란 열 개를 그들이 귀국행 비행기에 탑승할 때 기내로 가져갈 수 있도록 건넸다. 그 이듬해 조선을 방문해서 확인해보니, 계란 다섯 개는 귀국길에 깨져버렸고, 나머지 다섯 개는 부화에 성공했지만 두 마리는 바로 죽었고 나머지 세 마리도 얼마 못 가서 죽었다고 했다.

안타까운 마음에, 닉 데일 교수를 찾아가 자초지종을 설명하고 '왜 실패했는지' 이유를 듣고자 했다. 하지만 데일 교수도 추측만 할 뿐 정확한 원인을 제시하는 데는 망설였다. 대신 그는 뜻밖의 부탁을 해왔다. 자신이 조선의 토양과 환경을 알지 못해 닭들이 일찍 폐사한 원인을 규명하기 힘드니, 조선의 성공적 양계를 위해서 조선을 직접 방문해 농업과학원 사람들과 교류하며 자신의 연구 성과를 이전해주고 싶다는 것이었다. 이 놀라운 제안과 데일 교수의 마음에 나는 감동했다.

서둘러 조지아대학 방문단의 방북을 추진했다. 2000년 10월 농대 학장인 게일 뷰캐넌 박사와 닉 데일 교수를 포함한 농대 방문단을 이끌고 평양에 도착했다. 학술 방문단으로는 미국 최초로 조선을 방문한 사례이며 앞서 1997년 조선 농업 방문단에 대한 답방 형식이기도 했다. 그들의 방문은 조선의 식량난을 조금이나마 덜어주고 싶다는 선의의 동기에서 비롯되었을 뿐 아니라, 장기적인 농업 분야 교류·협력 그리고 무역에 대한 희망도 품고 있었다.

조지아대학 방문단은 방북 내내 학술회의 참석은 물론 대학과 농업 현장을 둘러보며 조선 농업성 관리들에게 조언을 아끼지 않았다. 특히 데일 교수는 양계 관련 연구와 기술을 정성껏 조선에 전달해주었다. 조선에 대해 부정적인 시각과 편견을 가지고 있던 미국 방문단은 차차 조선을 있는 그대로 받아들이기 시작했다. 방문 내내 함께 시간을 보냈던 미국 방문단과 조선 관계자들 사이에 국가 간 적대적 감정은 사라지고 신뢰가 싹텄으며 앞으로의 교류·협력에 대한 기대와 희망이 가득했다. 그 시기에 마침 올브라이트 국무부 장관도 클린턴 대통령의 방북을 조율하기 위해 평양을 방문하고 있었기에 분위기가 한층 고조되었다.

이듬해 2001년 5월에는 조선 농업과학원 방문단이 두 번째로 조지아대학을 찾았다. 김삼룡 부원장이 인솔해 온 방문단은 이번에는 고구마에 관심을 가졌다. 그때까지 조선의 식량정책은 쌀농사보다는 갑작스러운 기후 변화에 덜 민감하고 척박한 환경에서도 잘 자라는 감자 생산에 집중하고 있었다. 그러던 것이 2000년 조지아대 농대 방문단이 조선을 방문

2001년 5월 두 번째로 미국에 온
조선 농업과학원 대표단이
조지아주 애틀랜타에 있는
코카콜라 본사를 방문했을 때
코카콜라 측에서는 인공기까지 내걸어
대대적인 환영을 해주었다.
사진 속 인물은 단장인 김삼룡 부원장.
(사진 제공 박한식)

했을 때 조선의 토양과 기후가 조지아대학에서 개발한 고구마 재배에 매우 적합하다는 사실을 발견했고, 이에 고구마 생산 증대를 위한 조언을 해주기로 조선에 약속했던 것이다.

조지아대 농대는 감자 맛이 나는 고구마의 연구·개발에 성공하여 재배와 보급에 힘쓰고 있던 시기였다. '감자와 고구마 생산량을 획기적으로 늘리라'는 김정일 위원장의 특별 지시가 있던 터라 감자 맛 나는 고구마에 대한 조선 방문단의 관심은 그 어느 때보다 비상했다. 조선 방문단은 지난번처럼 품종 개량된 고구마 종자를 가지고 가기를 원했다. 누구보다 그들의 절박한 심정을 이해하고 있던 터라 나는 농대에 부탁해 감자 맛 나는 고구마의 종자를 건네주었다. (그 고구마가 잘 재배되고 있는지 내가 직접 확인하지는 못했지만 조선의 식량난을 해소하는 데 부디 조금이나마 보탬이 되었기를 바란다.) 조지아대 농대와 조선 농업과학원의 교류협력 양해각서가 체결되어 앞으로 두 기관이 활발히 교류해나가기로 약속하고서 조선 방문단은 돌아갔다.

그러나 두 기관의 교류는 2008년 7월에야 이어질 수 있었다. 2002년 1월, 조선을 악의 축으로 규정한 부시 대통령의 연설은, 7년간 두 기관의 다리를 끊어놓았다. 정치적 긴장이나 현안이 민간 교류를 위한 노력에 찬물을 끼얹는 모습을 볼 때마다 안타까운 마음을 감출 길이 없다. 실상은 정부 간 대화 창구가 막혔을 때일수록 민간 교류가 더 필요하다. 민간 교류의 활성화가 정부 간 대화의 물꼬를 트는 마중물 구실을 할 수 있기 때문이다.

2008년 7월 나는 농대 학장 스콧 앵글의 요청을 받고 다시 조지아대학 방문단을 안내해 조선을 방문했다. 두 기관은 농업 분야 전반에 대한 지식과 기술을 교류하고 또 조선의 농대 교육을 지원하는 것을 뼈대로 하는 장기적인 프로젝트에 합의했다. 아울러 조선 농업 전문가들을 해마다 조지아대학에 초청해 연수시키고 조선 농대생들의 조지아대학 유학도 추진하기로 했다. 2011년 2월 조선 방문단이 다시 조지아대학을 찾아왔고 2008년 합의를 재확인했다. 하지만 그 이후로 지금까지 이렇다 할 진전이 없는 것은 참으로 안타깝다.

평화상을 받는다는 것

모어하우스대학은 조지아주 애틀랜타에서 1867년 개교한 흑인 남자 대학으로, 조지아대학에서 자동차로 한 시간 반 정도 거리에 있었다. 마틴 루서 킹 목사의 모교로도 유명한 이 학교는 흑인 지도자 양성을 목표로 삼은 학교였다. 학생들이 학교에 대한 자부심이 강했고, 킹 목사의 사상과 정신의 계승·발전을 모토로 공부하고 있었다. 2008년 11월 버락 오바마 후보자가 대통령으로 당선되던 날 저녁에 가장 많은 언론 취재 차량이 찾은 곳이 바로 모어하우스대학이다.

2010년 봄, 나는 모어하우스대학에서 '평화학'이라는 과목을 강의했다. 평화란 무엇이고, 평화가 왜 필요하며, 어떻게 평화를 만들어낼 수 있는가 등의 주제를 가지고 학생들과 공부하고 토론했다. 한 학기 특별 강의를

2010년 4월 1일
'평화학 개척자'로 인정받아
모어하우스대학에서 주는
간디·킹·이케다 평화상 수상.
마틴 루서 킹 국제채플에서
열린 시상식에서
로런스 카터 학장이
상패를 전달하고 있다.
(사진 제공 박한식)

개설해달라는 모어하우스대학 정치학과 학과장 그레고리 홀 교수의 간곡한 청도 있었지만, 무엇보다도 킹 목사의 모교라는 사실에 나는 흔쾌히 강의를 수락하였다. 사실 내가 1970년 박사학위를 받고 조지아대학을 직장으로 선택한 데는 킹 목사의 영향이 컸다. 박사과정 공부를 하면서 킹 목사의 사상과 정신에 매료되었고 특히 평화에 대한 철학과 비폭력운동에 감명받았다. 그의 고향인 조지아에 가서 그의 삶과 생각을 더 깊이 이해하고 싶었던 게 사실이다.

하루는 강의를 마치고 막 문을 나서는데, 모어하우스대학 종교학 교수이자 킹 목사의 삶과 정신을 기리기 위해 설립한 '마틴 루서 킹 목사 국제채플'의 학장인 로런스 카터 박사가 차 한잔 하자는 연락을 해왔다. 평소 친분 있던 사이가 아니라서 무슨 일인가 의아했다. 그는 내가 사무실에 들어서자 말을 꺼냈다. "교수님께 깜짝 선물이 있습니다." 깜짝 선물이라? 내가 자리에 앉자마자, 카터 학장은 오는 4월 1일 시간을 비워줄 수 있겠냐며 내게 확답을 종용했다. 내가 무슨 일인지 묻자 그제야 그는, 내가 모어하우스대학에서 제정한 상의 수상자로 선정되었다고 말했다. 그러면서도 어떤 상인지, 왜 내가 선정되었는지 등에 대해서는 차차 얘기하자며 내 궁금증만 키웠다.

그로부터 한 달쯤 지났을 무렵, 카터 학장에게서 다시 연락이 왔다. 뜬금없이 내 초상화를 그려야 하니 모어하우스대학으로 잠시 와달라는 요청이었다. 유화로 근사하게 초상화를 그려야 하니 말끔하게 차려입고 오라면서, 유화 초상화 작업에 미화 2만 달러의 경비가 든다고 덧붙였다. 초상화가 지난번에 언급한 상과 관련 있을 거라는 짐작은 들지만 대체 무슨 상이기에 2만 달러씩이나 들여 초상화를 그리는가? 나는 더 의아해졌다.

2010년 4월 1일 모어하우스대학에서 열린 간디·킹·이케다 평화상 시상식에서 부상으로 수여한 유화 초상화. (사진 제공 박한식)

초상화 작업이 마무리되어갈 때쯤, 카터 학장과 모어하우스대학 관계자들이 나를 찾아왔다. 그들은 내가 2010년 간디·킹·이케다 평화상 수상자로 결정되었다고 알렸다. 내 귀를 의심했다. 간디·킹·이케다 평화상은 모어하우스대학과 이 대학의 마틴 루서 킹 목사 국제채플이 공동으로 2001년에 제정한 상이었다. 해마다 세계 평화에 공헌하고 비폭력운동에 기여한 인물에게 주는, '예비 노벨평화상'으로 불릴 정도로 명예와 권위를 함께 지닌 상이었다. 역대 수상자들의 면면만 봐도 내가 이 상을 받는다는 것은 상상조차 할 수 없는 일이었다.

첫해에 전 남아프리카공화국 대통령인 넬슨 만델라와 전 소련 공산당 서기장 미하일 고르바초프 등이 공동 수상한 것을 시작으로, 남아공 대주교 데즈먼드 투투, 전 이스라엘 총리인 이츠하크 라빈, 평화운동가인 베티 윌리엄스, 전 남아공 대통령 프레데릭 데 클레르크, 북아일랜드 평화협정의 설계자인 존 흄, 남아공 정치인 앨버트 루툴리 등 노벨 평화상 수상자 여덟 명이 간디·킹·이케다 평화상 수상자에 포함돼 있었다. 역대 수상자 대부분이 전직 국가 원수이거나 행정부 수반을 역임한 유명 정치인사들이었고 인류 평화에 이정표가 될 만한 업적을 이룬 이들이었다. 내가 평화를 연구하고 가르치고 실천하려는 노력으로 살아온 건 맞지만 평생 시골에서 한낱 선생으로 살아왔는데도 이렇게 큰 상을 받을 수 있는가 하는 생각에 감격스러우면서도 숙연한 마음이 들었다. 간디·킹·이케다 평화상이 나에게는 과분하다는 생각은 그때나 지금이나 변함없다.

내가 이 평화상을 뜻깊게 생각하는 이유는 기라성 같은 역대 수상자들의 면면 때문이 아니었다. 전 세계에 평화라는 이름을 포함한 상이 수천 개지만 평화의 의미를 올바르게 인식하는 평화상은 많지 않다. 평화란 무엇인가? 평화를 전쟁이 없는 상태라고 정의하는 것은 남자를 여자가 아닌 존재라고 정의하는 것과 마찬가지로 어불성설이다. 나는 평화를 이질성의 조화라고 정의하고 싶다. 서로 다른 성질들이 만나서 대화와 이해를 통해 다름과 다양성을 인정하고 수용하는 상태가 진정한 평화의 정의이며 의미이다. 진정한 평화는 종교적, 정치적, 이념적, 문화적 차이를 초월하는 인류 공동의 신성한 가치이다.

간디·킹·이케다 평화상은 이름에서도 알 수 있듯이 세계 평화와 비폭력운동을 위해 헌신한 인도의 마하트마 간디, 평화주의자이자 비폭력 민권운동가인 마틴 루서 킹 목사, 그리고 일본의 불교 사상가인 이케다 다이사쿠 국제창가학회 회장의 삶과 사상을 기리기 위해 제정된 상이다. 인종과 종교가 다름에도 불구하고 그 이질성을 넘어 인류의 보편적인 가치인 평화를 구현하고자 했던 세 사람의 공통된 철학이 고스란히 녹아 있다는 점에서 의의가 큰 평화상이었다.

시상식은 2010년 4월 1일 모어하우스대학의 마틴 루서 킹 목사 국제 채플에서 1천5백여 명의 각계 인사들이 참석한 가운데 거행되었다. 평화상의 무게 때문이었는지 아침부터 긴장되고 들뜬 기분이었다. 옷매무새도 머리도 다시 가다듬고, 수상 소감을 적어보고 수정하기를 여러 번 반복했다. 시상식장에 도착하니 수많은 사람들이 채플을 가득 채우고 있었다. 시상식은 모어하우스대학 총장인 마이클 프랭클린 박사의 헌사로 시작되었는데 나를 간디·킹·이케다 평화상 수상자로 선정한 배경과 이유를 자세하게 낭독했다. 한반도에서 평화를 조성하고 정착시키기 위해 수십 년간 헌신해온 점을 높이 평가한다는 말과 함께 그동안 내가 실천해온 일들을 구체적으로 언급했다.

예를 들면, 1994년 지미 카터 전 대통령의 방북을 주선하고, 2003년 북핵 위기 해소를 위해 조선과 미국 민간 전문가들이 참여한 '워싱턴-평양 트랙Ⅱ 포럼'을 개최하고, 2009년 미국 기자들의 석방을 중재했던 일들을 열거하면서 상호 존중과 대화 그리고 포용을 몸소 실천해왔다는 점을 강조했다. 이와 더불어 내가 그동안 기울여온 인도주의적인 노력들도 자세하게 언급했다. 1980년대에 수차례 중국의 동북3성을 방문해 조선족 동포들을 취재하여 한국의 이산가족들의 생사를 확인하고 서로 상봉할 수 있도록 도운 점, 조선의 식량난 해소를 위해 외부의 협력을 이끌어낸 점과 구호 의약품을 조선에 보내는 일을 주선한 점 등을 높이 평가했다. 이러한 나의 오랜 노력이 간디·킹·이케다 평화상의 취지와 의의를 구현했다는 점도 빼놓지 않았다.

무엇보다 내가 역대 수상자들과 구별된 점은 정치인이나 운동가가 아닌 학자이자 교육자라는 점이었다. 역대 수상자들 가운데 교육자는 단 한 명도 없었다. 간디·킹·이케다 평화상 선정위원회는 내가 수십 년 동안 수천 명이 넘는 학생들에게 평화학을 강의한 점을 높이 샀다. 위원회는, 평화가 실천하는 것도 중요하지만 학문적으로 연구하고 이론을 정립하는 것도 절실히 필요하다는 데 공감했고 또한 젊은 학생들에게 평화의 정의와 중요성을 일깨워주려는 나의 노력에 감사를 표해주었다.

위원회가 주목한 또 한 가지는 현장 학습을 통한 평화 교육이었다. 나는 조지아대학에서 1995년 국제문제연구소를 설립하여 매년 1백 명이 넘는 미국 학생들을 인솔하여 히로시마 평화기념관과 독일 뮌헨의 다하우 강제수용소 추모지, 그리고 한국의 판문점 등을 견학 방문했다. 전쟁

조지아대학의 국제문제연구소를 통해 학생들과 한국의 판문점을 견학했을 때 찍은 사진.

의 참상을 학생들에게 직접 눈으로 목격하게 함으로써 평화의 소중함을 일깨워주기 위한 노력이었다. 히로시마 평화기념관의 원폭 돔을 보면서 전쟁과 핵무기의 야수성과 잔인성에 치를 떨며 눈물을 흘리던 젊은 학생들의 모습이 아직도 눈에 선하다.

프랭클린 총장의 헌사가 끝나고 시상이 진행되었다. 간디, 킹, 이케다 가족의 대표들로부터 상장과 트로피와 메달을 수여받았다. 무엇보다 값진 선물은 부상으로 받은 세 분의 저작과 출판물이었다. 그들의 생각과 철학을 더 깊이 있게 공부할 계기를 선사받은 듯했다. 뒤이어 나의 초상화 제막식이 진행되었다. 실물 크기로 그려진 내 초상화가 역대 수상자들의 초상화와 함께 모어하우스대학의 마틴 루서 킹 목사 국제채플에 전시되었다.

내가 연단에 올라 수상 소감을 밝힐 순서였다. 시상식장을 둘러보니 날씨도 덥고 좁은 공간에 많은 이들이 모여 있어 그런지 다들 지쳐 보였다. 장문의 수상 소감은 예의가 아니라는 생각에, 미리 준비한 원고를 뒤로하고 간단한 즉흥 연설을 하기로 마음먹었다. 나는 지난 수 세기 우리를 지

간디·킹·이케다 평화상
시상식 수상 연설.
(사진 제공 박한식)

배해왔던 안보 패러다임을 평화 패러다임으로 변화시키지 못하면 인류에게 22세기의 도래는 없을 것이라는 점을 강조했다. 안보 패러다임은 필연적으로 갈등과 반목 그리고 불안을 초래했고 군사적 경쟁만을 야기했다. 아무리 안보에 힘과 노력을 들여도 안보를 장담하지 못하는 것이 작금의 현실이다. 안보가 안보를 지켜주지 못하는 것이다. 미국도 남북도 다 마찬가지이다. 그렇게 많은 국방비를 쏟아붓고 있는데 안보에 대한 불안감이 사라졌는가? 과분한 상이지만 남은 인생을 평화 교육과 평화 실현에 더 정진하라는 자극과 격려라고 생각하겠다는 말로, 나는 2분 40초 만에 연설을 마쳤다.

이어 모어하우스대학 합창단 글리클럽이 오케스트라 연주에 맞춰 축가를 불러 내게 잊을 수 없는 감명을 주었다. 1911년에 창단된 이 합창단은 1백 년이 넘는 전통을 지닌 모어하우스대학의 자랑이며, 뛰어난 합창 실력에 공연도 잘하기로 미국에서 유명하다. 킹 목사의 장례식과 지미 카터 대통령의 취임식에서도 공연했을 뿐만 아니라 수많은 국내외 공연으로 명성을 쌓아온 합창단이 나의 수상을 축하하는 노래를 불러주니 엄청난 호사를 누린 것이다.

합창단의 노래를 듣는 내내 평화를 머릿속에 떠올렸다. 각기 다른 목소리를 지닌 단원들이 그 이질감을 넘어서 아름다운 화음을 만들어내는 합창이야말로 평화와 꼭 닮았다는 생각이 들었다. 오케스트라의 아름다운 연주 또한 평화의 롤모델인 듯하다. 각기 다른 악기들이 악기 본연의 소리를 내기 위해 최선을 다하면서 지휘자의 지휘에 따라 다른 소리들과 조화를 이루어 환상의 화음을 만들어내는 것이 우리가 추구하는 평화의 모습이 아닐까.

인종과 종교 그리고 이념들의 다름과 다양성을 존중하고 수용하면서 대화와 상호 이해를 통해 조화와 상생을 이루는 것이 진정한 평화라는 것이 나의 일관된 생각이다. 남과 북도 서로의 이질성을 이해하고, 그렇게 이해한 이질성을 현실적으로 인정하며, 그 이질성의 평화적 극복 방안을 꾸준히 모색하는 일련의 과정만이 진정한 평화와 통일에 이르는 길이다.

수상 이후 내 삶에 변화는 없었다. 대학에서 연구하고 강의했으며 은퇴 후에도 평화를 실천하려는 노력을 게을리하지 않고 있다. 다만, 어디를 가든 간디·킹·이케다 평화상 수상자라는 것이 나를 소개하는 첫마디가 되었다. 인류애와 평화에 기여한 위인들과 내 이름이 연결된다는 것만으로도 나로서는 영광이다.

재외동포는 통일 자산

나는 재외동포다. 중국에서 재외동포로 태어나 그곳에서 유년 시절을 보냈다. 한국에서 고등교육을 마치고 1965년에 도미하여 50년 넘게 미국에 살고 있으니 인생의 대부분의 시간을 재외동포로 살아온 셈이다. 아마도 재외동포로 생을 마치지 않을까 싶다.

평생 한반도 평화와 통일을 위한 노력과 헌신이 가능했던 것은 나라 밖에서 남북 양쪽을 좀 더 객관적이고 균형 있는 시각으로 바라볼 수 있었기 때문이다. 한국과 조선 모두를 필요에 따라 방문할 수 있었고, 한반도 문제에 지대한 영향력을 행사하는 미국이라는 나라에서 통일의 필요성을 설득하고 조선을 있는 그대로 이해하도록 미국 주류 사회에 조언도 할 수 있었다.

남의 제사에 감 놔라 배 놔라 하지 말고 살고 있는 미국 문제에나 신경 쓰라고 비아냥거리는 사람들도 종종 있다. 하지만 나는 오히려 재외동포야말로 한반도 평화와 통일에 있어서 민족의 큰 자산이라고 생각한다. 코리안 디아스포라라는 타국에서 인종차별과 핍박을 견디고 또 극복하면서 한민족의 정체성을 지키려고 노력하는 삶을 살아왔으며 거주국 주류 사회와 어우러져 살아가는 지혜도 터득했다. 다양성을 경험하고 한국과 조선 모두를 편견이나 치우침 없이 바라볼 수 있는 위치에 있기도 하다. 재외동포는 한국과 조선 어느 한쪽을 선택하거나 또는 선택을 강요받는 차원을 넘어서 중재자로서 그리고 촉매자로서 평화 통일의 가교 구실을 할

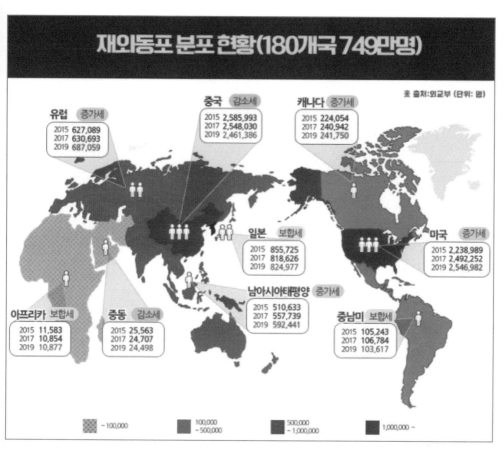

재외동포 분포 현황(180개국 749만명)

※ 출처:외교부 (단위: 명)

유럽 증가세
2015 627,089
2017 630,693
2019 687,059

중국 감소세
2015 2,585,993
2017 2,548,030
2019 2,461,386

캐나다 증가세
2015 224,054
2017 240,942
2019 241,750

일본 보합세
2015 855,725
2017 818,626
2019 824,977

미국 증가세
2015 2,238,989
2017 2,492,252
2019 2,546,982

남아시아태평양 증가세
2015 510,633
2017 557,739
2019 592,441

아프리카 보합세
2015 11,583
2017 10,854
2019 10,877

중동 감소세
2015 25,563
2017 24,707
2019 24,498

중남미 보합세
2015 105,243
2017 106,784
2019 103,617

~100,000　100,000~500,000　500,000~1,000,000　1,000,000~

2019년 현재 재외동포는 180개국에 749만 명을 헤아린다. (사진 제공 재외동포재단 코리안넷)

수 있는 특별한 자산이다.

디아스포라는 원래 예루살렘을 떠나 전 세계에 흩어져 살던 유대인들을 일컫는 말에서 비롯되었다. 지금은 자의든 타의든 모국을 떠나 타국에서 살아가는 사람들을 가리키는 용어로 통용되고 있다. 우리말로는 '이산'이라고 번역될 수 있다. 대가족 중심의 우리 문화를 생각하면 우리 민족 전체가 이산가족이다. 재외 한인 이산의 역사는 우리 민족 수난사와 그 궤를 같이한다. 2019년 한국 외교부 발간 자료를 보면 한반도 밖에 거주하는 코리안 디아스포라의 수는 750만 명에 이른다. 한국과 조선을 합친 인구의 10분의 1이 국외에 사는 셈이니 결코 적지 않은 숫자다. 전 세계 2백여 나라 가운데 인구가 이에 못 미치는 나라가 셀 수 없이 많다.

미국과 중국에 각각 약 250만 명이 거주하고 일본에도 약 80만 명의 한민족이 살고 있다. 유럽에도 70만 명에 가까운 우리 민족이 살고 있으며 다소 생소하게 들릴 수도 있겠지만 멕시코, 브라질, 쿠바를 비롯한 중남미에도 10만 명이 넘는 한인들이 살고 있다. 각기 상이한 이주 과정과 배경만큼이나 다양한 이름으로 불린다. 간도 지방에 정착했던 사람들은 중국 '조선족' 동포가 되었고, 연해주로 건너가 자리 잡았던 이들은 스탈린 시절 중앙아시아로 강제이주하면서 '고려인'이 되었다. 일제 강제징용으로 끌려가 돌아오지 못했던 조선인들은 '재일동포'로 불리고, 해방 이후 한국에서 아메리칸드림을 안고 미국으로 이주한 사람들은 '코리안 아메리칸'이 되었다. 하지만 이들 모두 같은 말을 사용하고, 생김새도 꼭 닮았고, 김치를 먹으며, 집단기억이라고 할 수 있는 역사를 공유하는 우리 민족이다.

중국 동북3성에 살고 있는 250만의 조선족의 이주 과정과 배경은 우리 민족의 슬픈 역사와 깊은 관련이 있다. 19세기 말과 20세기 초에 배고픔과 굶주림, 그리고 일제의 폭정에 못 이겨 압록강과 두만강을 건너 월경했던 사람들도 많았고 항일운동에 투신했던 독립투사들도 상당수 있었다. 나의 할아버지와 할머니도 1906년 조선 망국의 설움을 안고 북만주의 흑룡강성으로 이주했다. 일제의 패망과 해방 소식은 국경 너머 살던 조선인들에게는 기쁨과 환희, 그리고 고향으로 돌아갈 수 있다는 희망이었지만 실제로 고향으로 돌아간 사람들은 극소수였다.

모국의 분단과 전쟁의 참상, 정치적 혼란은 귀향을 그토록 바라던 그들의 소망을 산산이 앗아가버렸다. 그들이 그리워하던 조국은 더 이상 고향을 떠나올 때 그대로의 조국이 아니었다. 하나의 조국이 아니라 둘로 갈라진 반쪽의 조국이었다. 1949년 중국이 공산화되면서 조선족들은 자연히 한반도의 반쪽만을 조국으로 받아들일 것을 강요받았고 한국을 자본주의의 병폐 정도로만 여겼다. 1992년 한·중 수교 이후 많은 조선족이 코리안드림을 꿈꾸며 한국에 와 경제활동을 하고 있지만 한국 사람들이 조선족들을 보는 시각도, 조선족들이 한국 사람들을 보는 시각도 우호적이지 않은 듯하다.

연해주에 정착한 고려인의 역사도 중국 조선족의 그것과 크게 다르지 않았다. 기근과 빈곤을 피해서 이주했고 경술국치 이후 더 많은 조선인들이 연해주로 넘어갔다. 1860년 이후 연해주를 자신의 영토로 편입시켜 관리하던 러시아는 1930년대에 17만 명에 이르는 조선인들을 중앙아시아로 강제이주시켰다. 고향을 떠나 질곡의 삶을 견디던 연해주 동포들은 또 한 번 그 뿌리가 뽑히는 혹독한 시련을 겪게 된다. 우즈베키스탄과 카자흐스탄 등 중앙아시아로 강제이주된 연해주 고려인들도 조선족들과 마찬가지로 반쪽의 조국만을 선택하도록 강요받게 된다. 냉전 종식 이후 사회주의 가치에 대한 회의감이 생겨나고 한국의 경제적 풍요로움에 대한 동경도 갖게 되었지만, 그들은 여전히 두 개의 조국에 혼란스러워하고 있다.

카자흐스탄으로 강제이주를 당했던 고려인 중에는 우리가 잘 아는 봉오동 전투의 영웅인 홍범도 장군도 있었다. 정치적인 이유에서 홍범도 장군의 유해 봉환을 두고 한국과 조선 사이에 불거지고 있는 작금의 볼썽사나운 행태는 가히 통탄을 금할 길이 없다. 평양이 고향인 홍 장군의 유해를 조선 측과 상의나 협의 없이 일방적으로 서울로 봉환해 오겠다는 한국 정부와, 평양으로 송환해 오는 것이 조상 전례 풍습이라고 주장하면서 한국 정부의 유해 봉환을 책동과 도발로 폄훼하는 조선 측을 홍 장군이 보면 무슨 생각을 할까? 평생 조국의 독립을 위해 헌신했지만 조국의 해방을 보지 못하고 먼 이국땅에서 초라하고 쓸쓸한 말년을 보냈던 홍범도 장군이 묻히고 싶었던 조국은 반목과 갈등으로 으르렁대는 반쪽의 조국은 아니었을 것이다. 조국 독립의 소원을 안고 국경을 넘던 당시의 그 조국은 사라지고, 죽어서도 한국인지 조선인지 선택을 강요받는 것만 같아 가슴이 저며온다.

같은 맥락에서 볼 때, 황해도 해주가 고향인 안중근 의사의 유해가 언젠가 발견된다면, 이 유해 봉환도 홍범도 장군의 경우만큼이나 한국과 조선 간 치열한 논쟁을 초래할 것으로 예상된다. 안 의사가 이토 히로부미를 저격한 하얼빈은 내가 태어나고 유년 시절을 보낸 곳이다. 어려서 마을 어른들로부터 안 의사에 관한 얘기를 듣고 자랐다. 1980년대에 중국을 방문했을 때도 하얼빈역을 찾아 안 의사의 숭고한 뜻을 되새겼다. 안 의사는 조선에서도 애국열사로 존경받고 있다. 서울의 효창공원에 안 의사의 가묘가 조성되어 있는 것처럼 평양 애국열사릉에도 안중근 의사 기념비가 세워져 있다. 안중근의 마지막 유언은 자신의 시신을 고국에 묻어달라는 것이었다. 안 의사가 그리워하던, 그리고 묻히고 싶었던 조국은 하나 된 조국이었을 것이다.

굴곡진 삶을 살았던 건 재일동포도 마찬가지다. 일제 강제징용으로 끌려갔던 수많은 조선인들은 해방 이후 고국으로 돌아오지 못했다. 조국은 둘로 갈라져 있었고 한국전쟁의 참상은 일본 동포들로 하여금 차라리 일본에 남겠다는 생각을 갖게 만들었다. 그들은 일본에서 인간 이하의 취급을 당하면서도 꿋꿋하게 민족의 정체성을 유지하면서 살아왔다. 일본인들의 차별과 핍박보다 그들을 더 힘들게 했던 것은 한국이냐 조선이냐를 선택하도록 강요한 정치적인 현실이었다. 재일동포 사회는 70년이 넘는 세월을 재일본대한민국민단(민단)과 재일본조선인총연합회(총련)이라는 두 조직으로 갈라져 대립과 반목으로 서로 맞서왔다. 재일동포 사회는 둘로 갈라진 조국의 축소판이었으며 어느 한쪽을 선택하지 않으면 안 되는 것이 현실이었다. 선택 후에도 다른 한쪽으로부터 빨갱이니 간첩이니 하는 낙인이 찍혀 살아온 것이 재일동포들의 서글픈 현실이었다.

얼마 전 전후석 감독이 연출한 〈헤로니모〉라는 제목의 영화를 보았다. 모진 풍파를 견뎌온 쿠바 이민 1세대인 임천택 씨와 자신의 정체성에 번민하는 쿠바 한인 2세대 헤로니모(임은조)의 이야기를 다룬 다큐멘터리 영화였다. 임천택 씨는 1905년 멕시코 에네켄 농장의 계약 노동자로 이주했다가 1921년에 경제적 어려움을 피해 쿠바로 재이주했다. 1926년 아들인 헤로니모가 쿠바에서 태어났다. 조국의 분단 앞에서 정체성을 고민하는 헤로니모의 인생 여정을 담담히 그려낸 것이 몹시 인상적이었다. 나라 잃은 슬픔에 눈물 흘리고 조국의 독립을 위해 독립금을 모아 임시정부에 전달하고 한인학교를 설립하여 민족의 정체성을 지켜나가고 싶어 했던 임 선생 부자의 노력이 가슴에 와닿았지만 분단된 조국이라는 엄혹한 정치 현실 앞에 한인회 설립이 무산되고 어느 한쪽으로의 선택을 강요당하는 모습에

재미동포 2세 전후석 감독이 만든 다큐멘터리 영화 〈헤로니모〉는 쿠바 한인 임천택·임은조 부자의 삶을 통해 '코리안 디아스포라'의 현실을 환기시켜준다. (사진 제공 커넥트픽쳐스)

마음이 착잡했다.

재외동포가 가장 많이 사는 나라는 미국이다. 약 250만 명의 한민족이 살고 있다. 1902년 하와이 사탕수수 농장으로의 한인 이주가 그 시작이었다. 지금 미국에 사는 대부분의 이민자는 1960년대 이후에 아메리칸 드림을 좇아서 미국으로 이주한 사람들이다. 미국에 정착한 동포들이 다른 동포사회와 구분되는 점은 대다수가 한국에서 나고 자라고 교육을 받았다는 점이다. 투철한 반공 의식이 여전히 몸에 배어 있고, 조선은 상종 못 할 집단이라는 인식을 가지고 있는 이들이 대부분이다. '재미동포전국연합회'같이 조선과 밀접한 관계를 지닌 단체도 존재하지만, 조선의 붕괴는 사필귀정이고 조선의 붕괴를 통한 독일식 흡수통일만이 유일한 통일의 방법이라고 생각하는 사람들이 주를 이루고 있다. 한국 정부도 영사관과 각종 단체들을 통해 미국 동포들에게 반쪽의 조국만 선택하도록 강요하는 정책들을 미국 내에서 꾸준히 행해오고 있다. 나도 조선을 50여 차례 방문하면서 친북인사니 종북이니 하는 비판을 받았고, 한국 정부로부터 북쪽 방문을 여러 번 만류당했고, 연구기금 신청 제한 등 다양한 불이익을 당해왔다. 이렇듯 나 역시 반쪽의 조국만을 선택하도록 강요받고 살았다.

재외동포들은 분단된 조국 가운데 한쪽을 선택하라는 고통스러운 강요를 받아왔기에 누구보다 '하나 된 한반도'를 열망한다. 2018년 10월 경기천년 기념 특별전 '코리안 디아스포라, 이산을 넘어' 출품작인 재일동포 작가 박일남의 〈라인-사이-한 나라〉. (사진 제공 경기문화재단)

나에게 있어서 조국은 그때도 지금도 하나다. 한국도 조국이고 조선도 조국이다. 다만 지금은 분단되어 있을 뿐이지 언젠가는 통일의 길로 갈 것이라고 믿는다. 그러나 통일은 저절로 오지 않는다. 통일에 대한 진지한 고민과 성찰 없이 평화만을 강조하는 문재인 대통령의 철학은 안일해 보인다. 평화가 통일을 가져다주는 것이 아니고 통일이 평화를 가져다주는 것이다. 남북 상호 대화와 협력을 통해 꾸준히 통일을 모색하는 일련의 과정만이 진정한 평화에 이르는 길이다.

분단 이전의 고향을 떠난 이산 1세대는 모두 독립운동가라고 할 수 있다. 그때의 시대정신이 그랬다. 적극적으로 독립활동에 참여한 독립투사도 필부도 모두 조국의 독립을 소원하고 그 염원을 실현하기 위해 애썼다. 일제에 빌붙어 호의호식하던 이들도 있었고 친일파가 득실득실하기도 했다. 그래도 시대정신은 대한독립이었고, 이름 한 자 남기지 못하고 떠난 수많은 독립운동가의 헌신으로 해방은 찾아왔다.

이 시대를 살고 있는 우리 모두에게 주어진 시대정신은 통일이다. 통일 준비 과정에서 한국과 조선 양쪽을 모두 접할 수 있는 재외동포들의 역할이 어느 때보다 중요하다. 한국과 조선 사이에 양자택일이라는 프레임에 갇혀서는 안 된다. 한민족 그리고 하나의 조국이라는 공동체 의식으로 양쪽 모두를 편견이나 한쪽에 치우침 없이 바라보면서 그 사이의 가교 구실을 해야 한다. 세계 각지에 흩어져 살고 있는 750만 명의 재외동포는 역사적, 정치적, 이념적, 문화적으로 다른 어떤 민족보다 다양한 경험을 가지고 있다. 이 풍부한 경험은 통일 과정에서뿐만 아니라 통일 조국의 청사진을 설계하는 데도 큰 도움이 될 것이다.

통일의 과정은 '민족 자주의 원칙'에 의거해 이뤄져야 한다. 그러나 주변 국가에 대한, 한반도 통일이 그들의 국익에 해가 아니라 득이 될 것이라는 외교적 설득도 절실히 필요하다. 그런 점에서 해외에 거주하는 우리 동포는 통일 외교의 최전선에 있는 것이다. 750만 재외동포 중 3분의 2인

5백만 명의 동포가 'G2'라고 불리는 미국과 중국에 거주하고 있다. 한반도 통일에 있어 이 두 강대국의 협조와 지지가 필요하다는 점을 고려하면, 미국과 중국에 거주하고 있는 동포들의 역할이 무엇보다 중요하다. 거주국에서 여론을 움직일 정치력 신장을 위한 노력도 해야 하고, 조국과 거주국을 잇는 중요한 가교 구실도 꼭 필요하다.

내 삶의 평화학의 갈림길

1967년 가을, 나는 박사 공부를 위해 미네소타대학에 입학했다. 워싱턴 DC에 있는 아메리칸대학에서 2년간의 석사과정을 마치고 아내와 젖먹이 딸을 데리고 자동차로 열일곱 시간을 달려 미네소타대학에 도착했다.

미국 미네소타주의 날씨는 내가 나고 유년기를 보냈던 만주 하얼빈의 날씨와 흡사하다. 여름 무더위는 없지만 겨울이 길고 춥다. 눈도 많이 오고 종종 어른 키만큼의 폭설이 내리기도 한다. 미네소타대학에는 항상 두 종류의 지도가 비치되어 있다. 하나는 건물과 도로를 표시한 지상 지도이

1955~75년에 걸친 2차 인도차이나반도 전쟁 동안 미네소타대의 학생들과 반전 활동가들이 미 전역의 시위대들과 연대해 거리로 뛰쳐나왔던 기록들. (미네소타대 아카이브 갈무리)

고 다른 하나는 지하 지도이다. 겨울이 워낙 길고 춥다 보니 주차장에서 건물들과 바로 연결되는 지하 통로가 잘 조성되어 있다. 지하 지도는 지하도 입구에서 건물과 강의실로 연결되는 통로를 표시하고 있는데, 마치 중세 수도원의 카타콤을 연상시킨다.

춥고 긴 겨울 날씨에도 불구하고 박사 공부를 위해 내가 미네소타대학을 선택한 데는 중요한 이유가 있었다. 석사 학위를 밟던 중에 읽었던 한 편의 논문이 내 인생의 변곡점이 되었다. 멀포드 시블리 교수가 쓴 「The place of classical political theory in the study of politics: The legitimated spell of Plato」라는 논문으로, 플라톤의 철학과 사상을 명료하면서도 심도 있게 서술한 논문이었다. 그 글을 읽는 순간 '바로 이 사람이다'라는 생각이 들었고 이 사람에게 배워야겠다고 결심했다. 그 시블리 교수가 바로 미네소타대학에 있었던 것이다.

나는 서울대 정치학과 재학 시절부터 플라톤의 사상과 철학을 통해 평화를 모색하는 데 관심이 많았다. 그 시절 나는 플라톤의 명저인 『국가론』에 심취해 있었다. 2천4백 년 전에 살았던 서양 철학자의 지혜에서 현대를 위한 해답을 찾고 싶은 마음에 『국가론』을 읽고 또 읽었다. 영어로 쓰인 책으로도 읽고 우리말 번역본으로도 읽었다. 쉽지 않았다. 플라톤의 사상을 영어로 읽고 이해하기에는 내 역량이 많이 부족했고, 우리말 번역본은 번역에 상당한 오류가 있어 이해하기 더 어려웠다. 하지만 플라톤이 무엇을 이야기하는지는 어렴풋이 헤아릴 수 있었다. 사회에서 인간과 인간의 관계는 어떻게 설정되어야 하는지, 올바름의 정의는 무엇인지, 그리고 어떤 사회가 가장 이상적인 사회인지에 대한 논의가 풍성하고 심도 있게 서술되어 있었다. 플라톤을 더 공부하고 싶다는 소망이 결국 플라톤의 대가인 시블리 교수를 찾아내게 한 것이다.

나는 시블리 교수에게 편지를 썼다. 내가 플라톤과 평화에 관심을 갖게 된 연유, 시블리 교수와 같이 공부하고 싶다는 열망을 전했고, 그와 플라톤에 대해 토론도 했다. 시블리 교수는 내게 깊은 인상을 받았고 몇 번의 서신이 오가면서 어렵지 않게 입학 허가서는 받을 수 있었다. 문제는 돈이었다. 장학금을 주겠다는 공식적인 확답이 없었다.

무일푼이었던 나로서는 장학금 없이 박사 공부를 할 수 없었다. 원래 박사과정은 반은 학생이고 반은 직장인이다. 논문을 쓰고 공부하는 학생이면서도 교수들에게는 공동 연구를 진행하는 일종의 동료이다. 따라서 예나 지금이나 박사과정 학생에게 장학금과 함께 매달 소정의 월급이 지급되는 것이 일반적이다. 게다가 나로서는 일리노이주립대학을 비롯한 몇 학교에서 전액 장학금을 주겠다는 제안이 있어서 고민하지 않을 수 없었다. 나는 미네소타대학과 시블리 교수에게 장학금에 관해 재차 문의했고, '지금 확답을 줄 수는 없지만 입학하면 장학금과 수업 조교를 할 수 있도록 알아봐주겠다'는 비공식 답변이 돌아왔다. 나는 고심 끝에 미네소타로 가기로 결정했다. 천만다행으로 운 좋게 첫 학기부터 전액 장학금으로 공부를 시작할 수 있었다.

그러나 미네소타대학에 오자마자 박사 공부에 차질이 생겼다. 시블리 교수가 강의도 하지 않고 박사과정 지도교수도 해줄 수 없다는 것이었다. 눈앞이 캄캄했다. 시블리 교수 하나만 보고 미네소타까지 왔는데 이게 무슨 마른하늘에 날벼락이란 말인가. 내가 박사과정을 시작하던 1967년은 베트남 전쟁이 한창이던 때였다. 시블리 교수는 학계에서도 유명한 평화주의자였고 또 열성적인 반전운동가였다. 그는 '베트남전 반대 전미교수협회' 회장을 맡고 있었고 미국 전역을 돌면서 반전운동 시위를 주도하고 있었다. 매카시즘 광풍이 불던 1950년대 초에도 사회주의, 평화주의 같은 이념을 공개적으로 지지하는 발언 탓에 문제적 인물로 블랙리스트에 올라 있었다. 그는 평화주의, 이상주의, 그리고 시민 불복종 같은 주제들에 관해 많은 논문과 저서를 출간했다. 그는 반전운동으로 인해 심적·물리적 여유가 없어서 지도교수를 맡아줄 수 없다고 했다.

시블리 교수와 함께 연구할 수 없는 상황은 거의 절망적이었다. 그러나 평화 연구에 대한 나의 열망과 고집을 꺾을 수는 없었다. 정치학과에 있는 모든 교수들을 둘러봐도 시블리 말고는 플라톤과 평화를 공부하고 연구하는 교수가 없었다. 대부분의 교수들은 그 시절 정치학계에서 유행하던 '행태주의' 접근 방법을 신봉하고 있었다. 나는 인접 학문을 하는 교수들의 면면을 살피기 시작했고 사회학과와 철학과에서 내 학문의 스승이 되어줄 두 명의 교수를 발견했다. 한 분은 돈 마틴데일 교수였고 다른 한 분은 허버트 파이글 교수였다.

사회학 이론을 전공하는 돈 마틴데일 교수는 막스 베버 연구로 유명한 학자였다. 여러 편의 막스 베버 논문과 저서를 영어로 번역했을 뿐만 아니라 막스 베버의 수제자라는 소리까지 들을 정도로 베버 연구에 심취해 있던 사람이었다. 마틴데일 교수를 만나기 전까지 나는 막스 베버에 대해 피상적인 지식만 갖고 있었다. 그의 강의를 들으면서 막스 베버에 대해 새로운 눈을 뜨게 되었고, 행태주의 풍조에 젖어 있던 당시의 학풍에서 인간 행동과 사회 현상을 문화적 접근 방법으로 조명했던 베버의 통찰력을 재인식하게 되었다.

무엇보다도 내 눈을 번쩍 뜨이게 했던 것은 과학철학이었다. 과학철학은 과학의 방법에 대한 철학적 탐구를 추구하는 철학의 한 분야다. 다시 말해, 우리가 안다고 생각하는 것은 어떻게 아는 것이며 어떻게 알아야 하는가라는 것을 연구하는 학문이다. 세계에서 손꼽히는 과학철학의 대가인 허버트 파이글이 철학과에 있었다. 파이글 교수는 오스트리아 태생으로 1930년에 미국으로 건너온 이민자였다. 논리 실증주의로 대표되는 빈 학파의 초창기 회원으로도 유명했다.

지금 돌아보면 파이글 교수를 만난 건 나에게 정말 큰 행운이었다. 파이글 교수의 강의를 들으면서 틈나는 대로 찾아가 토론하고 끝없는 질문들을 나 자신에게 던졌다. 파이글과 그의 제자였던 메이 브로드벡의 강의를 수강하면서 나는 학문이라는 것은 이렇게 해야 하겠구나라는 생각을 하게 되었고 과학철학에 더욱 몰두하게 되었다. 3년간의 박사 공부를 마치고 나니 과학철학으로서 정치학 방법론을 나 나름대로 모색할 수 있는 학문적 지식과 관점을 갖추게 되었다. (나중에 학위를 마친 뒤 나는 조지아대학에 과학철학과 정치학 방법론 강의를 담당할 교수로 임용되었다.)

미네소타대학에서 지낸 3년간의 박사과정은 내 삶에서 가장 열정적인 시간이었다. 공부도 열심히 했고 책도 많이 읽고 다양한 시각도 두루 접했다. 과학철학, 사회학, 사회심리학, 정치철학 등 다양한 분야의 강의를 닥치는 대로 듣고 공부했다. 석사 학위 학점을 인정받아 총 90학점만 이수하면 되는 박사과정에서 나는 3년 동안 자그마치 120학점을 이수했다. 박사 공부는 내 평생 학문의 토대가 되어주었고, 연구하고 세상을 보는 눈을 뜨게 해주었다.

미국에서 50년 넘는 세월을 교수로 재직하면서 많은 한국 유학생을 보았다. 개중에 목적의식 없이 유학을 나오고 단순히 학위 취득 목적만을 위해 20대의 황금 같은 시기를 허비하는 이들이 눈에 띄어 내 마음을 안타깝게 했다. 미국에 오는 한국 유학생들에게 무엇을 공부하기를 원하고, 왜 공부하는지에 대한 뚜렷한 목적의식을 가지기를 당부하고 싶다.

나는 평화 연구를 정치학의 테두리 안에서만 해야 한다는 고정관념에서도 탈피할 수 있었다. 정치학에서 전쟁학을 연구할 수는 있다. 전쟁의 원인을 고찰하고 전쟁을 방지할 수 있는 방안들을 연구할 수 있다. 그러나 늘 강조했듯이 평화는 전쟁이 없는 상태가 아니고, 전쟁이 없다고 해서 평화가 오는 것도 아니다. 평화는 이질성의 조화이며, 평화 연구는 이질성을 어떻게 조화시킬 수 있는가를 연구하고 교육하는 학문이다. 진정한 평화 연구를 위해서는 인접 학문과의 학제 간 연구가 반드시 필요하다는 것을 깨닫게 되었다.

시블리 교수와 함께 연구할 수 없었던 상황은 오히려 전화위복이 되었다. 시블리가 지도교수가 되었더라면 아마도 평생을 플라톤이라는 울타리에 갇혀 살았을지도 모를 일이다. 내 학문의 은사이자 스승이었던 마틴 데일 교수와 파이글 교수는 이미 오래전에 작고했다. 박사과정 내내 따뜻하게 나를 대해준 그들에게 다시 한번 감사의 뜻을 전하고 싶다.

조지아대를 선택한 특별한 이유

인생은 선택의 연속이다. 살다 보면 수많은 선택의 기로에 서게 된다. 삶의 방향을 바꿀 중요한 선택도 있고, 점심 메뉴 고르기 같은 일상의 선택들도 있다. 1969년 여름 나는 내 인생의 가장 중차대한 선택의 순간과 마주하고 있었다. 5년간의 공부를 모두 마치고 박사학위 취득이 눈앞에 다가오는 시점에서, 한국으로 돌아갈지 아니면 미국에 남을지를 결정해야 했다.

인생에서 가장 중요한 결정이라는 사실이 무색할 만큼, 선택은 어렵지 않았다. 며칠 밤을 새워가며 고심할 필요가 없었다. 사실 한국으로 돌아가 교편을 잡는 것은 그리 어려운 일은 아니었다. 그때만 해도 한국 사람이 미국 대학에서 박사학위를 받았다는 소식은 신문 사회면 한 귀퉁이에 기념사진과 함께 기사로 실릴 정도로 드문 일이었다. 서울대 정치학과에

1968년 4월 4일 테네시주 멤피스에서 저격을 받아 숨진 킹 목사의 장례식은 4월 9일 조지아주 애틀랜타에서 국장으로 치러졌다. 존슨 대통령은 연방정부 건물에 반기 게양을 지시했고 1억 2천만 명의 미국인이 텔레비전으로 장례식을 지켜봤다. (사진 제공 마틴루서킹박물관)

교수로 재직 중이던 선배들이 한국으로 돌아와 후학을 양성해보라는 제의도 했었다. 그러나 나는 이미 미국에 남기로 마음을 굳힌 상태였다.

내가 미국에 남기로 마음을 정한 시기는 박사학위 취득 훨씬 전이었다. 우선 학문에 대한 열정과 열망 때문에 남기로 했다. 귀국하기보다 미국에 남는 것이 나의 공부를 위해 훨씬 도움이 되리라는 생각이 들었다. 미국 대학에는 학문과 연구에 매진하기에 더 자유롭고 창의적인 환경과 풍토가 조성되어 있었다. 그 무렵 한국의 정치 상황은 1961년 5·16 군사 쿠데타로 정권을 잡은 박정희 소장이 군복을 벗고 민정에 직접 참여하여 대통령이 되면서 3선 개헌으로 독재와 장기 집권 시나리오를 연출하고 있었다. 학문과 표현의 자유가 억압된, 숨 막히는 환경에서 연구하고 싶은 마음은 전혀 없었다. 만일 그때 귀국했더라면 암울한 정치 현실에서 숨죽여 살았든지, 빨갱이니 간첩이니 하는 낙인이 찍혀 투옥과 석방을 반복하는 어려운 삶을 살았을지도 모를 일이다.

미국에 남기로 한 또 다른 이유는, 내가 유년 시절부터 앓고 있는 '평화병'을 한국에서는 치유할 수 없을 것 같다는 생각에서였다. 반공 이데올로기가 나라 전체를 옥죄고 있는 현실에서 조선을 공부하고 평화와 통일을 연구하는 것은 사실상 불가능에 가까운 일이었다. 한국에 살면서 양자택일을 강요받고 싶지 않았고, 한반도 밖에서 양쪽을 좀 더 객관적이고 균형 있는 안목으로 바라보고 싶었다. 물론 앞서 언급했듯, 필요에 따라 한국과 조선 양쪽을 모두 방문하려면 미국에 남는 것이 좋다는 생각도 했다.

미국에 남기로 한 이상, 가장으로서 당장 생계를 위한 직장이 있어야 했다. 나는 1969년 겨울부터 미국 여러 대학에 우편으로 취업 지원서를 보내기 시작했다. 운 좋게도 세 개 대학에서 임용 제안을 받았다. 미국 남부의 조지아대학과 캐나다 토론토의 요크대학, 그리고 텍사스의 앤젤로주립대학이었다. 요크대학에서는 정치학과가 아닌 사회학과에서 임용 제의가 왔다. 아마도 내가 사회학 과목들을 많이 수강했고, 사회학계에서 영향력이 상당했던 돈 마틴데일 교수가 추천서를 써준 덕분인 것 같았다.

두말할 나위 없이 나는 조지아대학으로 가기로 결정했다. 1785년 미국에서 가장 먼저 설립된 공립대학인 조지아대학은 외국 학생인 나에게는 과분할 만큼 좋은 대학이었고, 특히 마틴 루서 킹 목사의 고향인 애틀랜타에서 아주 가까운 애선스에 캠퍼스가 있다는 점이 무엇보다 마음에 들었다.

하지만 미네소타대학의 지도교수들은 대체로 나의 조지아행을 말렸다. 갈 곳이 못 된다는 것이었다. 이유인즉, 조지아대학이 디프사우스, 바이블 벨트, 선 벨트, 딕시랜드 등으로 불리는 남부에 있기 때문이었다. 미네소타대학 교수들 사이에서 남부에 대한 시선은 그리 우호적이지 않았다. 그들에게 남부는 여전히 백인 우월주의가 득세하고 인종차별이 만연한 후진적 문화가 지배하는 곳이었다. 자그마한 동양인이 가서 버티기에는 힘들 것이라는 말도 여러 차례 들었다.

그들의 진심 어린 조언에 감사했지만, 내 생각은 조금 달랐다. 미국에 정착하기로 한 만큼 미국 사회를 더 깊이 알고 싶었다. 미국은 땅덩어리도 크고, 다양한 인종과 문화가 공존하는 사회이고, 지역마다 독특한 특색을 지니고 있다. 그러나 굳이 직접 체험하지 않아도 동남부를 제외한 다른 지역의 문화는 어렴풋이나마 알 수 있을 것 같았다.

이를테면 동북부 지역인 뉴잉글랜드 지방의 색채는 영국 문화를 그대로 닮았다고 할 수 있다. 보스턴은 영국의 런던과 흡사하고 영국에서 이주해온 앵글로색슨족이 주류를 이루며 살아온 공동체였다. 영어 발음도, 건축 양식도, 아이비리그 학교들도 영국 백인 문화의 영향을 받아 형성된 문화권이었다. 미네소타대학이 위치한 중서부 지역은 노르웨이, 스웨덴, 덴마크, 핀란드 등 스칸디나비아반도에서 이주해온 이민자들이 많이 거주하고 있었다. 사람들의 체구가 크고 행동이 좀 느린 게 특징이었다. 중서부는 북유럽의 문화를 그대로 옮겨놓은 것 같았다. 캘리포니아주를 중심으로 한 서부 지역은 동양인도 많고 다양한 인종과 문화가 공존하며 진보적이고 진취적인 사람들이 이주해 사는 지역이었다. 텍사스주와 애리조나주로 대표되는 남부 지역은 멕시코 이민자들이 많아 라티노 문화의 영향이 엿보이고 나바호족을 비롯한 많은 원주민들이 사는 지역이었다.

나는 미국의 문화와 가치관, 그리고 사람들의 생활방식과 행동양식을 제대로 이해하기 위해서는 역시 동남부로 가는 것이 낫겠다고 생각했다. 그곳을 직접 살아보지 않고서는 진정한 미국을 안다고 할 수 없을 것 같았다. 특히 인종 간 불평등에 관심이 많았던 나는 노예제도가 성행했고 그 잔재가 여전히 남아 있는 동남부에 살면서 미국을 더 면밀히 관찰해보고 싶었다.

동남부 문화에 대한 호기심만큼이나 조지아대학으로 마음이 끌렸던 이유는 바로 마틴 루서 킹 목사의 고향에 있다는 점이었다. 대학 시절부터 간디의 사상에 매혹을 느꼈던 나는 1965년 미국에 온 이후로 킹 목사에 대해서도 꾸준히 관심을 갖고 있었고, 그가 보여주었던 풍부한 학식과 심오한 사상에 동경과 경외를 품고 있었다.

내가 킹 목사의 사상과 정신에 더 몰두하게 된 계기는 아이러니하게도 그의 죽음이었다. 1968년 4월 4일 나는 수업이 시작되기를 기다리며 강의실에 앉아 있었다. 그런데 비교정치를 가르치는 로버트 홀트 교수가 강의실로 들어서면서 갑자기 울기 시작했다. 모든 학생들이 영문을 몰라 어

암살 하루 전인
1968년 4월 3일
마틴 루서 킹 목사
(오른쪽에서 두 번째)가
재시 잭슨 목사
(왼쪽에서 두 번째) 등의
인권운동가들과 함께
테네시주 멤피스의
로레인 모텔 306호
발코니에서 군중들과
대화를 나누고 있다.
(마틴루서킹박물관 자료사진)

리둥절해했다. 교수가 수업시간에 학생들 앞에서 펑펑 소리 내어 우는 모습은 살면서 한 번도 상상해보지 못한 광경이었다. 홀트 교수는 손수건으로 눈물을 닦으며 마틴 루서 킹 목사가 방금 전에 멤피스에서 암살되었다는 소식을 전해주었다.

평생을 인권과 평등, 그리고 평화로운 공존을 역설하던 킹 목사였다. 약자와 흑인에 공감했고 인간애를 실천하는 행동하는 양심이었다. 나는 킹 목사의 평화에 대한 사상과 철학에 매료되었고, 특히 폭력을 이기는 것은 비폭력이고 사랑이라는 역설 논리에 크게 감명받았다. 폭력을 동원한 백인들의 무자비한 탄압에 질적으로 다른 방법인 비폭력으로 맞선다는 사상은 나의 인생과 연구에 영감과 교훈을 주었다. 또한 인류는 한 가족이고, 그렇지 않으면 평화롭게 어울려 살 수 없다는 킹 목사의 명언은 내게 평생 마음에 간직할 신념이 되었다. 수많은 명연설을 남기고 떠난 그를 떠올리노라면, 30대의 젊은 나이에 어떻게 그토록 심오한 진리와 지혜를 깨달을 수 있었을까 감탄을 금할 길이 없다.

킹 목사는 40년이 채 되지 않는 짧은 생을 비극적인 죽음으로 마감했지만, 그의 업적과 유산은 인류 역사에 길이 남을 것이다. 최근 '조지 플로이드 사망 사건'으로 분출된 미국 사회의 내재적 모순인 인종차별을 볼 때 킹 목사의 사상과 철학이 어느 때보다도 절실하게 느껴진다. 나는 킹 목사의 모교인 모어하우스대학에서 평화학을 강의했던 것을 지금도 자랑스럽게 생각하고 있고, 간디·킹·이케다 평화상을 수상한 것을 무한한 영광으로 생각한다. 그의 고향인 조지아에서 그의 삶과 사상을 더 이해하고 싶어 했던 50년 전 나의 선택은 참으로 현명한 선택이었다.

1970년 봄 나는 설레고 흥분되는 마음으로 캠퍼스 면접을 위해 조지아대학을 방문했다. 미국 대학의 교원 임용 과정은 예나 지금이나 모두 대동소이하다. 1차는 서류 심사로 진행하고, 합격자를 대상으로 2차 전화 면접(요즘은 화상 면접)을 실시한다. 전화 면접이 끝나면 서너 명의 지원자를 캠퍼스로 초청해서 대면 면접을 한다. 캠퍼스 면접은 지원자에게 학교와 지역을 둘러보고 파악할 기회를 제공하는 시간이기도 하다. 한국과 다른 점이 있다면 학연·지연·혈연이 작동하지 않는다는 것, 더불어 캠퍼스 면접이 보통 1박 2일이나 2박 3일 일정의 심층 면접으로, 빡빡한 일정으로 짜인 강행군이라는 것이다. 나도 조지아대학에서 2박 3일의 캠퍼스 면접을 했고, 학생들을 대상으로 시범강의도 하고 연구 주제발표도 해야 했다. 동료 교수들은 물론 관련 교직원들과의 미팅 일정도 빠듯하게 잡혀 있었다. 정치학과 교수들을 비롯해 학교 관계자들과 함께한 식사만도 여섯 번이나 되었다.

캠퍼스 면접 내내 눈에 띄었던 것은 주위의 모든 사람이 백인이라는 사실이었다. 전해 듣기로는, 그 무렵 조지아대학 교수진 가운데 흑인은 물론 유색인종도 전혀 없었다. 학생들의 구성도 마찬가지였다. 백인 학생 일색이었다. 조지아대학은 미식축구로 유명한 학교였는데 풋볼팀에도 흑인 선수는 단 한 명도 없었다.

그도 그럴 것이 조지아대학이 흑인 학생의 등교를 허용한 것이 1961년이었다. 샬린 헌터와 해밀턴 홈스라는 두 흑인 학생이 3년간의 법정 싸움 끝에 입학 승소 판결을 받아냄으로써 조지아대학에 등교할 수 있었다. 그해 1월 등교 첫날, 만일의 불상사를 대비해 경찰이 그들의 신변을 보호하려고 등굣길에 동행하기까지 했다는 사실을 감안하면 캠퍼스에 흑인 학생들이 보이지 않았던 것은 어쩌면 당연한 일이었다. 샬린 헌터는 저명한 언론인이자 인권운동가로 지금도 왕성한 활동을 하고 있다. 조지아대학에서 그나마 내 눈에 띄는 흑인들은 모두 건물이나 도로를 청소하는 단순 육체노동자들이었다. 내게 남부의 흑인들은 순종적이고 복종적인 노예 문화에 여전히 묶여 있는 이들처럼 보였다. (훗날 깨달은 바로, 진취적이며 성향을 지닌 흑인들은 모두 남부를 떠나 다른 주로 이주해 정착하는 경향이 두드러졌다.)

면접 내내 모두 친절하게 대해주어 임용되더라도 큰 걱정은 없겠구나 하고 안도하긴 했지만 나중에 공립학교에 다닐 자식들을 생각하니 조금 걱정이 되기도 했다. 면접을 마치고 미네소타로 돌아온 지 얼마 안 지나 조지아대학에서 임용 제의를 받았다. 나는 기쁜 마음으로 수락했고 1970년부터 2015년 은퇴할 때까지 45년간 조지아대학에서 가르치고 연구했다.

1961년 1월 9일 조지아대학의
최초 흑인 입학생인 샬린 헌터(가운데)와
해밀턴 홈스(오른쪽)는 경호를 받으며
등교해야 할 만큼
전국적으로 비상한 주목을 받았다.
(조지아대학 디지털아카이브 자료사진)

온통 백인들로 둘러싸인 채
조지아대학 캠퍼스를 처음 걷고 있는
샬린 헌터.
(조지아대학 디지털아카이브 자료사진)

1963년에 졸업한 헌터는 《뉴요커》의
첫 흑인 기자를 비롯해 50여 년간
저널리스트로 활약했고,
홈스는 인근 에머리대학 의대의
첫 흑인 학생이 된 뒤 의사로 활동하다
1995년에 별세했다.
(조지아대학 디지털아카이브 자료사진)

1970년 미국 남부와의 만남

1970년 여름 조지아주 애선스시로 가는 길은 사실, 기대 반 걱정 반이었다. 직장을 구했다는 기쁨도 있었고, 이제 가장으로서 가족의 생계를 책임질 수 있겠다는 안도감도 들었다. 박사학위를 받았으니 마음껏 연구할 수 있는 일종의 자격증을 갖게 됐다는 자신감도 있었다. 하지만 흥분되고 설레는 마음 이면에는 약간의 두려움도 있었다. 나와 우리 가족에게 미국 동남부는 여전히 낯선 곳이었다. 노예제도의 잔재가 여전히 뿌리 깊게 남아 있는 곳이며, 인종차별과 불평등이 사회 전반에 걸쳐 용인되는 곳이기도 했다.

우선 애선스시에서 살림집을 구하는 것부터 쉽지 않았다. 인터넷이 보편화된 요즘 같으면 집의 위치와 사진 그리고 주변 정보를 손쉽게 확인할 수 있었겠지만, 1970년 당시엔 멀리 떨어진 다른 주의 주택 정보를 구하는 것이 여간 어려운 게 아니었다. 캠퍼스 면접 때 2박 3일 머물렀던 게 전부였으니, 어느 곳에 어떤 집을 구해야 할지 막막했다. 조지아대학 정치학과 교수들에게 전화해 어느 지역이 안전한지, 출퇴근 거리는 얼마나 되는지, 마트까지 거리는 어떤지 등 대략의 정보를 얻고 서너 군데 월셋집을 소개받았다. 집주인들과 전화와 우편으로 연락을 주고받은 끝에 그중한 월셋집을 계약했는데 월 75달러를 내야 했다. 집을 보지도 못하고 깜깜이로 월셋집을 얻은 까닭에, 실제 입주해서 보니 집이 허름하기가 이를 데 없었다.

자동차도 문제였다. 미네소타에서 몰던 자동차는 연식도 오래됐고 이곳 저곳 손볼 곳이 한두 군데가 아니었다. 학교만 왔다 갔다 하는 일종의 출퇴근용으로 그럭저럭 큰 불편은 없었지만 자그마치 서울-부산 거리의 여섯 배나 되는 조지아대학까지 운행하기에는 무리가 있었다. 형편이 여의치 않아 새 차를 구입할 수 없어 발품을 팔아가며 좋은 가격에 튼튼한 승합차를 중고로 구매했다. 승합차를 장만한 이유는 이삿짐을 운반하려면 넉넉한 공간이 필요했기 때문이었다. 변변치 않은 세간살이였지만 바리바리 싸 들고 갔던 이유는 낯선 곳에 가서 적응하기도 힘든데 당장 살림살이를 장만하러 동분서주하는 일이 쉽지 않겠다는 생각에서였다. 자동차의 뒷좌석 시트를 모두 뒤로 눕혀 한가득 짐을 싣고 나는 운전석에, 집사람과 큰딸아이는 조수석에 앉아 조지아주를 향해 길을 나섰다. 집사람은 둘째를 임신해 8개월째에 접어든 상태였다.

미네소타대학에서 조지아대학까지는 지금 달려도 자동차로 꼬박 열일곱 시간이 걸리는 먼 거리다. 더욱이 고도 1천 미터가 넘는 애팔래치아산맥을 넘어야 하는 험한 길이었다. 그때는 도로 사정이 지금보다 훨씬 열악했으니 하루 만에 조지아에 입성하는 것은 불가능했다. 더욱이 만삭인 집사람과 세 살배기 딸아이에게는 무리였다. 가는 도중 중간 지점에서 하룻밤을 묵기로 하고 이틀 일정으로 길을 나섰다. 출발 전날 집사람과 나는 미국 지도를 구해 대략의 주와 주 사이 고속도로 정보를 숙지했다. 그때만 해도 조수석의 동승자가 내비게이션 구실을 해야 했다. 집사람이 시종일관 지도책을 손에서 놓지 않고 길 안내를 해주었다. 자칫 길을 잘못 들어서기라도 하는 날에는 상당 시간을 허비하게 되기에 가는 내내 한시도 지도에서 눈을 떼지 못했다.

나는 밝은 낮에 조금이라도 더 달리자는 생각에 쉼 없이 운전했다. 어느덧 날이 어둑어둑해지고 마침 주유등에 노란불도 들어왔다. 기름도 넣고 하루 저녁 묵을 숙소에 대한 정보도 얻으려고 주유소로 들어갔다. 켄터키주 아니면 테네시주였던 것 같다. 주유기 가까이 차를 대고 있으니 주유원이 천천히 내 쪽으로 걸어왔다. 나는 창문을 조금 내리고 가득 넣어달라고 요청했다. 주유원은 알았다고 고개를 끄덕이면서 주유기를 집어 들었다. 그런데 주유를 막 시작하려는 찰나에 힐끗 내 차의 번호판을 보더니 갑자기 기름을 안 판다는 것이었다. 황당해서 도대체 무슨 영문이냐고 물었더니 돌아오는 대답이 기가 막혔다. '양키'들에게는 기름을 안 판다는 것이었다.

양키라는 말은 원래 문맥에 따라 다양한 의미로 통용된다. 미국 밖에서는 미국 사람을 지칭하는 용어로 쓰이고, 미국 안에서는 일반적으로 뉴잉글랜드 지역의 사람들을 일컫는 말로 통용된다. 남북전쟁 때는 남부 연합군이 북군을 경멸적으로 지칭하는 용어로 사용했는데, 대체로 미국의 북부에 위치한 주들을 통칭했다. 내 자동차의 미네소타주 번호판이 주유원으로 하여금 내가 북부에 사는 양키이고 남쪽을 여행하는 중이라는 오해를 불러일으킨 것 같았다. 나는 자동차 실내등을 켜고 차창을 내려 얼굴을 밖으로 내밀면서, 사무실로 돌아가는 주유원의 뒤통수에 대고 크게 소리쳤다. "내가 양키처럼 보입니까?"

내 차로 돌아온 주유원이 내 얼굴을 빤히 쳐다보더니 태도가 급변했다. 미안하다는 말과 함께 180도 바뀐 친절한 모습으로 기름을 넣어주었고, 주변에 하룻밤 묵을 깨끗한 숙소도 알려주었다. 양키에게는 까칠하고 흑인들을 차별하지만, 외국인에게는 친절하다는 소위 '남부 환대'가 이런 것인가 싶었다. 숙소로 향하는 길에 나는 1백 년 전 종결된 남북전쟁이 미국 사회에 남겨놓은 상처와 앙금을 새삼 떠올렸다. 사실 한국전쟁이 우리 민족에게 남겨놓은 상처도 미국 남북전쟁의 그것 못지않다. 한국전쟁도 지금껏 한국과 조선의 적개심과 반목과 앙금의 원천이지 않은가.

우리 가족은 이튿날 해질 녘에야 조지아대학이 있는 애선스시에 도착할 수 있었다. 주간 고속도로 지도는 가지고 있었지만, 애선스시 지역 지도는 구하지 못했다. 달랑 주소 하나 들고 캄캄한 밤에 월셋집을 찾기란 쉽지 않았다. 애선스시에 들어서자마자 환히 빛나는 맥도날드의 네온사인이 눈에 들어왔다. (그 맥도날드는 지금도 같은 장소에서 영업 중이다.) 출출하던 참에 요기도 하고 길도 물어볼 겸 매장 안으로 들어섰다. 주위를 돌아보니 덩치 큰 경찰관 두 명이 커다란 햄버거와 접시 가득한 감자튀김으로 늦은 식사를 하고 있었다. 지역 경찰관이니 지리를 잘 알겠다 싶어 자초지종을 설명하고 길을 물었다.

오래전부터 나는 경찰관에 대해 그다지 좋지 않은 선입견을 갖고 있었다. 경찰관 하면 일본 순사의 이미지가 떠올랐고, 특히 4·19에서 경험했던 경찰의 횡포와 탄압, 무자비한 공권력 남용으로 인해 공포심과 두려움을 지니고 있었다. 하지만 외국인에게는 친절하다는 남부 환대에 기대를 걸고 용기를 내어 다가갔다. 그러자 나의 기대에 부응이라도 하듯 경찰관들은 즉시 음료수를 들이켠 다음 아주 친절한 태도로, 자신들을 뒤따라 운전해 오라고 했다. 우리 가족은 경찰 오토바이 두 대의 호위를 받으면서, 신호등도 무시하고 앞서간 덕분에 금세 집에 도착할 수 있었다.

오랜 운전으로 피곤했지만 나는 이튿날 아침 일찍 집을 나서 학교로 향했다. 정치학과에 들러 인사도 하고, 인사과를 찾아서 입사 서류를 작성하는 등 행정 절차를 서둘러 마무리하고 싶어서였다. 청명한 날씨에 잘 다듬어진 초록빛 잔디밭, 그리고 건물과 건물 사이를 이어주는 아름답게 조성된 캠퍼스의 오솔길은 지금도 기억에 생생하게 남아 있는 첫 출근길의 모습이다. 아직 개강 전인 캠퍼스에는 오가는 사람이 거의 없었다. 말쑥하게 양복을 차려입고 어디론가 걸어가는 한 흑인 청년이 갑자기 내 눈을 번쩍 뜨이게 했다. 흑인 학생도 교직원도 극소수였던 조지아대학에서 말끔하게 양복을 차려입은 청년이라? 마침 그 청년은 정치학과 사무실이 있는 건물로 들어가고 있었다.

나는 정치학과 사무실에 들어가 직원과 반갑게 인사를 나누고서 혹시나 해서 방금 본 양복 차림 흑인에 관해 물어보았다. 직원은 그에 대해 잘 알고 있는 듯했다. 스물다섯 살의 가이 깁슨 스미스라는 남성인데 그해 조지아대학 법과대학에 부임해 온 딘 러스크 교수의 사위라고 했다.

나는 도서관에서 딘 러스크 교수의 딸 마거릿과 가이 깁슨 스미스의 결혼식에 관한 기사를 찾아보았다. 미국 동남부 조지아주 출신 백인이면서 미국 정부의 최고위직인 국무장관으로 8년간이나 재직한 러스크 교수가 어떻게 흑인 사위를 허락했을까 하는 궁금증을 참을 수 없었다. 이들의 결혼식은 미국에서 큰 화젯거리였고 신문마다 헤드라인으로 소개될 만큼 큰 뉴스였다. 그도 그럴 것이 결혼식이 행해졌던 1967년 9월은, 미

1970년대의 조지아대학. (조지아대학 아카이브 자료 사진)

1961년 1월 존 F. 케네디(가운데)와의 백악관 회의에 자리한 딘 러스크(왼쪽). (위키피디아 자료사진)

국 연방대법원이 16개 주에서 타 인종 간의 결혼, 특히 백인과 흑인 간 결혼을 금지한 법률이 연방헌법에 위배된다는 위헌결정을 내린 지 채 3개월도 지나지 않은 시점이었다.

흑백 차별과 불평등이 만연했던 1960년대에 딸의 결혼식으로 인해 존슨 대통령 행정부에 부담을 주고 싶지 않아 사임까지 요청하면서 흑인 청년과 딸의 결혼을 지지했던 러스크 장관의 인품에 나는 존경심을 갖게 되었다. 러스크 교수와 나는 그가 1984년 법과대학에서 은퇴할 때까지 두터운 친분과 우정을 쌓았고 한반도 정세에 관한 많은 의견을 나누었다.

1968년 2월 백악관에서 러스크(왼쪽)·존슨(가운데)·맥나마라(오른쪽)가 베트남전쟁 관련 회의를 하는 모습. (위키피디아 자료사진)

현직 국무장관 딘 러스크의 18세 딸 마거릿(왼쪽)과 22세 흑인 조종사 가이 깁슨 스미스(오른쪽)의 1967년 9월 결혼식은 《타임》지 표지에 실릴 만큼 파격적인 뉴스였다.

집에 돌아오는 길에 은행에 들러 계좌도 개설했다. 학교에서 만난 사람들, 은행에서 일하는 사람들 모두 남부 특유의 악센트가 강한 영어로 말했다. 더군다나 흑인들의 영어는 발음은 물론이고 단어와 표현, 말하는 방식까지 내가 기존에 알고 있던 영어와 확연히 달랐다. 바야흐로 미국의 또 다른 땅을 밟고 있다는 사실을 절감하게 했다.

집에서는 아내가 분주하게 짐을 정리하고 있었다. 그렇게 조지아주 애선스시에서의 첫날이 저물고 있었다. 나는 그로부터 지금까지 애선스시 근교에서 반세기 넘는 세월을 살고 있다.

내가 학문하는 목적은

한 고개 넘으면 또 한 고개가 기다리고 있고, 이제 다 왔나 싶으면 더 높은 고개와 마주하는 것이 인생인 듯싶다. 처음 도미하여 유학길에 오를 때는 박사학위만 받으면 다 될 것 같았는데 학위를 마치니 직장 구하는 것이 걱정이었고, 들뜬 마음에 시작한 조지아대학의 교수 생활에는 테뉴어라는 넘어야 할 또 하나의 큰 산이 기다리고 있었다.

테뉴어 제도는 미국 대학에서 교수의 직장을 평생 보장해주는 정년 보장 또는 종신교수직이다. 테뉴어 제도의 목적은 학문의 자유를 보장하기 위한 것이다. 주위의 부당한 압력이나 해고나 보복의 두려움 없이 연구하고 가르칠 수 있도록 교수에게 고용 안정의 권리를 보장하는 제도이다. 테뉴어는 보통 임용된 지 5~6년 후에 학과 또는 단과대학 단위로 테뉴어 심사위원회에서 결정되는데, 아이러니하게도 학문과 연구와 표현의 자유 보장이라는 본래의 취지와는 무관하게 근무 업적과 실적으로 평가와 심사가 이루어지는 게 현실이다.

더욱 개탄스러운 현실은 테뉴어 제도의 본래 취지에 맞게 보호받을 만한 대상의 학자들이 별로 없다는 것이다. 다시 말해 대학교수들이 테뉴어 제도의 혜택을 받을 만한 연구나 강의 활동을 거의 하지 않고 있다. 학문적으로 주류에서 벗어난 이론을 주창하거나 정부 정책에 신랄한 쓴소리를 쏟아내는 교수들이 없다는 현실은 서글픈 일이다. 나는 조지아대학 재직 내내 마르크스주의자 또는 친북인사로 낙인찍혀 외부로부터 수

차례 파면과 해고의 압력을 받았지만 테뉴어 제도 덕분에 연구와 강의를 지속할 수 있었다.

테뉴어는 주로 연구 실적(Research), 강의 평가(Teaching), 그리고 봉사 활동(Service) 등 세 가지 분야의 실적에 대한 엄격한 심사를 거쳐 결정되는데, 행여나 통과하지 못하면 짐을 싸서 이직하거나(현실적으로 쉽지 않지만) 고용 안정 없이 평생을 소위 '비정규직'으로 지내게 될 수도 있다. 실제로 세 가지 분야 모두에서 좋은 실적을 내기는 쉽지 않다. 연구에 중점을 두면 강의에 소홀해지는 측면이 있고, 강의 준비에 많은 시간을 할애하다 보면 연구 실적이 미흡할 수가 있다. 또한 봉사는 주로 연구나 강의와 관련된 학교 안팎의 활동들을 심사하는데, 많은 시간을 투자해야 하기에 조금은 번거로운 일이다. 나는 첫해부터 철저히 준비하려는 생각에 몸과 마음이 바빴다.

연구 실적에 대한 걱정은 별로 없었다. 무엇을 연구하고 어떻게 연구해야 하는가에 대한 확고한 관점과 철학이 있었다. 또한 박사학위를 받았다는 것은 내가 창의적으로 마음껏 연구할 수 있는 운전면허를 취득한 것과 같다는 생각에 제대로 운전해보리라는 자신감도 있었다.

내가 생각하는 연구와 학문의 목적은 단 한 가지, 바로 문제 해결(Problem Solving)이다. 1950~60년대 미국 정치학계를 지배하던 행태주의 풍조는 정치 현상에 대한 설명과 예측이라는 측면에만 연구의 초점을 맞추고 있었고, 이에 우리 사회가 안고 있는 여러 가지 문제에 대한 깊은 고민과 성찰, 그리고 문제 해결을 위한 처방을 제시하는 일은 등한시하고 있었다.

1969년 12월 내가 박사학위 논문을 마무리할 무렵, 미국 정치학회보에 한 편의 논문이 발표되었다. 상당히 짧은 논문이었지만 정치학계에 던진 파장은 상당했다. 「정치학의 새로운 혁명(The New Revolution in Political Science)」이란 제목의 글이었는데 요지는 행태주의 풍조의 한계를 지적하면서 학문으로서 정치학이 존립 위기에 처해 있다는 섬뜩한 경고였다. 이런 경고를 들고나온 학자가 다름 아닌 1950년대 행태주의의 부흥을 주도했던 데이비드 이스턴이라는 사실에 정치학계는 더 큰 충격을 받았다.

이스턴은 정치학이 나가야 할 새로운 길로 후기행태주의라는 방향을 제시했다. 간략히 소개하자면 이스턴은, 행태주의 풍토에서 학문은 무조건 가치중립적이어야 하지만 인간과 사회현상을 연구하는 학문에서 규범과 가치가 소홀히 다루어지거나 무시되어서는 절대 안 된다는 논리를 폈다. 또한 행태주의 연구가 관찰 가능하고 계량화하기 쉬운 문제들에만 초점을 맞추다 보니 데이터를 손쉽게 구할 수 있는 지엽적이고 사소한 문제들에만 중점을 두는 경향이 있었다고 지적하면서, 정치학이 우리 사회가 직면한 더 크고 중요한 문제에 집중해야 한다고 주장했다. 아울러 정치학 연구가 현실 사회와 너무 동떨어져 있으며, 정치학자들이 현실 문제 연구와 해결에 더 능동적이고 긍정적인 임무를 수행해야 한다고 촉구했다.

행태주의 학풍에서도 문제 해결의 노력이 없었던 것은 아니었다. 하지만 후기행태주의의 등장할 만한 시대적 배경이 존재한다. 1970년대에 들어서면서 인류는 후기산업사회로의 전환을 맞이하고 있었고, 산업과 시장의 팽창으로 인해 인간의 생존과 직결되는 중차대한 문제들이 나타나기 시작했다. 예컨대 식량 부족, 전쟁, 전염병, 그리고 환경 파괴 같은 누구에게나 영향을 미치는, 보편적이면서 회피할 수 없는 문제들이 인류의 존속을 위협하는 상황이 연출된 것이다. 이에 정치학계에서는 자성의 목소리가 커졌고 데이비드 이스턴이 경종을 울리게 된 것이다. 시블리 교수의 플라톤에 관한 한 편의 논문이 나를 미네소타대학으로 이끌었던 것처럼, 이스턴의 후기행태주의를 주창한 이 논문은 학자로서 첫걸음을 내딛는 나에게 등대와 같은 구실을 해주었다.

거듭하건대, 학문에 대한 나의 평생 신조는 문제 해결이다. 우리가 안고 있는 크고 작은 사회문제들을 발견해내고(identify) 원인을 찾아서 처방을 제시하는 것이 학문의 목적이자 학자의 소명이라고 믿는다. 문제를 발견하기 위해서는 문제가 없는 이상적인 사회가 어떤 모습인가 하는 생각을 머릿속에 가지고 있어야 한다. 이상적인 사회에 대한 개념을 제시하는 일은 그 자체가 규범적이고 철학적인 연구이며, 이는 행태주의에서 철저히 배척되어오던 연구 행위였다.

흡사 의사가 환자를 대할 때 어디가 아픈지, 어떤 병이 있는지를 발견하기 위해서 건강한 신체의 기준을 알고 있어야 하는 것과 같은 이치이다. 정상적인 체온과 혈압이 얼마인지에 대한 개념 없이는 환자가 어디가 어떻게 아픈지 알 수 없는 노릇이다. 학문의 목적은 문제가 없는 이상적인 사회의 모습을 제시하는 것이며, 그 사회를 도안하고 설계하는 것이 학자의 역할이자 책무라고 믿는다. 나는 이상적이고 바람직한 사회는 우리가 품고 있는 문제들이 해결된 사회이며 그러한 사회가 '발전된 (developed) 사회'라는 결론에 이르렀고, 이상적인 사회의 설계를 위해서는 정치발전론을 중점적으로 공부하고 가르치고 연구해야겠다는 결심을 했다. 그리고 나만의 정치 발전 이론을 정립하고 발전시켜 1984년 『Human Needs and Political Development(인간의 필요와 정치 발전)』라는 책을 펴냈다.

대부분 나를 조선 전문가로 알고 있다. 이것은 반은 맞고 반은 틀렸다.

나는 평생 조선의 정치와 사회를, 정치 발전론의 개념으로 관찰하고 연구했지, 조선 자체를 공부하지는 않았다. 정치 발전 과정이라는 관점에서 보면 미국도, 중국도, 한국도, 조선도 이상적인 사회로 발전해가는 과정의 어느 지점에 위치해 있다고 볼 수 있다. 조선은 많은 내재적인 모순과 문제를 해결하려고 노력하는 '발전 중인(developing) 사회'이다. 조선이 처한 가장 시급한 문제는 국가 안보와 인민을 먹이는 문제다. 사회주의나 주체와 같은 이데올로기도, 핵무기도 이러한 문제들을 해결하기 위해서, 즉 정치 발전의 과정에서 사용되는 하나의 도구라는 게 내 생각이다.

교수에게 학생들을 가르치는 것은 연구만큼이나 중요하고 보람 있는 일이다. 내가 가르치면서 가장 중점을 두었던 부분은 지식을 전달하기보다는 학생들이 스스로 지혜를 배울 수 있도록 도와주는 것이었다. 첫 강의 시간에 항상 두 가지 질문을 학생들에게 던지곤 했다. 첫째, 30년 뒤 당신들이 살고 있는 사회가 어떤 사회가 되기를 바라는가? 둘째, 30년 뒤 어떤 사회가 될 것 같은가? 전자는 규범적이고 철학적인 질문이고 후자는 경험적인 질문이다. 학생들에게 이 두 가지 질문을 항상 생각하라고 가르쳤고, 졸업 이후 어떤 직장을 갖든지 현실적으로 좋은 사회를 만드는 데 내가 어떻게 공헌할 수 있는가를 고민하라고 가르쳤다. 즉 사회문제 해결에 기여할 수 있는 사람이 되도록 가르치는 게 나의 교육 철학이었다.

1970년 교수 임용 첫해부터 열심히 강의했다. 강의 준비도 많이 했고 다양한 과목들을 가르쳤다. 기존에 개설되어 있던 과목들도 있었고 내가 새로 만든 과목들도 많았다. 총 일곱 과목을 강의했다. 나의 중점 연구였던 정치발전론과 정치학 방법론은 학부와 대학원에서 강의했고, 정치학과의 필요와 요청에 따라 미국 정치, 비교정치, 국제정치, 인권론, 동아시아 정치 등을 강의했다. 내가 이렇게 다양한 과목을 개설해서 강의하니, 동료 교수들이 나에게 '전천후 내야수(utility player)'라는 별명을 붙여주기도 했다.

45년 동안 강단에 서 있었으니 나에게 배우고 졸업한 학생이 몇천 명은 족히 될 듯싶다. 마치 나는 강물 한가운데 솟아 있는 바위 같고 학생들은 그 바위를 스쳐 지나가는 물결 같다는 느낌이다. 대부분의 학부생들은 이름조차 기억하지 못하지만 박사과정을 지도했던 학생들은 지금도 한 명 한 명 기억에 생생하다. 얼마 전 내가 지도했던 한 학생에게서 전화가 왔다. 필라델피아에 있는 성요셉대학에 재직하고 있는 카즈야 후쿠오카 교수였다. 그는 올 가을학기부터 정교수로 승진했다는 반가운 소식을 전해주었다.

정년 때까지 박사과정을 지도한 학생만도 셀 수 없이 많았다. 미국 학생도 상당수 있었고 외국에서 유학 온 학생들도 많았다. 조지아대학은 저렴한 학비에 비해 질 좋은 교육을 받을 수 있는 곳으로 명성이 난 덕분인지 외국 유학생들이 무척 선호하는 학교였다. 유럽과 인도 그리고 아프리카 학생도 여럿 있었다. 내가 동양인이다 보니 중국, 일본, 한국 유학생들이 나에게 지도교수가 되어달라고 부탁해오는 경우도 많았다.

나는 특히 한국 학생들에게 유학 기간 동안 한국을 옳게 보도록 지도했다. 한국에 있을 때는 잘 안 보이던 것이 밖에서 보면 선명해질 수도 있고, 미국을 포함한 다른 나라들과 비교해봄으로써 한국의 문제가 무엇인

2009년 9월 조지아대학 주최 '조선 억류 미국 여성 기자 2명의 석방 협상 후일담' 특강을 마친 뒤 청중들과의 만남. (조지아대학 누리집 갈무리)

지를 더 잘 알게 될 것이라고 교육했다. 전쟁과 분단이라는 문제에 관심을 갖고 평화로운 사회는 어떻게 만들고 평화 통일은 어떤 상황에서 어떤 모양으로 이루어져야 하는가 등의 문제를 끊임없이 묻고 대답하고 고민하라고 가르쳤다. 하지만 한국 학생들에게 내가 연구하고 터득한 한반도 평화와 통일에 대한 문제 해결 방법을 강요하거나 주입할 생각은 추호도 없었다. 내가 문제 해결 방법을 터득하는 과정을 보여줌으로써 학생들이 스스로 자신들의 길을 가면서 각자의 방법을 터득할 수 있도록 도와주는 것이 선생의 역할이라고 생각했다.

　내가 강의하면서 조지아대학에 가장 공헌했다고 생각하는 것은 학생들에게 다양한 시각을 소개했다는 점이다. 지금도 별반 다르지 않지만,

1990년대까지 미국 대학에서 학생들에게 마르크스를 읽으라는 과제물을 내주는 교수는 한 명도 없었다. 냉전으로 인해 미·소 진영 간의 학문적 교류와 소통이 전혀 없었고, 자유민주주의가 그 어떤 통치 이데올로기보다 훌륭하다는 견해가 미국 사회와 대학에 지배적이었다. 공산주의는 어떤 것이며 어떻게 생겨났는가 등에 대한 연구와 강의는 전혀 존재하지 않았고, 단순히 나쁘다 또는 없애야 한다는 등의 선악이나 흑백 논리만 존재하고 있었다. 나는 학생들에게 미국 밖에 존재하는 다양한 정치제도와 이데올로기를 소개하면서 '다름'을 포용할 수 있도록 가르쳤다.

내가 정립한 정치발전론의 시각에서 보면, 민주주의가 더 발전된 제도이고 공산주의는 낙후된 제도라는 인식은 어불성설이었다. 나는 인간의 욕구와 욕망을 더 효과적으로 성취시켜줄 수 있는 제도가 더 발전된 제도라고 생각한다. 예를 들자면, 생존은 인간에게 있어서 가장 원초적인 욕구다. 생존을 위해서 인간은 물과 음식을 섭취해야 한다. 이것은 모든 인간이 가지는 보편적 욕구이다. 하지만 생존을 위해서 빵을 먹을지 아니면 밥을 먹을지 또는 젓가락을 사용할지 포크를 사용할지는 전적으로 그 사회의 역사와 문화에 의해 결정된다. 민주주의와 사회주의와 같은 이데올로기는 단지 목적을 위한 수단일 뿐, 어느 한쪽이 더 발전하고 우월한 제도라고 단정할 수 없다.

내가 학생들에게 즐겨 사용하던 예를 잠시 언급하자면 정치 발전은 등산과 같은 것이다. 산의 정상은 하나인데 그 정상에 오르는 길은 다양하다. 결국 목표는 같지만 다양한 방법과 길이 있다는 것을 받아들이는 것이 학문과 학자의 겸허한 자세이다. 구체적인 예로 미국 학생들이 보는 조선은 한마디로 악마다. 그러나 나는 미국 학생들이 조선도 하나의 정치체제이며, 조선을 있는 그대로 바라보고 이해할 수 있도록 균형 있는 시각을 가지라고 가르쳤다. 나에게 배운 학생들 대부분은 내 강의를 들으면서 조선을 다른 시각으로 보기 시작했다.

공익 봉사 활동도 테뉴어 심사에 중요한 평가 항목이다. 나는 정치 발전과 평화를 연구하는 학자로서 한반도의 평화를 위해 어떤 기여를 할 수 있을지 고민했다. 조선을 방문하고 한반도 평화와 통일을 위해 구체적인 활동을 시작한 건 1980년부터이지만, 1970년 조지아대학에 임용된 때부터 그것을 준비했고 1980년대부터 조금씩 결실을 보기 시작했다. 1976년에 무난히 테뉴어 심사를 통과한 뒤에, 나중에는 연구와 강의 그리고 한반도 평화에 대한 기여를 인정받아 조지아대학으로부터 교수로서 최고 영예인 대석좌교수(University Professor)라는 직함도 받았다.

통일을 설계하는 학자

학자로서 내가 해결해야 할 문제는 남북 분단과 군사적 대치, 그리고 한반도 통일이었다. 1965년 미국 유학길에 오를 때부터 통일에 기여해야 겠다는 결심으로 학자의 삶을 시작했다고 해도 과언이 아니다.

남북 분단과 군사적 긴장을 해결할 수 있는 이상적인 사회의 모습을 제시하고 그 사회를 도안하고 설계하는 것이 학자인 나의 책무라고 믿으며 평생을 애면글면해왔다. 통일에 대한 진지한 고민과 성찰 없이 남북관계 개선과 평화 조성 노력만을 강조하는 시각은 근시안적이며 분명 한계가 있다. 해방 이래 지난 75년의 세월 동안 정통성 경쟁과 체제 경쟁으로 점철되어온 남북관계를 볼 때, 통일 없이 진정한 평화가 도래할 수 있을지 의문이다. 반복하건대 평화가 통일을 가져다주는 것이 아니고 통일이 평화를 이루는 길이다.

2015년 12월
조지아대학 은퇴 기념식에서
'평화학'을 주제로 한 고별 강연.
(조지아대학 누리집 갈무리)

1965년
미국으로 떠나기 직전
당시 청소년적십자 부장이던
서영훈 선생(뒷줄 오른쪽)의
남산 대한적십자사 사택에서
서 선생의 가족들과
함께 찍은 사진.
(사진 제공 서유석)

　통일은 저절로 오지 않는다. 우리 모두 어릴 때부터 '우리의 소원은 통일'이라 노래하며 자랐지만 아직까지 통일은 이뤄지지 않고 있다. 통일에 대한 열망만으로는 통일을 성취할 수 없다. 통일의 열망을 통일의 결실로 안내할 수 있는 현실적인 '통일의 길', 즉 '통일의 설계도'를 마련하는 일이 절대적으로 필요하고 그 일은 학자들과 이론가들의 몫이다.

　통일의 설계도를 고민하고 도안하는 학자의 연구는 마치 작곡가가 아름다운 멜로디의 곡을 완성하는 창작 작업에 견줄 수 있다. 작곡가가 음악에 대한 소양과 영감을 가지고 한 곡조의 아름다운 선율을 완성해가는 과정은 수많은 노력과 시간을 들여서 악보를 썼다 고치기를 반복하는 힘겨운 작업이다. 통일을 연구하는 학자들의 노력도 이와 마찬가지다. 산고를 이겨내고 탄생한 곡은 오케스트라의 아름다운 연주에 의해 세상 사람들의 귀를 즐겁게 해주기 전까지는 그 가치가 드러나지 않는 먼지 쌓인 한 장의 종이 악보에 불과하다.

　훌륭한 연주를 위해서는 작곡가의 의도와 취지를 이해할 수 있는 혜안

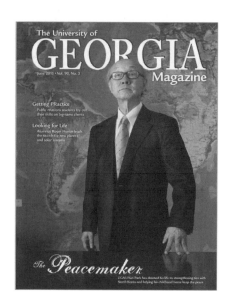

2011년
《조지아 매거진》표지에
'피스메이커'로 소개되다.
(사진 제공 박한식)

과 지혜를 가진 지휘자가 필요하고, 그 지휘자는 각각의 연주자와 악기가
제소리를 내면서도 불협화음이 생기지 않도록 조화를 이끌어낼 능력과
역량을 갖추고 있어야 한다. 통일을 위해 정부가 할 일은 바로 오케스트
라의 지휘자와 같은 구실이다. 오케스트라와 음악과 마찬가지로 사회 각
분야의 역량을 모아 협업과 조화를 통해 학자들이 설계한 통일의 길을
실천하고 이행하는 것이 정부의 소임이다.

나는 한민족 통일의 청사진으로 '변증법적 통일론'을 제안한다. 변증법
적 통일론은 남북 간의 특수성을 정확하게 이해하고, 한국과 조선 간의
현격한 '이질성'을 현실적으로 인정하는 데서 출발한다. 한국과 조선의 이
질성을 찾아서 조화시키고 또한 동질성을 발견해서 꾸준히 진작시키는
노력만이 통일의 바람직한 길이다. 이러한 노력을 위해서 한국과 조선 모
두를, 특히 조선을 관찰하고 연구할 필요가 있었다. 내가 1980년 이후로

조선을 50여 차례 방문한 것도 바로 그러한 이유에서였다.

1980년부터 조선을 방문하기 시작하면서 부닥친 가장 큰 난관은 기반 시설(infrastructure)의 부재였다. 한 개인 학자가 조선을 관찰하고 조선과 소통하고 통일 연구를 위해 매해 여름 한국과 조선을 방문하는 것은 재정적으로 여간 힘든 일이 아니었다. 또한 미국과 조선 사이에 준정부 차원 또는 학술 차원에서 다양한 교류를 주선하고 성사시키는 것도 교수 개인의 역량으로는 여간 힘에 부치는 일이 아니었다. 특히 남·북·미 간 정부 차원 대화가 수월하지 않던 상황에서 '트랙Ⅱ 회담'을 성사시키기 위해서는 인적·재정적·행정적 지원, 즉 물리적인 지원을 해줄 든든한 뒷배경이 필요했다. 그래서 나는 1995년 조지아대학 내에 국제문제연구소(글로비스)를 설립했다.

국제문제연구소 설립은 의외로 쉽게 일사천리로 진행되었다. 조지아대학 관계자들의 전폭적인 지지가 있었고 제안서를 제출하자마자 설립 허가가 났다. 학교의 지원도 내가 기대했던 것 이상이었다. 2층짜리 단독 건물도 배정받았고 학교에서 직접 고용한 정규직 직원 두 명과 박사과정 학생들 여럿을 연구조교로 고용할 수 있는 넉넉한 예산도 지원받았다. 재정이 넉넉하지 못했던 많은 한국 박사과정 유학생들은 거의 모두가 국제문제연구소를 거쳐 갔다. 또한 각종 학술회의와 유명 연사 초청 토론회, 그리고 조선 방문단 초청과 트랙Ⅱ 같은 국제 행사도 국제문제연구소가 있었기에 큰 어려움과 부족함 없이 진행할 수 있었다. 더욱이 연구소 설립 이전에 내가 개인적으로 주선하고 추진했던 여러 행사들과 달리 국제문제연구소의 이름으로 들어오는 후원금과 기부금은 크나큰 도움이 되었다.

나의 주된 연구영역이 조선과 남북통일 문제이긴 했지만, 나는 연구소의 이름을 조선연구소 또는 통일연구소라고 짓고 싶지 않았다. '글로벌'이라는 단어를 꼭 포함시키고 싶었다. 그때만 해도 글로벌이라는 단어가 보편적으로 사용되지 않던 시기였다. 내가 이 단어를 특별히 좋아했던 연유는 인류 전체가 공동숙명체 또는 공동운명체라는 의미를 담은 단어라고 생각했기 때문이었다.

1990년 소련이 붕괴되면서 냉전이 종식되고, 냉전 기간 내내 막혀 있던 동서 간 교류의 물꼬가 터지면서 소위 세계화(globalization)가 속도를 내기 시작했다. 더불어 소련의 붕괴로 인해 군사적, 경제적, 문화적으로 미국에 대적할 만한 강대국이 사라짐으로써 미국의 헤게모니가 절정으로 치닫는 국제정치적 현상이 나타나기 시작했다. 이에 1990년대 이후의 세계화는 세계의 '미국화(Americanization)'라고 해도 과언이 아니었다. 미국의 일방적 독주 체제 아래 속도가 붙기 시작한 세계화는 이전에 볼 수 없었던 새롭고 다양한 세계 문제들을 야기시켰다. 대표적인 것이 바로 테러리즘이다. 조선과 미국의 군사적 긴장과 조선의 핵무기도 미국 주도의 세계화라는 큰 맥락에서 이해될 수 있고, 한반도 통일 문제도 우리의 문제인 동시에 큰 틀에서 보면 엄연한 세계 이슈이기도 하다는 것이 내 생각이었다.

국제문제연구소를 설립하면서 내가 역점을 두고 추진했던 또 하나의 업무는 글로벌 교육이었다. 미국 학생들에게 세계화 또는 세계의 미국화로 인해 생겨난 글로벌 문제들에 대한 올바른 인식과 자각을 심어주고 싶었다. 사실 미국 학생들 대부분은 우물 안 개구리이다. 외국 여행도 영국과 캐나다, 프랑스 정도가 고작이고 다른 나라와 문화에 대한 무지와 무관심이 우리가 상상하는 것 이상이다. 사실 나는 미국이 잘되어야 세계가 잘된다고 생각하는 사람이다. 미국이 붕괴되면 세계가 제대로 지탱되지 못할 수도 있다고 생각한다. 미국이 잘되기 위해서는 미국 사람들이

글로벌한 양심을 가지고 다른 문화를 이해하고 수용하며 무지와 우월감에서 벗어나야 한다고 본다. 나는 그 시작이 교육이라고 생각했다.

나는 1995년 이후 국제문제연구소의 국외 단기연수 프로그램을 통해 여름마다 1백 명이 넘는 미국 학생들을 이끌고 외국 현장학습을 실천했다. 현장을 직접 보고 체험함으로써 미국 학생들이 평화와 세계 문제에 대해 스스로 느끼고 깨닫고 배우길 바랐다.

현장 견학 학습을 위해 선정한 장소는 전 세계에서 모두 네 곳이었다. 독일 뮌헨에 위치한 다하우 강제수용소 추모지에서는 유대인들을 학살한 나치의 만행을 학생들에게 견학시켰고, 일본 히로시마 평화기념관의 원폭 돔을 방문해서 전쟁과 핵무기의 야수성과 잔인성에 대한 교훈을 일깨워주고자 했다. 남아프리카공화국의 현장학습에서는 넬슨 만델라 박물관에 들러 인종차별의 부당함을 가르쳤고, 한국의 판문점 견학을 통해서는 한반도 평화의 당위성과 필요성을 학생들에게 각인시켜주려고 노력했다.

국제문제연구소에 대한 나의 애착은 마치 자식에 대한 마음과 같다. 많은 사람들이 국제문제연구소를 '박한식 연구소'로 알고 있을 정도다. 내가 만들었고 2015년 은퇴할 때까지 소장으로서 열정과 혼신을 쏟아부은 곳이다. 20년을 하루도 빠짐없이 연구소 사무실로 출근했고 책상에 앉아 연구하고 집필했다. 은퇴를 맞아 사무실을 정리하고 이삿짐을 옮기면서 많이 서운했다. 그러나 또 다른 소장이 그 자리에 앉아 국제문제연구소 설립 취지인 글로벌 교육과 글로벌 문제에 대한 연구를 지속적으로 성실히 수행할 것이라고 믿는다.

2015년 12월 조촐한 은퇴식을 끝으로 나는 더 이상 연구소에 나가지 않고 있다. 1970년 조지아대학에 왔으니 45년 동안 가르치고 연구했다. 76세에 은퇴했으니 다른 이들에 비하면 훨씬 오래 현역에 있었던 셈이다.

주위에서 은퇴 직후 갑자기 늙거나 유명을 달리하는 사람들을 종종 보아온 터라, 은퇴를 더 늦출까 하는 생각도 했었다. 그러나 특별히 아픈 곳은 없더라도 의사의 은퇴 권유도 있었고, 은퇴 이후 시간적 여유를 가지고 마무리하고 싶은 집필 작업도 있었기에 은퇴를 결정했다.

세계화에 관한 저서를 집필하고 싶은 욕심이 있었지만, 은퇴 전에는 강의와 연구소 일로 인해 심적·물리적 여유가 없어 엄두를 내지 못하고 있었다. 책을 쓰는 작업은 원래 책상에 진득하게 앉아서 많은 시간의 사색과 고민을 필요로 하는 일이다. 결국 은퇴 후 상당한 시간 여유가 허락되었고, 2년 남짓 작업 끝에 2017년 방대한 저서인 『세계화: 축복인가 저주

조지아대학은 2015년
'1만 6,570일, 총 2천3백만 분分'의 헌신을 기려
박한식 교수의 이름을 새긴 의자를
학교 내에 설치했다. 또 기금을 모아
'박한식 평화연구 석좌교수직'을 두기로 했다.
(사진 제공 박한식)

인가?』 영문판을 펴내게 되었다.

　은퇴식에서 조지아대학은 국제문제연구소를 통한, 나의 평화를 향한 노력과 글로벌 교육에 깊은 감사의 뜻을 건넸다. 과분한 은퇴 선물도 함께 전했다. 지난 45년간 나의 평화에 대한 열정과 헌신 그리고 공헌에 대한 보답으로 내 이름으로 기금석좌교수직(endowed chair professor)을 만들어준 것이다. 영어로는 'Han S. Park Professorship of Peace studies'이다. 일반적으로 기금을 기부한 사람의 이름을 따서 명칭을 짓는데, 조지아대학에서 은퇴한 교수의 이름을 따서 기금석좌교수직을 만든 건 처음 있는 일이다. 고맙고 영광스러운 은퇴 선물이었다.

한국, 조선, 미국 민간 전문가들을 한자리에 초청하다

　2011년 한반도 정세는 암울하고 엄혹했다. 2010년 3월 천안함 피격 사건과 그에 따른 '5·24 대북 제재 조처'로 남북관계가 꽁꽁 얼어붙어 있었다. 또한 2009년 조선의 제2차 핵실험 실시 이후 북·미 간의 회담도 이렇다 할 돌파구를 찾지 못하고 공전에 공전을 거듭하고 있었다. 정부 간 소통의 창구는 답답하리만큼 굳게 닫혀 있었고 대화의 돌파구가 마련될 기미는 어디서도 찾아볼 수 없었다. 나는 당국 간 대화가 중단된 상황에서 북·미 또는 남북 간 현안 해결의 실마리 제공을 위해 민간 창구가 꼭 필요하다는 확신을 가졌다.

2011년 10월 조지아대학에 한국, 조선, 미국의 민간 전문가 30명을 처음으로 한데 모은 '남·북·미 3자 트랙II 회담'. 개회식 연단 맨 왼쪽부터 사회자 박한식 교수, 리종혁 아태평화위 부위원장, 백낙청 서울대 명예교수, 박주선 민주당 의원, 커트 웰던 미 하원의원, 한성렬 아태평화위 국장. (사진 제공 박한식)

1년이 넘는 준비 과정 끝에 나는 국제문제연구소를 통해 2011년 10월 17일부터 20일까지 나흘간 한국과 조선 그리고 미국의 민간 전문가가 참여하는 '3자 간 트랙Ⅱ 회담'을 주최했다. 앞서 2003년 6자회담의 돌파구를 열고자 내가 처음 성사시켰던 '북핵 위기 해소와 미·북 관계 개선을 위한 미국·조선 포럼(워싱턴·평양 트랙Ⅱ 포럼)'에 이은 2차 트랙Ⅱ 회담인 셈이었다.

트랙Ⅰ이 정부 대 정부의 회담이라면 트랙Ⅱ는 정부와 정책에 영향력을 미칠 수 있는 민간 전문가들이 참여하는 대화의 장이다. 나는 트랙Ⅱ 회담을 통해 남·북·미 3자 간의 긴밀하고 진솔한 대화가 이루어지기를 바랐다.

정부 당국자 간 회담, 즉 트랙Ⅰ은 상대방을 설득하는 데 그 목적이 있

2003년 12월 조지아대학에서 열린 '북·미 트랙Ⅱ 회담'. 왼쪽부터 신성철 유엔 주재 조선대표부 참사, 한성렬 유엔 주재 조선대표부 차석대사, 박한식 교수, 도널드 그레그 전 주한 미국대사, 커트 웰던 미 하원의원, 조성구 조선 단장(군축·평화연구소), 프랭크 자누지 미 상원 민주당 보좌관, 키스 루스 미 상원 공화당 보좌관, 김명길 아태평화위 국장, 심일관 통역. (사진 제공 박한식)

다. 자국의 견해와 방침이 더 설득력 있고 합리적이라고 주장하면서 자국의 정책을 관철시켜 유리한 협상 결과를 도출하는 데만 목적을 두고 있다. 이 때문에 강경한 태도를 굽히지 않는 경향이 있어 나라 간의 회담은 종종 결렬되기도 한다.

트랙II는 회담 목적 자체가 트랙I과는 다르다. 트랙I이 잘되지 않아서 트랙II를 하는 것이 아니다. 트랙II는 트랙I의 대용물도 아니고 트랙I을 보완하거나 보조하는 구실에 그치는 것도 아니다. 트랙II는 진솔하고 허심탄회한 대화를 통해 상대방을 이해하는 데 목적이 있다. '이해하다'라는 뜻의 영어 단어는 'understand'로 단어의 어원으로 이해해보면, 자신의 말을 버리고 상대방의 아래에 서서 그의 얘기에 귀 기울인다는 뜻이다. 나는 한국, 조선, 미국 3국의 민간 전문가들이 오해를 풀고 솔직한 서로의 견해를 경청할 기회를 제공하고 싶었다.

열린 마음으로 상대방의 이야기를 편견과 평가 없이, 있는 그대로 들어주는 것이 대화이고, 그런 대화만이 상대방에 대한 이해를 가능하게 하는 것이다. 상대방을 이해하면 서로의 차이점과 이질성을 포용할 수 있고, 이질과 이질이 만나서 서로를 포용하면 더 높은 차원의 동질이 만들어지는 것이다. 이것이 조화이고 평화다. 남과 북이 지난 수십 년간 자신의 견해만 고수하고 각자의 체제가 우월하다는 주장만 되풀이하는 체제 경쟁에 갇혀 살아온 것을 생각하면 한없이 안타깝다. 상대방에 대한 이해와 진솔한 대화 없이 통일과 평화는 절대 오지 않는다.

2011년 남·북·미 3자 간 트랙II 대화를 진행하면서, 트랙II 본연의 취지를 살리고자 나 나름대로 세 가지 원칙을 정했다. 첫째는 회담의 비공식 원칙이다. 회의 참가자를 선정하는 데 있어서 공식적으로 국가를 대표하거나 정부 직책을 맡고 있는 사람들을 되도록 배제했다. 공직에 있는 정부 관료라면 정부의 견해를 대변할 수밖에 없을 테고 소신껏 자유롭게 발언하기 쉽지 않을 것이라는 생각에서였다. 둘째는 비공개의 원칙이다. 이런 행사들은 언론의 관심과 조명을 받게 마련이니, 언론을 초청하고 광고하고 이름을 내고 싶어 하는 것이 통상적이다. 하지만 내가 생각하는 트랙Ⅱ는 오히려 언론에 알리지 않는 비공개 회담이 훨씬 더 바람직하고 효율적이었다. 그래야만 자유로운 대화가 보장되고 신선한 아이디어도 제시될 수 있다고 생각했다. 회담의 개·폐회식만 언론에 공개했고 나흘 동안의 본회의는 비공개 원칙을 지켰다. 마지막으로 비책임성의 원칙이다. 참가자들이 하고 싶은 얘기를 마음껏 하고 자유자재로 토론할 수 있는 여건을 만들어주기 위해 회의에서 진행된 어떤 발언이나 주장에 대해서도 책임을 지지 않는다는 원칙을 정했다. 이러한 원칙들은 트랙Ⅱ 대화 내내 철저하게 지켜졌고, 결과적으로 진솔하고 기탄없는 대화를 통해 서로 이해의 폭을 넓히는 회의와 토론이 이루어질 수 있었다.

회의 참가자들의 면면도 트랙Ⅱ 대화의 성패를 가늠하는 중요한 사안이었다. 회의 참가자로 누구를, 어떤 선정 기준으로 초청할 것인가, 여간 난감한 문제가 아닐 수 없었다. 여기에서 참석자의 이름과 직함을 다 공개하지는 못하지만, 위에 언급했던 회의 진행 3원칙처럼 참가자 초청 기준에도 세 가지 원칙을 세웠다.

첫째는 참석 인사들이 평화와 통일에 대한 열정과 집념을 가지고 있어야 한다는 것이었다. 대화와 이해를 통해서 평화와 통일을 이루어야 한다는 대전제에 동의하고 공감하는 인사들만 초청했다. 둘째는 전문성이다. 학계·예술계·시민단체 등 자기 분야에서 전문성을 인정받는 인사들을 초빙했다. 전문성이 있어야 사회에 영향력이 있고, 통일 과정에서 그리고 통일 이후에도 사회 각 분야에서 지속적으로 큰 역할을 수행할 수 있으리라고 생각했기 때문이었다.

마지막 선정 기준은 인품이다. 내가 제일 중요하게 생각했던 기준이기도 했다. 남북이든 미국이든 체제와 이념을 초월해서 신뢰할 수 있는 인격을 지닌 인사들을 초청했다. 인품 있는 인사들이 와서 자신이 속한 사회의 체제와 삶의 경험을 진솔하게 이야기할 때 서로를 훨씬 더 잘 이해할 수 있을 것이라고 확신했다. 나는 한국과 조선을 수십 차례 방문하면서 교류했던 모든 사람들을 면밀히 관찰해왔다. 남들이 들으면 고약하다고 할 만한 버릇이기는 하지만 나는 만나는 모든 사람들의 인품에 점수를 매기곤 했다. 트랙II 회담에 초청된 인사들은 내 기준에서 볼 때 인품 점수가 10점 만점에 적어도 8점 이상 되는 사람들이었다.

물론 회담 준비는 녹록지 않은 과정이었다. 각 나라에서 여남은 명씩 총 30명가량의 참석자에게 일일이 연락해서 참석 가능 여부를 확인하고 확답을 듣는 과정은 상당한 시간과 에너지가 필요한 작업이었다. 다른 사

'남·북·미 3자 트랙II 회담'에 참석한 박한식 교수(오른쪽부터), 리종혁 아태평화위 부위원장, 박주선 민주당 의원, 백낙청 서울대 명예교수. 특히 리 부위원장은 월북작가이자 문예총 위원장을 지낸 리기영의 셋째 아들로 박 교수와 가장 오랫동안 소통해온 대남 전문가이다. 《연합뉴스》 자료사진)

람에게 대신 부탁할 수도 없는, 내가 직접 나서서 해야 하는 일이었다. 특히 북쪽 참석자들은 남쪽이나 미국처럼 실시간 연락이 여의치 않았고 일정 조정과 참석 확인에 오랜 시간이 걸렸다.

일정 조정과 더불어 또 한 가지 큰 난관은 회담 경비였다. 미국과 남쪽의 대다수 인사들은 흔쾌히 자비로 참석하겠다는 의사를 전달해왔다. 하지만 교통비에 더해 3박 4일간 숙박과 식사비 같은 체류 비용까지 참석자들에게 부담시킬 수는 없는 노릇이었다. 특히 조선 참석자들은 나라 전체가 굶고 있는 상황에서 미국까지 오는 경비를 직접 감당하기란 매우 버거운 일이었다. 나는 본격적으로 회의 개최에 필요한 재원 마련에 나섰다. 우선 조지아대학에 '트랙Ⅱ 회담 기획안'을 제출하고 공식적으로 예산을 신청했다. 총장과 개인적인 면담을 통해 회의의 취지와 의의를 설명하고 예산 확보의 필요성도 설득했다. 고맙게도 조지아대학에서 국제문제연구소를 통해 적지 않은 재정을 지원해주었다.

더불어 미국의 ABC에서도 상당한 경비를 후원받았다. ABC는 나와 깊은 인연이 있는 방송사이다. 1994년부터 2008년까지 조선 문제와 관련해 ABC의 뉴스 컨설턴트로 많은 자문을 해주었고, 2000년대에는 ABC의 사장인 데이비드 웨스틴을 포함한 뉴스 방문단의 조선 현지 취재를 주선하고 그들을 인솔하여 여러 차례 조선을 방문했었다. 트랙Ⅱ가 끝나고 재정 후원에 대한 보답 차원에서 나는 ABC와 단독 인터뷰를 통해 회담의 의의와 성과를 상세히 전했다.

또 다른 문제는 비자였다. 외교 관계도 없고 적성국인 조선의 대표단이 미국을 방문한다는 것은 쉬운 일이 아니었다. 민감한 시기에 미국 정부가 과연 그들에게 방문 비자를 내줄 것인지가 관건이었다. 다행히 나와 친분이 있던 국무부 동아시아 국장인 존 메릴이 발 벗고 나서서 도와주었다.

존처럼 인품 있는 사람들과 깊이 사귀고 교류할 수 있었던 것 역시 내 삶의 행운이었다. 존 본인도 회의 참석을 강력히 희망했지만, 막판에 국무부의 만류로 애틀랜타공항에서 발길을 돌릴 수밖에 없었다.

조선 참석자들의 여정은 애틀랜타공항에서부터, 언론뿐만 아니라 미 연방수사국(FBI)의 집중 관심과 조명의 대상이었다. FBI는 조선 참석자들의 동선과 일거수일투족을 실시간 헬리콥터까지 띄워가며 주시했다. 나는 FBI 쪽에 자유로운 토론에 방해가 될 수 있으니 회의장 주변에는 접근하지 말아달라고 요청했고, 매일 저녁 직접 회의의 내용과 분위기를 간략히 브리핑해주었다. 사실 FBI의 존재는 조선 방문단에게는 기분 나쁜 감시로 여겨질 수 있었지만, 나로서는 그들의 근접 감시가 내심 고맙기도 했다. 혹시 일어날지도 모를 불상사에 대비해 조선 방문단에 대한 철저한 경호가 이루어지고 있다는 생각에 마음이 든든했기 때문이다.

나흘간의 회의 내내 다양한 현안과 의제에 관해 진지하고 진솔한 토론과 대화가 이루어졌다. 단순히 민간 전문가들이 모여 입씨름하는 것이 아니라 서로 간의 이질성과 동질성을 확인하고, 이질성은 어떻게 조화시키고, 동질성은 어떻게 권장할 것인가에 관한 구체적 방안들을 논의했다. 또한 각 나라의 현재 정책에 어떤 자문을 할 수 있겠는가에 대해 폭넓은 토의가 있었다.

무엇보다도 성과가 있었던 것은 일과 뒤에 남·북·미 참석자들이 함께한 저녁 시간이었다. 식사도 같이하고 약주도 한잔씩 하면서 모두 격의 없이 친근한 대화로, 서로가 서로를 알아가고 이해해가는 모습에 흐뭇했고 가슴 벅찼다. 한국의 한 참석자는 이렇게 소감을 전했다. "북쪽 인사들과 이렇게 장시간 이야기한 것은 처음입니다. 서로 허심탄회하게 이야기하고 이해의 폭을 넓힐 좋은 기회였습니다."

회의 마지막 날 저녁에 나는 모든 참석자를 우리 집으로 초대해 만찬을 함께했다. 음식과 주류도 한식과 양식으로 넉넉히 준비했고 내가 손수 요리 방법을 개발한 치킨 바비큐도 선보였다. 나흘 동안 급속히 친밀해진 참석자들 사이에선 이야기꽃이 피어났고 세계적인 바이올리니스트 안용구 선생의 〈트로이메라이〉 연주로 분위기는 더욱 화기애애해졌다.

재미 바이올린 연주가
안용구 선생.
박한식 교수의 딸인
피아니스트 클라라 박과
〈아리랑〉을 협연했다.

만찬 분위기가 무르익어갈 즈음 나는 지하실 서재에서 각 나라의 대표들과 회담 합의문을 우리말과 영어로 작성하였다. 합의문이 완성된 뒤, 나는 모든 참석자 앞에서 6개 항의 합의 사항을 낭독했다. 합의문 낭독이 끝나자마자, 참석자 중 한 분이 〈우리의 소원〉을 다 같이 합창하자는 즉석 제안을 하였다. 모든 이들이 손에 손을 맞잡고 커다란 원을 만들어 안용구 선생의 바이올린 선율에 맞추어 노래를 부르며, 평화가 이런 것이구나, 또 통일은 이렇게 오는 것이구나 하는 생각에 눈시울이 뜨거워졌다.

2011년 이후 남·북·미 트랙II 대화의 상설화 또는 정례화를 추진했지만, 지금껏 다시 열리지 못하고 있다. 앞서 언급했듯이 트랙II는 남·북·미 상호 대화를 증진시키고 서로에 대한 이해와 신뢰의 폭을 넓힐 수 있는 민간 교류의 모델이다. 특히 정부 간 대화 창구가 막혀 있을 때, 다양한 분야에서 꾸준히 진행하는 트랙II 대화는 한반도 평화를 모색하는 일련의 과정에서 필수불가결한 마중물이다. 또한 2000년의 6·15, 2007년의 10·4, 2018년의 4·27 선언에서 남북이 합의한 평화 통일 방안을 이행하는 데 있어서도 트랙II의 역할은 아무리 강조해도 지나치지 않는다. 2020년 6월 개성에 있는 남북공동연락사무소 폭파 이후 표류하고 있는 현재의 남북관계를 바라볼 때, 트랙II 대화의 필요성이 그 어느 때보다 절실하게 느껴진다.

독일식 통일이 아닌 우리의 통일

종종 언론 기관이나 학교 연구기관 등에서 실시한 통일 관련 여론조사를 접하곤 한다. 안타까운 것은 늘 설문지의 첫 번째 질문이 '통일이 필요하다고 생각하는가?' 또는 '통일을 해야 하는 이유는 무엇인가?'라는 점이다. 바람직한 '통일의 길'이 무엇이고 통일 한반도의 이상적인 정치사회체제는 어떤 것인가에 대한 전제 없이 이런 질문들을 묻고 대답하는 것은 논리에 맞지 않는다.

기존의 다양한 통일론은 모두 심각한 내재적 결함을 안고 있다. 한국에서 조선을 극단적으로 증오하는 사람들은 전쟁을 통해서 한반도 통일을 달성하는 것이 가장 '현실적인' 방안이라고 주장한다. 무력통일론은 압도적 파괴력을 지닌 전쟁 수단을 통해서 통일이라는 목적 그 자체까지 파괴해버리는 지극히 '비현실적인' 방안이다. 무력통일론은 조선에 대한 극단적 증오심을 끊임없이 채우는 것 외에는 아무것도 책임질 수 없는 자기 파괴적, 자기 부정적, 자기 최면적 '신기루'에 지나지 않는다.

또 다른 한편으로 한국에서 통일을 얘기할 때 독일의 통일을 떠올리는 경향이 있다. 이는 한국의 통일관이 암암리에 독일 통일의 사례를 중심으로 구성되었다는 사실을 드러낸다. 하지만 독일의 '흡수통일'은 한민족의 통일 모델로 적합하지 않다는 사실을 분명하게 자각할 필요가 있다. 통일 전의 동·서독 관계와 현재의 남북관계는 역사적·경제적·문화적·정치적 측면에서 현격한 차이가 있기 때문이다.

통일 전 동·서독 관계는 장기간의 동방정책(Ostpolitik) 덕분에 이질성보다 동질성이 압도적으로 우세한 상태에 있었던 데 반해, 지금의 남북관계는 동질성보다 이질성이 현격하게 드러나고 있다는 것이다. 그럼에도 독일의 흡수통일을 한민족 통일의 모델로 강제하게 되면 한반도는 '해방정국' 때처럼 격렬한 혼란의 도가니로 빠질 가능성이 대단히 높다. 한민족의 통일방안은 외부의 통일 사례를 손쉽게 답습해서 마련해서는 아니 되며, 반드시 남북 간의 특수성을 정확하게 이해하고, 그런 이해를 세심하게 반영해서 마련해야만 한다. 한민족 '특유의' 통일방안만이 한반도에 안정적으로 정착될 수 있다.

최근에 한국의 젊은 세대와 적지 않은 기성세대 안에서 통일하지 않고 남남처럼 사는 것이 좋다는 이른바 '통일포기론'의 인식이 늘어나고 있다고 한다. 경제·체육·문화 같은 분야에서만 교류하고, 정치적 통일은 포기하자는 것으로, 분단 70여 년의 역사가 낳은 인식이라 할 수 있다. 하지만 수천 년간 통일국가에서 살아온 한민족이 외세에 의해 강제된 분단을 스스로 존속시키려 한다는 것은 민족의 자율성과 주체성을 자발적으로 포기하는 것과 다름없다.

기존의 다양한 통일론이 지닌 결함을 극복할 수 있는 대안으로 내가 제시한 바 있는 '변증법적 통일론'은 먼저 한국과 조선 간의 현격한 '이질성'을 현실적으로 인정하면서도, 나아가 동질성을 토대로 한국과 조선이 평화롭게 공존할 수 있는 방안을 모색하는 '한민족 특유의 통일방안 (Korean Style of Reunification Blueprint)'이다. 한국과 조선이 서로의 이질성을 이해하고, 현실적으로 인정하며, 이를 평화적으로 조화시키는 일련의 과정을 통해서 더 높은 차원의 동질성, 즉 새로운 합에 도달할 때 비로소 통일의 지평이 자연스럽게 열리게 될 것이라고 확신한다.

1980년 이후로 한국과 조선 양쪽을 50여 차례 방문하면서, 내가 가장 중점을 두었던 것은 객관적이고 균형 있는 시각으로 한국과 조선의 이질성을 관찰하는 것이었다. 75년간의 분단에서 비롯된 이질성은 한두 가지가 아니지만, 크게 세 가지로 집약될 수 있다고 본다.

　첫째는, 자본주의와 사회주의로 대표되는 체제의 이질성이다. 우선 사회주의는 사유재산이 없는 것을 원칙으로 하는 반면에 자본주의는 사유재산에 기반을 두고 있다. 조선은 소비경제 대신 생활경제를, 사유재산 대신 공유재산을 원칙으로 하는 사회이고, 사회주의 이념에 따라 분배의 정의에 중점을 두고 운영되는 체제이다.

　조선에서 노동은 상품도 아니고 부의 축적 수단도 아니다. 노동을 보장받는 것은 인민의 신성한 권리이며, 국가는 안정되고 착취가 없는 일자리를 인민들에게 제공해야 하는 책임이 있다. 개인 노동의 대가에 따라 지급되는 임금은 자본주의 사회에서 받는 월급이나 봉급과는 확연히 다른 개념이다. 조선에서는 한 달 동안 일하고 받는 이 돈을 생활비라고 부르는데 '필요'에 따른 분배로 지급된다. 생활비는 필요에 따른 분배를 하므로 집집마다 별 차이가 없다.

　한번은 김일성종합대학 정치경제학 박사교수와 조선 경제에 관한 이론적 토론을 하던 중, 넌지시 생활비에 대해 물어보았다. 그는 자신과 초임 전임강사의 생활비가 두 배 이상으로 차이 나지 않게 지급된다고 말했다. 반신반의한 나는 고려호텔의 기념품 상점 여직원들에게도 같은 질문을 해봤다. 진열대 물건을 정리하는 여성 점원과 상점 관리를 총괄하는 매니저 사이의 임금 차이도 거의 없다는 말을 전해 들었다. 평등이라는 목적 아래 분배의 정의가 실천되고 있었다.

　조선이 형이상학적인 가치관을 중시하는 이상주의 사회인 반면에 한국은 사유재산 원칙에 근거한 물질주의 자본주의 사회이다. 재산 축적이 최고의 가치이자 미덕이고 부의 척도로 인간과 사회를 재단한다. 분배의 정의는 존재하지 않고 자유라는 미명으로 빈부의 격차가 형성되고 정당화되었다. 노동의 가치는 퇴락했고, 빈부격차는 하루가 다르게 벌어지고 있으며, 계층 간 이동은 개인의 노력만으로는 불가능한 현실이 되었다. 한탕주의와 부동산 투기 그리고 주식 광풍 등으로 나라 전체가 들썩들썩하는 것은 이에 대한 방증일 것이다.

통일이 되면 조선에 가서 부동산 투자를 해보고 싶다고, 나에게 조선 관리들과 다리를 놓아달라고 부탁하는 한국 사람들이 더러 있는데 이는 조선을 전혀 모르고 하는 소리이다. 한국에서는 돈이 권력이고 지위이지만 북에서 개인 재산의 축적은 오히려 경계의 대상이다. 부의 축적은 곧바로 당국의 조사로 이어지고 이에 따라 감당하기 힘든 고초를 겪는 일도 다반사다. 2013년 처형된 장성택도 개인 재산 축적을 비롯한 상당한 부패 혐의가 주된 죄목이었다.

한국과 조선 간 경제력 비교를 통해 조선을 판단하는 것은 앞서 언급한 대로 자본주의 시각을 조선에 강제하는 오류를 범하는 일이다. 문재인 대통령은 한국전쟁 70돌 기념사에서 이렇게 선언했다. "우리의 국내총생산은 조선의 50배가 넘고, 무역액은 조선의 400배를 넘는다. 남북 간 체제 경쟁은 이미 오래전에 끝났다. 우리의 체제를 조선에 강요할 생각도 없다." 남북 상생과 공동 번영 그리고 평화를 추구하겠다는 다짐과 의지의 표현이긴 했지만, 조선식 사회주의가 패배한 정치체제라는 말로 해석될 수 있다. 조선의 격렬한 반발을 불러올지도 모를 이런 식의 언급은 양쪽의 대화와 통일에 전혀 도움이 되지 않는다.

빈부격차와 분배의 불평등이 한국이 안고 있는 내재적인 모순이라면 조선이 처한 가장 큰 모순은 인민을 제대로 먹이지 못한다는 것이다. 조선은 한국에 비해 평등한 사회지만 모두가 가난하다. 인류의 경험을 돌아볼 때, 사회나 역사의 발전은 자기 모순(self-contradiction)의 극복에서 시작한다. 내가 제시하는 변증법적 통일론에서는 우선 한국과 조선이 자기 모순을 발견해야 한다. 그렇게 발견한 모순을 인정하고 성실하게 극복하는 과정을 거치게 되면 자연스럽게 합에 도달할 수 있으리라고 확신한다.

내가 느낀 한국과 조선 간의 두 번째 이질성은 개인주의와 집체주의이다. 한국 사회가 개인주의 사회로 변해가고 있는 반면에 조선은 철저한 집체주의 사회이다. 집단주의 원칙은 조선 사회를 작동시키는 원리이다. '하나는 전체를 위하여, 전체는 하나를 위하여'라는 집체주의 원칙에 따라 개인주의와 자유주의를 철저히 배격하는 거대한 가족국가라는 것이다. 개인의 이익이나 욕구를 초월해 당과 사회 그리고 국가와 민족의 이익이 우선시되며, 개인이 집체의 이익에 공헌할 때 비로소 생물학적인 인간을 넘어 진정한 사회정치적 생명체가 된다는 인식이 지배하는 사회이다.

조선 최고지도자 배지(초상휘장)는 1970년 처음 등장한 이래 인민의 신분을 나타내는 집체주의 사회의 표지가 됐다. 《한겨레》 자료사진

조선 사회는 '필요'에 따른 분배가 원칙이지만 '사회적 공헌도'에 따른 분배도 존재한다. 직장이나 노동당 또는 국가에 공헌한 사람들에게는 상을 준다. 김일성·김정일 배지부터 냉장고·텔레비전 등 가전제품과 주택에 이르기까지 국가에서 선물로 준다. 언젠가 지인의 집에 식사 초대를 받아 갔더니 김일성·김정일 배지가 새겨진 큰 냉장고가 부엌 한편에 놓여 있었다. 당에서 하사받은 냉장고는 가족에게 엄청난 자부심이 된다.

모든 조선 사람들은 김일성 배지(초상휘장)를 왼쪽 가슴에 달고 다니는데 배지의 종류가 인민들의 신분을 나타내기도 한다. 한번은 길거리에서 김일성 배지를 착용하지 않은 사람을 발견하고 궁금해 안내원에게 물었더니, 직장이나 사회에서 잘못한 일이 있으면 배지를 근신 차원에서 일정기간 압수한다고 설명해주었다. 배지가 없는 사람들은 다른 사람들 앞에서 수치심을 느끼게 된다는 말도 덧붙였다.

한국과 조선 사이에 현격한 차이를 보이는 또 하나의 이질성은 인권에 대한 것이다. 유엔 인권이사회가 2003년 이후 18년 연속 조선 인권 결의안을 채택하고 있는 사실에서 드러나듯, 조선의 끔찍한 인권 탄압과 유린 상황은 국제적인 비난의 대상이 된 지 오래다. 한국이 조선 인권 결의안에 동의하는 문제가 남북갈등과 남남갈등의 주된 원인이 되기도 한다. 그러나 앞에서 밝혔듯 다소 듣기 불편할 수도 있겠지만, 조선 나름의 인권에 관한 정의와 개념이, 한국과는 상당한 시각차를 지닌 채 존재한다.

인권의 차원 중 정치적 자유인 선택권은 자본주의 체제인 한국에서 인권의 요체이고, 평등권은 조선 사회주의 제도의 핵심이다. 사회주의 체제인 조선은 국가의 주권을 개인의 인권보다 우선시하고 가치 있게 여긴다. 국가의 주권이 보장되어야만 개인의 인권 또한 보장될 수 있다고 판단하기 때문이다. 이처럼 조선에서는 한국의 인권 개념에서 강조하는 선택권이 상대적으로 경시되는 반면, 내가 앞서 분류한 인권의 여섯 가지 차원에서 생존권, 귀속권, 평등권을 대단히 중시한다. 이 세 가지 권리는 모두 한국의 인권 개념에서는 취약한 양상을 보인다.

자본주의와 사회주의 그리고 개인주의와 집체주의의 조화가 가능하겠는가? 쉬운 일은 아니지만, 나는 이들이 이율배반적인 것이 아니며 조화될 수 있다고 믿는다. 어떻게 어느 정도로 그리고 어떤 모양으로 조화시켜야 할 것인가? 이 질문은 통일 국가를 구성하는 과정에서 그리고 통일 헌법을 초안하는 과정에서 논의해야 할 가장 중요한 우리의 과제이다. 아울러 한국과 조선이 여전히 공유하고 있는 동질성을 발견해서 꾸준히 진작시키는 노력도 이질성의 조화만큼이나 통일 과정에서 중요한 일이다.

통일의 필요성과 당위성에 대한 논란과 논쟁에 앞서, 바람직하고 이상적인 통일 모델의 제시가 이뤄져야 한다고 본다. 그래야만 우리 모두 통일이 왜 필요한가에 대해 열띤 논의로써 제대로 된 대답을 찾을 수 있을 것이다.

한국과 조선의 동질성 찾기

지난 40여 년간 조선 방문을 거듭하면서 조선 체제와 사회, 조선 인민들에 대한 나의 감상과 소회가 조금씩 변하기 시작했다. 처음 열 차례 정도 방문했을 때는 '여기도 사람이 살고 있구나' 하는 생각이 많이 들었다. 우리처럼 매일 저녁 찬거리 걱정도 하고, 자녀의 학교 성적에 기대와 염려도 하고, 일요일이면 가족 나들이 계획도 세운다. 여름밤 대동강변은 젊은 남녀들의 거대한 데이트 장소로 변한다. 머리에 뿔 달린 악마들이 아니라 평범한 사람들이 우리와 별반 다르지 않은 일상의 삶을 살고 있었다. 한국에서의 철저한 반공 교육과 미국의 조선 악마화로 인해 세뇌되었던 나의 무지와 편견이 와르르 무너져 내렸다.

그러던 것이 조선을 스무 차례 정도 방문했을 무렵에는 여기엔 '이북

2018년 4월 27일
남북정상회담에서
문재인 대통령과 김정은
국무위원장이 통역 없이
판문점 다리를
산책하는 모습.
(사진 제공 판문점공동취재단)

사람들이 살고 있구나' 하는 생각을 지울 수가 없었다. 조선 체제와 조선 사람들이 지닌 한국과의 현저한 이질성을 피부로 느낄 수 있었다. 주체사상을 기반으로 한 철저한 조선식 사회주의에 입각해서 인민들의 생활이 영위되고 있었다. 사유재산을 철폐하고 집단소유제를 채택함으로써, 그리고 필요에 따른 분배를 실천함으로써 평등이라는 목적 아래 분배의 정의를 실현하기 위해 노력하고 있었다. 또한 개인주의와 자유주의보다 집단의 이익을 우선시하는 집체주의 의식에 세뇌되어 살고 있었다. 그리고 자본주의에 대한 배격과 반미주의를 내세운 민족주의 아래 모든 일상이 돌아가고 있었다. 국제적 고립과 경제적 궁핍으로 인해 조선의 민족주의는 극단적인 수준으로 진화하고 있었다.

그러나 물과 기름처럼 전혀 융화될 수 없을 것 같은 한국과 조선의 이질성에도 불구하고, 조선 방문을 거듭할수록 조선에도 조선 민족, 즉 '우리 민족이 살고 있구나' 하는 것을 가슴으로 느끼게 되었다. 오랜 갈등과 반목, 그리고 분단에도 불구하고 한국과 조선이 공유하는 상당한 동질성을 발견할 수 있었다.

남북이 여전히 공유하고 있는 동질성을 발견해서 꾸준히 진작시키는 노력도 이질성의 조화만큼이나 통일 과정에서 중요한 일이다. 서로의 동질성을 학교 교육, 사회 교육, 언론을 통해서 알리고 국민(인민)에게 이해시키는 것이 통일 교육이고, 이것이 바로 통일문화 조성의 핵심이다. 통일문화는 통일 뒤에 만들거나 형성되는 것이 아니고 통일 과정에서 이루어나가는 것이다. 그렇게 자리 잡은 통일문화는, 한국과 조선의 정치적 합의를 통해 마련한 통일제도가 안정적으로 존속할 수 있도록 뒷받침해주는 버팀목이며, 나아가 통일 뒤에 진정하고 완전한 민족 통합을 이루는 데 없어서는 안 될 필수 불가결한 요소다.

70여 년간 헤어져 살았어도 한국과 조선은 같은 민족이고 정체성을 공유하는 단일 민족이다. 한국과 조선의 동질성은 민족의 깊은 관습(Ethos) 속에 내재되어 있고, 이것은 자본주의-사회주의 같은 이념처럼 교육이나 사회화 과정을 통해 인위적으로 만들어진 것이 아니다. 민족의 관습은 가치와 규범에 대한 믿음 체계이며 수백 년 또는 수천 년의 세월을 통해 집단적으로 형성된 것이다. 한 개인이나 정부가 변화시키거나 없애버릴 수 없는 영속성을 지닌 민족의 기풍 또는 정신이다.

내가 느낀 남북의 동질성은 크게 세 가지로 집약될 수 있다. 첫째는 언어가 같다. 과학철학적 인식론의 시각에서 볼 때, 남북의 언어가 같다는 것은 사고방식, 의식 구조, 가치관 등이 같다는 것을 의미한다. 조선을 방문하면서 걱정했던 것 중 하나가 혹시 말이 통하지 않아 의사소통에 어려움이 있으면 어쩌나 하는 것이었다. 한국에서 중·고교 시절 받았던 반공 교육을 통해, 조선의 언어가 많이 달라져 한국 사람과의 의사소통이 어렵다고 들었고, 또 내가 미국에 오래 거주한 터라 나의 우리말 구사 능력이 조금 염려되었던 것도 사실이다.

하지만 조선에 가서 조선 관리들뿐만 아니라 일반 주민들과 대화하면서도 알아듣지 못할 단어가 하나도 없었다. 또한 조선 사람들 중에 나의 억센 경상도 억양을 이해하지 못하는 이도 한 사람 없었다. 물론 한국과 조선 사이에 단어나 표현들이 조금씩 변한 것은 부인할 수 없다. 예를 들면 한국에서는 '화장실'이라고 표현하는 것을 조선에서는 '위생실'이라고 부르고, 한국에서 '상호관계'라 하는 것을 조선에서는 '호상관계'라 한다. 또 조선 사람들이 '인차 돌아오겠습니다'라는 말을 종종 하는데 이는 한국에서 '곧 돌아오겠습니다'라는 뜻이다. 그러나 이마저도 문맥에서 이해되지 못할 정도는 아니다.

2018년 도보다리에서 배석자나 통역 없이 30분 동안 이루어졌던 문재인 대통령과 김정은 국무위원장의 둘만의 대화는 70여 년간의 분단과 세대 간의 간극에도 불구하고 같은 언어로 소통할 수 있다는 것을 증명해주었다. 통일을 위해서는 소통과 조화, 그리고 상호이해가 반드시 수반되어야 하는바 언어가 같다는 것은 통일의 초석이자 자산이다.

둘째는 한국과 조선이 유구한 역사적 경험을 공유하고 있다는 것이다. 하나의 민족이 공통으로 겪은 역사적 경험은 구성원들로 하여금 민족에 대한 소속감과 자부심을 느끼게 하고 구성원들을 통합하는 순기능을 수행할 수 있다. 동일한 역사적 경험을 가지고 있다는 것은 통일의 당위성뿐만 아니라 한국과 조선이 같은 민족이란 사실을 확인시켜주는 대표적예다. 조선에서도 모두가 고조선, 고구려, 삼국시대, 고려, 조선 등에 대한 역사적 사실을 교육받고 있고, 한국과 조선이 분단 상황임을 인식하고 있다.

특히 한국과 조선은 공통적으로 단군신화를 역사적 사실로 공유하고

단군신화가
민족의 기원이라고
공통적으로 인정하는
한국과 조선은
2014년 10월 3일
평양의 단군릉에서
'단기 4347년 개천절
남북 공동 행사'를 열었다.
《한겨레》 자료사진)

있고, 10월 3일 개천절을 우리 민족의 태동과 한반도 최초의 민족국가 건국을 경축하는 민족 고유의 명절로 기념하고 있다. 조선에서 1993년 발굴된 단군릉을 이듬해 70미터 높이의 아홉 계단식 피라미드 형태로 거대하게 조성하여 민족정신을 고취시키고 있다는 것을 나는 단군릉을 조성하기 이전과 이후, 두 차례 방문으로 목격했다. 한국과 조선은 몇 차례 단군릉에서 공동으로 개천절 행사를 진행한 바 있지만 2014년을 마지막으로 더 이상 열지 못하고 있다.

언어, 역사와 더불어 뿌리 깊게 보존되고 있는 한국과 조선의 셋째 동질성은 '관습'과 습속 차원에서 두드러진다. 우선, 인간에 대한 견해를 보면 한국과 조선 모두 '인간'과 '사람'을 구분하는 관습을 가지고 있다. 한번은 평양 외곽을 둘러볼 기회가 있었는데 한 어린아이가 대문을 박차고 나와 어머니의 꾸지람을 피해 달아나는 것을 보았다. 뒤따라 나온 어머니는 아이의 등 뒤에 대고 "저 인간 언제 사람 되느냐?"라고 소리를 질렀다. 인간이 도덕적, 사회적, 질적으로 완성된 단계에 도달해야만 '사람'으로 간주된다는 '사람관'이 한국과 조선 양쪽에 존재하는 것이다.

'양심' 또한 한국과 조선 양쪽에서 쓰이는 공통된 언어 관습이다. 조선에서도 "저 사람은 양심도 없나?"라는 말을 자주 쓴다. 한국과 조선 양쪽에서 양심은 공히, 사람의 생각과 행동을 지배하는 '도리'이며 주체사상이나 민주주의보다 더 높은 가치를 지닌다. 조선에서는 아무리 주체사상으로 중무장했더라도 양심이 없는 인간은 사람 취급을 받지 못한다.

무수히 많은 관습의 동질성 가운데 하나를 더 들자면, 한국과 조선의 음식이 똑같다는 점이다. 조선에도 김치와 된장 같은 우리 음식이 그대로 남아 있는 건 물론이고 사람들의 입맛도 한국과 비슷하다. 같은 음식을 먹고 산다는 것은 같은 생활방식을 지니고 있음을 의미한다. 사람들이 만

나는 자리에는 늘 음식이 차려지고 같은 음식을 공유한 경우엔 그 자리를 더 편하게 느끼게 마련이다. 미국에 사는 많은 한국 사람들도 음식을 매개체로 교류하고 심지어는 음식을 같이 만들어 먹으려고 모이기도 한다.

조선은 2015년
'김치 담그기 풍습'을
유네스코 인류무형유산으로
등재했다.
(사진 제공 유네스코)

　　한국과 조선의 이질성만 주목하면 통일의 길이 보이지 않을지도 모른다. 통일의 길은 이질성을 변증법적으로 극복하고 동질성을 발견하여 진작시키는 심오한 노력이 있어야 가능하다. 동질성은 한민족을 한 덩어리로 만드는 직접적인 촉매제가 될 것이며, 그 동질성의 지평을 꾸준히 확장하는 것이 통일문화를 조성하는 과정이다. 그렇게 자리 잡은 통일문화는 한국과 조선의 합의를 통해서 마련된 통일제도와 통일헌법을 안정적으로 완성할 수 있는 기둥이 될 것이다.

　　인류 역사의 경험에 비추어볼 때, 모든 제도는 그 이면에 탄탄한 문화적 지지층이 존재할 때에만 안정적으로 존속할 수 있다. 예컨대 마오쩌둥의 사회주의 혁명은 서양에서 수입한 마르크스와 레닌의 사상을 통해 성공한 것이 아니라, 중국의 전통적 농촌문화에 기반한 마오 사상을 통해 성공한 것이었다. 조선의 사회주의 역시 순수한 마르크스나 레닌 사상을 통해 성공한 것이 아니라 조선의 관습적, 문화적 현실을 적극적으로 반영한 주체사상을 통해 성공한 것이었다.

알렉시 드 토크빌 역시 그의 저서『미국의 민주주의』에서 이렇게 통찰했다. "국가의 관습(문화)에 뿌리를 두지 못한 법률은 항시 불완전하다. 관습이 국민의 삶에서 지속적으로 저항하는 힘을 갖고 있기 때문이다." 그러면서 "오직 미국 국민만이 민주주의 제도를 안정적으로 운영할 수 있었던 까닭은 미국인의 관습이 그 제도를 탄탄하게 지지했기 때문이다"라고 강조했다. 막스 베버 또한『프로테스탄트 윤리와 자본주의 정신』에서 자본주의의 발생과 그것의 정신은 당시 서구사회 전체를 지배하고 있던 기독교 윤리와 관습에서 비롯됐다고 주장했다.

이런 맥락에서 볼 때, 한국과 조선의 동질성에 기초한 통일문화는 한반도의 통일을 우리 고유의 방식으로 성취할 수 있게 해주는 초석이 될 것이다.

통일의 꿈은 이렇게 실현된다

통일은 결코 쉬운 일이 아니다. 한국과 조선 간의 지속적인 노력에도 불구하고, 늘 제자리걸음인 현재의 한반도 상황은 안타까움을 넘어서 때로 좌절감마저 들게 한다. 지금까지 한국과 조선이 함께 마련한 가장 대표적인 통일의 길은 '6·15 공동선언'이었다. 6·15 선언에서는 "통일 문제를 그 주인인 우리 민족끼리 서로 힘을 합쳐 자주적으로 해결해나가고, 남측의 연합제 안과 북측의 낮은 단계의 연방제 안이 서로 공통성이 있

'6·15 남북공동선언' 20돌을 맞아 한국과 조선, 그리고 재외동포는 제각각 다른 행보를 보였다. 조선에서는 2020년 6월 15일 강원도 철원 노동당사 앞에, 2000년 6월 15일 평양에서 김대중 대통령과 김정일 국방위원장이 '공동선언'을 발표하던 순간의 사진을 새긴 대형 펼침막을 걸어 20돌을 기념했다. (《연합뉴스》 자료사진)

다고 인정하고 앞으로 이 방향으로 통일을 지향시켜나가기로" 결의했다.

6·15 선언의 정신에 따라 김대중과 노무현 정부에서는 한국과 조선 간의 교류가 활성화되고 한반도의 군사적 긴장이 완화되는 성과가 있었으나, 이명박과 박근혜 정부가 들어서면서 교류가 막히고 한반도의 군사적 긴장은 또다시 최고조로 치달았다. 이런 과거의 역사를 돌아보자면, 문재인 정부에서 한국과 조선 간의 관계가 개선되고 있긴 하지만, 한국에 이른바 보수정권이 다시 들어서게 될 경우 상황이 경색 국면으로 회귀할 가능성이 높은 편이다. 요컨대 6·15 선언은 한국의 보수진영과 공유되지 못하는 명백한 한계를 보여주었고, 이것이 되풀이되면 한반도의 통일은 무한히 지체될 수밖에 없을 것이다. 문재인 정부가 21대 국회와 협력해 '4·27 판문점 선언'의 비준을 추진하려는 이유도 그런 맥락에서 이해될 수 있을 것이다.

통일 전의 동·서독 관계와 남북관계는 역사적·경제적·문화적·정치적 측면에서 뚜렷한 차이가 있기에 독일식 흡수통일이 한민족의 통일 모델로 적합하지 않다는 사실은 이미 지적했다. 무엇보다 통일정책을 살펴보면, 서독과 한국이 보여주는 차이점이 분명하다. 서독에서는 진보적 사회민주당에 속했던 빌리 브란트가 1970년대 초반부터 시행한 '동방정책'이 보수적 기독교민주당이 집권한 이후에도 안정적으로 시행되었다.

서독의 진보·보수 양당은 서로 다른 정치적 신념에도 독일 통일에 대한 비전과 가치를 공유하고 있었기에 정권교체와 상관없이 동방정책을 20년간 일관되게 추진할 수 있었다. 하지만 한국에서 이른바 진보정권과 보수정권은 통일에 대한 비전과 가치를 공유하지 못할뿐더러, 통일관이 극심하게 상충하는 경향을 보인다. 따라서 보수정권이 집권했을 때, 진보정권의 산물인 6·15 선언을 안정적으로 추진할 이유도 의지도 없었던 것이다.

한국의 정권교체와 상관없이 한반도 통일정책을 안정적으로 시행하기 위해서는 한국의 진보·보수, 조선 정권, 그리고 재외동포 모두가 공유할 수 있는 통일관을 정립해야만 한다. 현재 재외동포는 약 750만 명에 이르지만, 통일 논의에서는 대체로 배제된 존재라고 할 수 있다. 그러나 반복하건대 재외동포가 축적한 풍부한 경험은 민족의 자산이 아닐 수 없으며, 그들 역시 통일의 주역으로 참여하는 것이 바람직하다.

한민족 모두가 공유하는 통일관을 마련하기 위해 한국의 진보·보수 대표자, 조선의 대표자, 그리고 재외동포 대표자가 모두 참여하는 '범민족 통일 추진위원회'(가칭) 구성이 시급하다는 게 나의 생각이다. '범민족 통일 추진위원회'는 한국과 조선의 정치적 변동으로부터 상대적으로 자유로운 상태에서 한민족 모두가 공유할 수 있는 통일관을 창출할 수 있을 것이다. 나는 '범민족 통일 추진위원회'에서 머리를 맞대고 진지하게 논의하고 발전시키기를 희망하는 의제로 '한 민족, 두 국가, 그리고 세 정부(One nation, Two states, and three governments)' 통일 모델과 '통일·평화대학 설립'을 제안한다.

이는 통일이 절체절명의 민족 과제라는 사명을 가지고 한국과 조선 두 국가의 현존 체제가 상호존중 아래 존속하면서, 제3의 정부, 즉 통일정부를 구성하고 수립하자는 방안이다. 한국과 조선이 각자 자기 모순(한국은 빈부격차와 불평등한 분배, 조선은 가난과 국제적 고립)을 성실하게 극복하는 가운데, 제3 정부는 한국과 조선의 이질성의 간극을 좁히고 동질성을 진작시켜 합을 만드는 통일 이상촌을 건설하는 새로운 실험 형태의 정부가 되는 것이다. 제3 정부는 외교와 국방 같은 강력한 권한을 소유하지는 않지만 남북연락사무소의 수준을 훨씬 뛰어넘는, 독자적인 영토를 가지고 입법·사법·행정의 기능과 권한을 행사하는 낮은 단계의 연방정부 형태가

2018년 미국 애틀랜타한인회에서 연 강연회. (사진 제공 민주평화통일자문회의 애틀란타협의회)

되는 것이 바람직하다.

나는 또한 전쟁의 상흔이자 분단의 상징인 비무장지대(DMZ)가 오히려 한민족 통일 역사에 있어 값진 자산이 될 수 있다고 생각한다. 제3 정부는 비무장지대를 고유 영토로 관장하면서 이산가족, 재외동포, 그리고 이곳에 와서 살고 싶어 하는 누구나에게 공민권을 부여함으로써 주체적인 '독자 정부', 다시 말해 통일을 실험하고 실천할 수 있는 통일정부의 구실을 할 수 있을 것이다. 제3 정부가 설계하고 건설하는 통일 이상촌은 한국과 조선의 이질성을 물리적 결합이 아닌 화학적 결합을 통해 극복해 인권이 보장되고 분배의 정의가 실현되며 친환경적인 주거환경에서 쾌적하고 윤택한 삶을 영위할 수 있는 한민족 공동체가 될 것이다.

지금 비무장지대는 정전협정상 유엔사 군사통제 아래 있는 게 현실이지만, 한국과 조선이 정전협정을 평화협정으로 전환하고 제3 정부 수립에 합의한다면 비무장지대에서 유엔사의 철수를 요구할 법적인 근거도 마련되는 것이다. 물론 비무장지대에 양측이 합의하여 제3 정부를 수립하는 것이 말처럼 쉬운 일은 아니다. 그러나 시도조차 않고 포기하는 것은 현명한 일이 아니다. 제3 정부 수립에 관한 논의는 많은 노력과 지혜 그리고 철저한 공부가 필수적인 거대한 프로젝트이다. 이상적인 제3 정부의 모습을 제시하고 도안, 설계하는 일이 시급한 통일 과제라고 생각하면서 그 일을 위해 우선 통일·평화대학 설립이 필요하다는 게 나의 결론이다.

통일·평화대학이 비무장지대에 설립될 수 있다면 더할 나위 없이 좋겠지만, 현실적으로 미군이 관장하는 유엔사의 동의 없이는 불가능한 사안이기 때문에 우선은 한국과 조선의 합의만으로도 가능한 개성에 설립할 것을 제안하고 싶다. 개성은 지리적·역사적·문화적으로 우리 민족에게 의미 있는 지역이다. 개성공단은 경제 분야에 국한되기는 했지만 한국과 조선이 합의하여 실질적으로 15년 이상 통일의 과정을 실험한 곳이고, 통일 고려의 수도였으며, 현재도 성균관이 존재하는 교육도시로서 통일·평화대학이 들어서기에는 최적의 입지이다. 개성 통일·평화대학은 한민족 통일국가에 부응하는 정치체제와 통일문화를 창출하는 데 선도적 역할을 수행할 수 있으리라고 확신한다.

개성 통일·평화대학이라는 생소한 기구를 제안하는 까닭은 분단 70여 년의 역사에 대한 이론적 반성 때문이기도 하다. 주지하듯, 이 지난 세월은 한국과 조선 간의 격렬한 갈등과 대립의 역사였고, 남북갈등과 남남갈등은 그 역사 속에서 축적된 분단문화의 파생물이라고 할 수 있다. 김대중과 노무현 정부 그리고 현재의 문재인 정부까지 대북 화해정책이 한국 내부의 남남갈등을 반복적으로 야기하고 있다는 사실은 분단의 역사에서 축적된 분단문화가 강력한 '관성'을 지닌다는 사실을 방증하는 것이다.

이처럼 강고한 분단문화가 건재한 상태에서는 문재인 정부와 김정은 정부가 각고의 노력 끝에 한반도의 평화적 통일을 위한 정치적 합의에 도달한다손 치더라도 이후 안정적으로 유지될 가능성이 대단히 희박하다. 한국과 조선 사이에 추진되는 통일정책과 통일제도가 한반도에 성공적으로 정착하기 위해서는 그 정책과 제도를 안정적으로 수용할 통일문화가 먼저 한반도에 뿌리를 내리고 있어야 한다.

개성 통일·평화대학은 분단문화를 철학적으로 해체하고, 그것을 대체할 새로운 통일문화를 창출하는 데 기여할 것이다. 그리고 이렇게 마련된 통일문화를 한반도에 확산시키고 정착시키는 임무를 선구적으로 수행함으로써, 한민족의 통일정책과 통일제도가 안정적으로 뿌리내릴 수 있는 문화적 토양을 제공하게 되리라고 확신한다. 더 나아가 개성 통일·평화대학에서 창출된 통일문화를 전쟁 상태에 처한 세계에 전파함으로써 세계 평화를 선도하는 구실도 수행할 것이라고 믿는다.

영국에서 미국으로 건너온 청교도는 약 16년에 걸쳐 삶의 터전을 마련하고 나서 바로 1636년 최초의 대학 하버드대학을 설립했다. 그들의 설립 동기는 다음과 같이 지금까지도 하버드대학 정문 옆 벽면에 새겨져 있다.

우리는 하느님의 가호로 뉴잉글랜드에 안전하게 도착할 수 있었습니다. 이후 우리는 우리의 거처를 마련했고, 우리의 생필품을 준비했고, 하느님에게 예배드릴 수 있는 편리한 공간을 마련했고, 시민정부까지 설립했습니다. 우리가 그다음으로 열망하고 기대한 것

중 하나는 배움을 증진시키고, 그것을 영속적으로 활성화시키는 것입니다. 현재 활동하시는 우리의 목사님들께서 돌아가셨을 때, 우리 교회에 무지몽매한 목사님들만 남게 되는 상황을 매우 우려하기 때문입니다.

현재 하버드대학이 미국에서 차지하는 위상을 고려할 때, 당시 그들이 내린 판단은 현명한 판단이었다.

한민족 통일국가라는 전인미답의 세계로 진입하기 위해서는 분단문화에서 육성된 한국과 조선의 강고한 분단 지향적 삶의 양식을 철학적으로 해체하고, 통일국가에 부응하는 통일 지향적 삶의 양식을 새롭게 정착시키는 것이야말로 중대한 과제라고 할 수 있다. 미국의 새로운 국가 건설만큼이나 어렵고 복잡한 한반도 통일을 모색하는 데에는 하버드대학에 버금가는 교육기관이 반드시 필요하다는 게 나의 신념이다.

개성 통일·평화대학을 구성하는 단과대학을 다음과 같이 다섯 가지로 제안하고 싶다. 첫째, 건강대학은 한국에서 발달한 서양의학과 조선에서 발달한 고려의학을 창의적으로 아우르는 대학으로, 치료 중심의 서양의학과 예방 중심의 고려의학을 조화시켜, 그 성과를 국제적으로 확산시키는 역할을 할 수 있을 것이다. 둘째 단과대학은 예술대학으로, 예술의 본질의 하나가 이질성의 조화라는 맥락에서, 한국과 조선이 협력해 새로운 예술의 지평을 열고, 또 그것을 세계로 확산시키는 노력을 꾸준히 경주한다면 조화로운 통일문화 역시 배양할 수 있을 것이다. 셋째는 정치경제대학으로, 한국의 자본주의와 조선의 사회주의를 창의적으로 조화시킴으로써 분배의 정의를 실현할 수 있는 이론과 방법을 연구하는 것이 그 주요 과제가 될 것이다. 넷째, 인문대학은 한국과 조선의 문화적 통일을 준비하는 대학이다. 물질 중심의 한국 문화와 이념 중심의 조선 문화를 창의적으로 조화시킬 이론과 방법을 확립하는 연구를 수행할 대학이다. 또한 세계 평화를 위한 평화이론을 개발하고 이를 현실에서 구현하는 토대를 만들어 인간 존엄에 기반한 다양한 인권 신장을 추구하는 연구도 병행할 대학이다. 마지막으로, 생태 환경대학이다. 무분별한 환경 파괴가 인류의 생존을 위협하는 단계에 다다랐고, 코로나바이러스 같은 전염병의 창궐로 인류의 생존을 담보할 수 없는 상태에 도달했다. 인간과 환경의 유기적 상호 공생을 가능하게 할 지혜가 이 대학의 주요 연구 과제가 될 것이다.

개성 통일·평화대학이 한민족 통일국가에 부응하는 통일문화를 창출하는 선도적 구실을 수행할 수 있으리라고 나는 확신한다.